prépabac **2**[de]

entraînement progressif

Physique-Chimie

Patricia Chemouni
Professeur de sciences physiques

HATIER

Maquette de principe : Frédéric Jély

Mise en pages : Style Informatique

Schémas : Style Informatique

2-218-92325-4

SOMMAIRE

SOMMAIRE

MODE D'EMPLOI

Ce Prépabac de la série « Entraînement progressif » est conforme au programme de physique-chimie en classe de Seconde. Il a été conçu pour qu'un élève, soucieux de progresser, y trouve un cours synthétique et des méthodes de résolution détaillées qui l'aideront tout au long de l'année scolaire.

La totalité du programme est traité en 9 chapitres de chimie et 8 chapitres de physique. Chaque chapitre comporte quatre parties : un résumé de **cours**, un exercice « type » présentant une **méthode de résolution**, des **exercices** et leurs **corrigés**.

■ **Le résumé de cours** est structuré autour des connaissances essentielles du programme, sans oublier les rappels de collège. Il est illustré de nombreux schémas, d'exemples et d'applications.

■ **Les points de méthode** détaillent la résolution de questions classiques qu'il est indispensable de maîtriser. Ce sont de véritables compléments de cours.

■ Divisés en trois rubriques, de difficulté progressive, les **exercices** ont été élaborés pour :

- **vérifier ses connaissances** afin de s'assurer que les définitions essentielles du cours sont assimilées et que les applications directes du cours sont maîtrisées ;
- **s'entraîner** à résoudre des exercices de difficulté plus importante en vérifiant que les savoir-faire exigibles sont dominés ;
- **aborder des problèmes** un peu plus difficiles en synthétisant plusieurs notions et en mettant en œuvre une démarche scientifique raisonnée utilisant les notions développées dans l'ensemble des cours.

■ **Les corrigés** permettent à l'élève soucieux non seulement du résultat numérique mais aussi de la démarche et de la rédaction, de trouver des explications détaillées (lois utilisées, expressions littérales, applications numériques et enfin résultats).

Rappelons que seul un travail régulier, personnel et méthodique permet de réussir.

Patricia Chemouni

1. Quels sont les deux principaux gaz contenus dans l'air ? En quelles proportions ?
L'air est constitué principalement de deux gaz, le dioxygène et le diazote : 20 % soit 1/5 de dioxygène (O_2) ; 80 % soit 4/5 de diazote (N_2).

2. Qu'est-ce qu'une réaction chimique ?
Une réaction chimique est une transformation au cours de laquelle des corps (les réactifs) réagissent entre eux et disparaissent complètement ou partiellement pour former de nouveaux corps (les produits).

3. Qu'est-ce qu'un atome ?
Un atome est une particule constituée d'un noyau contenant des particules chargées positivement autour duquel gravitent des électrons chargés négativement. L'atome est électriquement neutre : il possède autant de particules positives que d'électrons.

4. Quel est le nom des atomes correspondant aux symboles suivants : C, N, O, H, Fe, Cu, Zn, Al ?
C : atome de carbone ; N : atome d'azote ; O : atome d'oxygène ; H : atome d'hydrogène ; Fe : atome de fer ; Cu : atome de cuivre ; Zn : atome de zinc ; Al : atome d'aluminium.

5. Qu'est-ce qu'une molécule ?
Une molécule est l'assemblage de plusieurs atomes. Ainsi, CO_2 est une molécule constituée d'un atome de carbone et de deux atomes d'oxygène.

6. Quel est le nom des molécules correspondant aux formules suivantes : CO_2, N_2, O_2, H_2O, CO, CH_4 ?
CO_2 : molécule de dioxyde de carbone ; N_2 : molécule de diazote ; O_2 : molécule de dioxygène ; H_2O : molécule d'eau ; CO : molécule de monoxyde de carbone ; CH_4 : molécule de méthane.

7. Qu'est-ce qu'un ion ?
Un ion provient d'un atome (ion monoatomique) ou groupement d'atomes (ion polyatomique) ayant gagné (c'est alors un anion) ou perdu (c'est alors un cation) un ou plusieurs électrons

8. Quel est le nom des ions correspondant aux formules suivantes : H^+, Cu^{2+}, Al^{3+}, CO_3^{2-}, Cl^-, SO_4^{2-}, NO_3^- ?
H^+ : ion hydrogène ; Cu^{2+} : ion cuivre ; Al^{3+} : ion aluminium ; CO_3^{2-} : ion carbonate ; Cl^- : ion chlorure ; SO_4^{2-} : ion sulfate ; NO_3^- : ion nitrate.

9. Quelle est la citation à la base de la chimie énoncée par le célèbre Lavoisier ?
« Rien ne se perd, rien ne se crée, tout se transforme », ou encore : « Lors d'une réaction chimique, il y a conservation des atomes. »

CHIMIE

1 La chimie autour de nous

I Différentes espèces chimiques

On classe les substances qui nous entourent suivant deux critères :

- leur origine ;
- leur composition.

1 Espèces naturelle, synthétique, artificielle

Définition

Une espèce chimique est dite **naturelle** si elle provient de la nature.

EXEMPLES : le sucre, le caoutchouc, la caféine.

Définition

Une espèce est dite **synthétique** (ou de synthèse) lorsqu'elle est fabriquée en laboratoire à partir de réactions chimiques et qu'elle a son équivalent dans la nature.

EXEMPLES : la vanilline, l'acide salicylique dérivé de l'aspirine, le dioxygène produit lors de la photosynthèse.

➲ La molécule de synthèse a les mêmes propriétés physiques et chimiques que la molécule naturelle ; c'est sa **copie conforme**.

Définition

Une espèce chimique est dite **artificielle** si elle est obtenue par réaction chimique dans un laboratoire sans exister dans la nature.

EXEMPLES : le savon, le nylon, le polystyrène.

Mise en évidence du caractère acide, neutre ou basique

Pour savoir si une substance est acide, basique ou neutre, on mesure son pH.

Définition

Le pH est une grandeur sans unité permettant de mesurer l'acidité ou la basicité d'une solution aqueuse.

Il se mesure à l'aide :

• d'un **papier pH** prenant différentes couleurs, chacune correspondant à une valeur de pH.

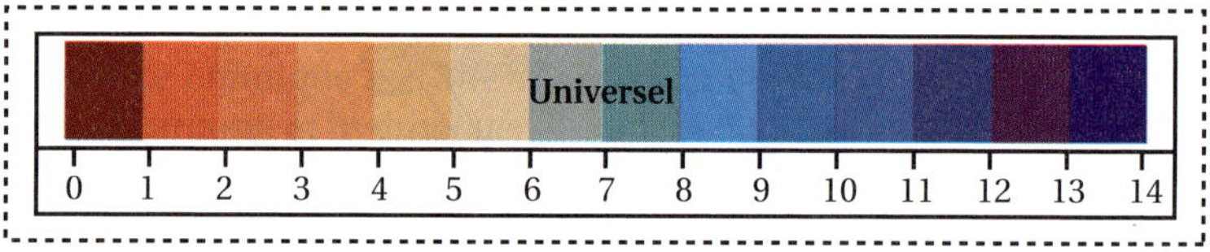

• d'un **pH-mètre** prenant des valeurs de 0 à 14.

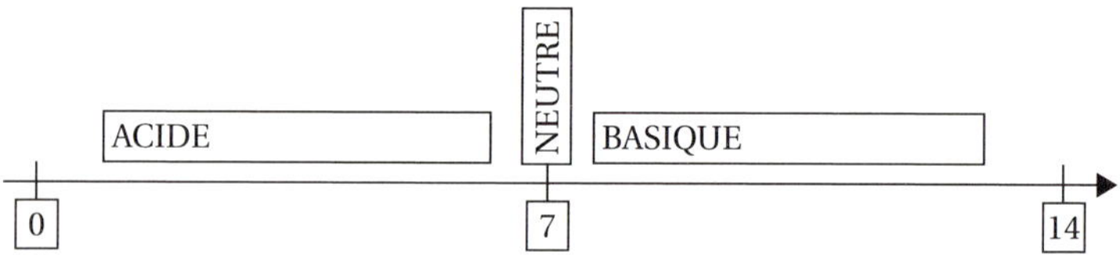

Test de reconnaissance du dioxyde de carbone

En présence de dioxyde de carbone, l'eau de chaux (liquide incolore) se trouble.

Mise en évidence du CO_2

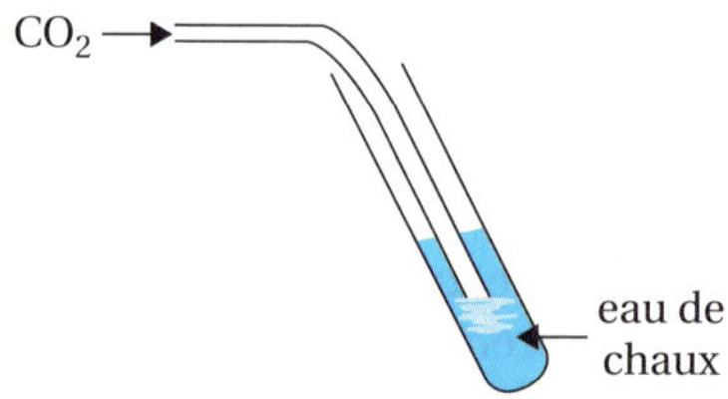

Test de reconnaissance du dioxygène

En présence de dioxygène, le point incandescent d'une bûchette se ravive.

Mise en évidence du dioxygène

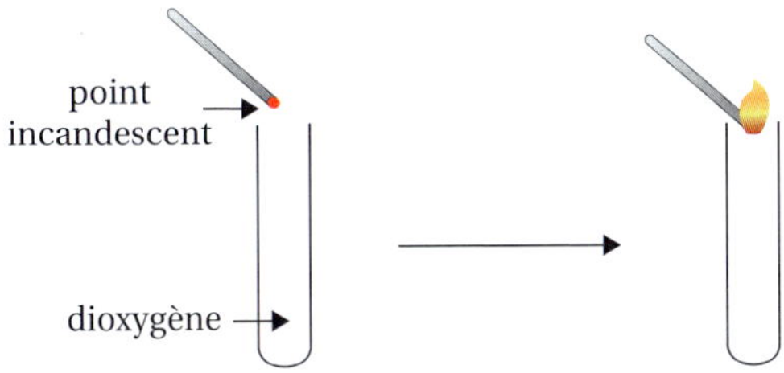

Test de reconnaissance du dihydrogène

En présence de dihydrogène, l'approche d'une flamme provoque une petite détonation.

Mise en évidence du dihydrogène

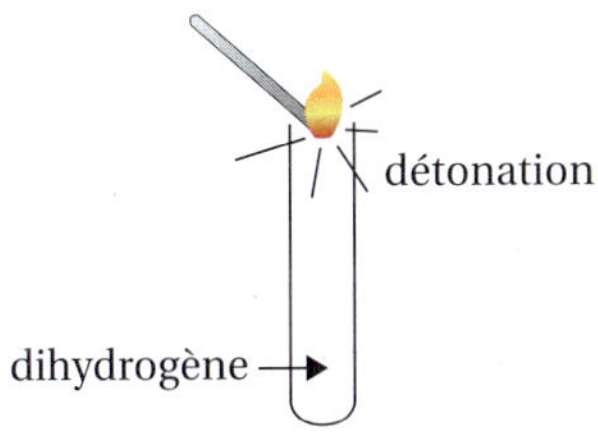

III Équation bilan d'une réaction chimique

L'élève entrant en Seconde doit être capable d'identifier les réactifs et les produits d'une réaction chimique et d'écrire une équation bilan.

EXEMPLE 1 : le méthane brûle dans le dioxygène pour former du dioxyde de carbone et de l'eau suivant la réaction :

méthane + dioxygène → dioxyde de carbone + eau.

Les **réactifs** sont le méthane CH_4 et le dioxygène O_2. Les **produits** sont le dioxyde de carbone CO_2 et l'eau H_2O.

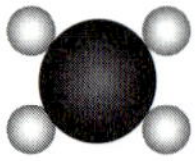

Méthane : CH_4

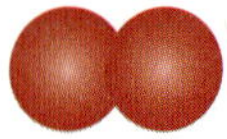

Dioxygène : O_2

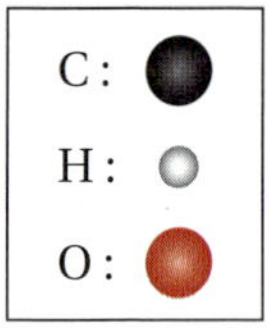

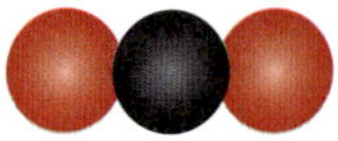

Dioxyde de carbone : CO_2

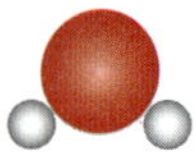

Eau : H_2O

$$CH_4 + O_2 \rightarrow CO_2 + H_2O$$

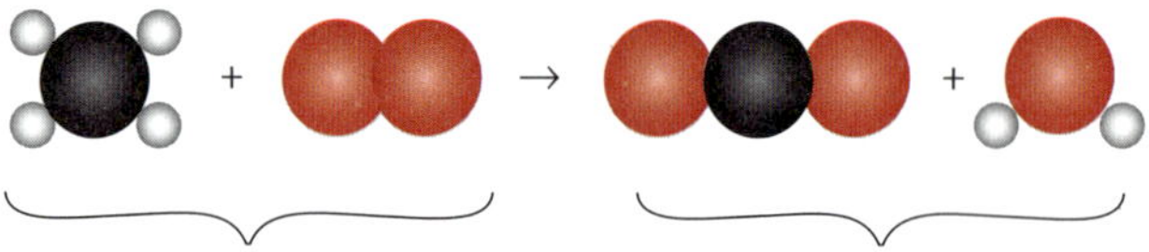

Réactifs	Produits
C : 1	C : 1
H : 4	H : 2
O : 0	O : 3

Lors d'une réaction chimique il y a conservation des atomes.

Il faut donc ajouter :

- une molécule de dioxygène dans les réactifs ;
- une molécule d'eau (H_2O) dans les produits.

On obtient :

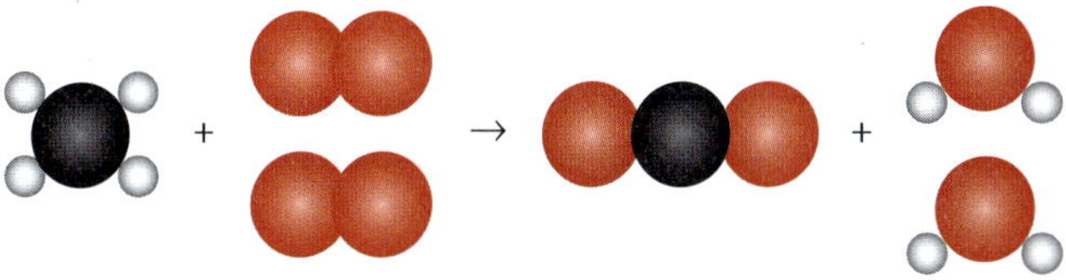

Soit

$$CH_4 \quad + \quad 2\,O_2 \quad \rightarrow \quad CO_2 \quad + \quad 2\,H_2O$$

EXEMPLE 2 : lors de la synthèse chlorophyllienne, les végétaux synthétisent du glucose de formule $C_6H_{12}O_6$ et du dioxygène à partir d'eau et de dioxyde de carbone.

Réactifs : H_2O ; CO_2

Produits : $C_6H_{12}O_6$; O_2

$H_2O + CO_2$	$\rightarrow$ $C_6H_{12}O_6 + O_2$
C : 1	C : 6
H : 2	H : 12
O : 3	O : 8

En équilibrant, on obtient la réaction :

$$\mathbf{6\,H_2O + 6\,CO_2 \rightarrow C_6H_{12}O_6 + 6\,O_2}$$

Analyse chimique d'un soda à l'orange

ÉNONCÉ

On se propose de faire l'analyse d'un soda à l'orange dont la composition est :

Eau gazéifiée – Jus concentré d'orange et autres agrumes : 12 % (en jus) – Sucre – Pulpe d'orange : 2 % – Extrait de zeste d'orange – Conservateur : benzoate de sodium.

1. Quel test permet de prouver la présence d'eau dans cette boisson ?

2. On verse quelques millilitres de soda dans un tube à essais surmonté d'un tube à dégagement trempant dans de l'eau de chaux.
On agite le tube contenant la boisson et au bout de quelques secondes, on observe un trouble dans l'eau de chaux.
a. Faire un schéma du dispositif.
b. Quel gaz est mis en évidence ?

3. On effectue un autre test en chauffant un petit volume de soda avec de la liqueur de Fehling.
a. Faire un schéma de l'expérience.
b. Quelle substance met-on en évidence ?
c. Que va-t-on observer ?

4. Le benzoate de sodium de formule $C_7H_5O_2Na$, utilisé comme conservateur, est une substance chimique fabriquée à partir d'hydroxyde de sodium et d'acide benzoïque. Lors de la réaction, il se forme aussi de l'eau.
a. Le benzoate de sodium est-il une substance naturelle ou de synthèse ?
b. Le benzoate de sodium est-il une substance organique ou inorganique ?
c. Écrire, littéralement, l'équation traduisant la réaction de synthèse du benzoate de sodium.

CORRIGÉ

1. Le test au sulfate de cuivre permet de mettre en évidence la présence d'eau. Cette poudre blanche devient alors bleue.

2. a. Schéma du dispositif :

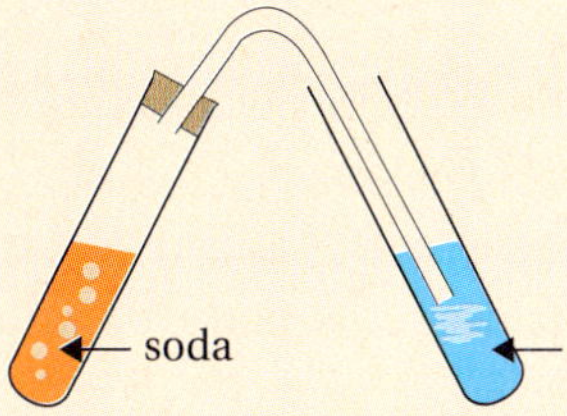

b. L'eau de chaux se trouble en présence de dioxyde de carbone : c'est donc le gaz que l'on met en évidence.

3. a. Schéma de l'expérience :

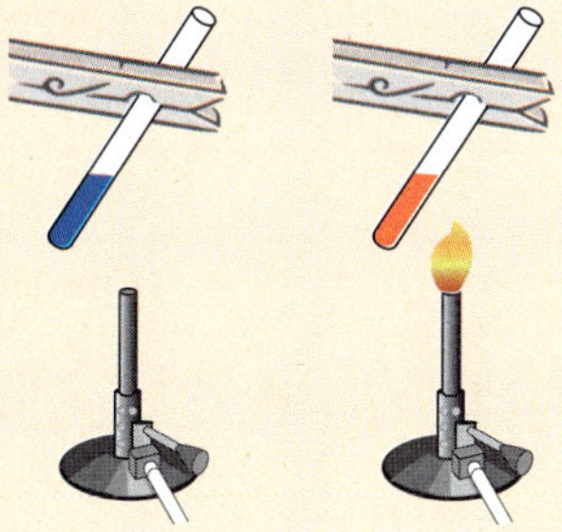

b. La liqueur de Fehling permet de mettre en évidence la présence de sucre.

c. La liqueur de Fehling est une solution bleue, qui devient rouge lorsqu'on la chauffe en présence de sucre.

4. a. Le benzoate de sodium de formule $C_7H_5O_2Na$ est une substance de synthèse car elle ne provient pas de la nature mais est fabriquée en laboratoire.

b. Le benzoate de sodium est une substance organique car il est constitué d'atomes de carbone et d'hydrogène.

c. Équation traduisant la réaction de synthèse du benzoate de sodium :

hydroxyde de sodium + acide benzoïque → benzoate de sodium + eau

Vérifier ses connaissances

1 Substance naturelle ou de synthèse ?

Compléter les phrases suivantes :

1. Le .... est extrait de la betterave ou de la canne à sucre.

2. La vanilline se trouve dans les gousses de...................... .

3. On dit alors que ces deux substances sont ....

4. La vanilline peut aussi être fabriquée à partir de sciure de bois ; on obtient alors une substance de ....

5. Cependant, la vanilline .... et celle de .... ont les .... physiques et chimiques.

2 Analyse chimique

On désire analyser un détergent liquide. On effectue des tests chimiques dont les résultats figurent dans le tableau suivant :

Test	Résultat du test
Papier pH	Le papier rougit
Liqueur de Fehling	Négatif
Eau iodée	Négatif
Sulfate de cuivre anhydre	Positif

On rappelle les couleurs possibles du papier pH utilisé :

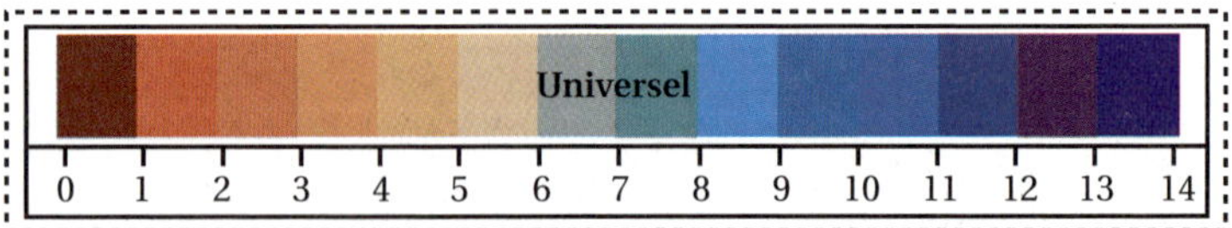

Quelles espèces chimiques a-t-on mises en évidence ?

S'entraîner

3 Pour y voir plus clair...

Pour nettoyer les lentilles de contact, Sophie utilise de l'eau oxygénée (désinfectant) de formule H_2O_2 et un disque de platine. Au contact du platine, l'eau oxygénée réagit et se transforme en eau et dioxygène.

1. Écrire l'équation bilan de la réaction chimique d'abord avec les noms des composés puis avec leurs formules chimiques en équilibrant si nécessaire.

➲ Le platine n'est pas un réactif, c'est un catalyseur de la réaction.

2. L'eau formée est-elle naturelle ou synthétique ? Même question pour le dioxygène ?

3. Quels tests permettraient d'identifier les produits formés ?

4 De la canne à sucre au rhum

La récolte de la canne à sucre a lieu entre février et juin. Les cannes sont coupées, lavées puis broyées afin d'en extraire le jus (ou vesou) à l'origine du rhum. Après filtration, le vesou est transféré dans de grandes cuves en acier pour une fermentation qui dure entre 18 et 36 heures et dont le résultat donne un « vin de canne ».

Ce « vin de canne » est envoyé à travers des colonnes à distiller chauffées à très haute température et dont les vapeurs condensées se transforment en un rhum blanc prêt à la dégustation.

L'arôme de rhum peut aussi être synthétisé à partir d'acide formique et d'éthanol ; dans cette réaction, il se forme aussi de l'eau.

1. De quel végétal est extrait le rhum ? Est-il une substance naturelle ou de synthèse ?

2. Citer les quatre étapes de préparation du rhum après la coupe et le lavage.

3. À votre avis, pour quelles raisons la chimie de synthèse est-elle de plus en plus présente de nos jours ?

4. Quels sont les réactifs nécessaires à la synthèse de l'arôme de rhum ? Quels en sont les produits ?

5. Compléter alors l'équation bilan suivante :

.... + ... → arôme de rhum + ...

Problème

* 5 L'aspirine

Depuis l'Antiquité, les hommes ont constaté que l'écorce de saule permettait de lutter contre la fièvre. Ce n'est qu'au XIXe siècle que des chimistes ont réussi à extraire de cette écorce l'acide salicylique, espèce responsable des propriétés antipyrétiques. Puis est venue la synthèse d'un dérivé de cette molécule, l'acide acétique salicylique, plus connu sous le nom d'aspirine, qui est obtenu en faisant réagir du phénol sur du dioxyde de carbone ; au cours de cette réaction, il se forme aussi de l'eau.

1. Que signifie « antipyrétique » ?

2. L'acide salicylique cité dans le texte est-elle une espèce chimique naturelle ou synthétique ?

3. L'aspirine est-elle une substance naturelle ou de synthèse ?

4. Soixante millions de Français consomment 200 tonnes d'aspirine par an. Sachant qu'un comprimé d'aspirine en contient 500 mg, combien de comprimés d'aspirine absorbe en moyenne un Français chaque année ?

5. Lorsqu'on plonge un cachet effervescent dans l'eau, il se dégage un gaz. Comment peut-on déterminer la nature de ce gaz ?

6. Donner l'équation bilan, en utilisant le nom des composés, de la synthèse de l'aspirine.

1 **1.** Le **sucre** est extrait de la betterave ou de la canne à sucre.

2. La vanilline se trouve dans les gousses de **vanille**.

3. On dit alors que ces deux substances sont naturelles.

4. La vanilline peut aussi être fabriquée à partir de sciure de bois ; on obtient alors une substance de **synthèse**.

5. Cependant, la vanilline **naturelle** et celle de **synthèse** ont les **mêmes propriétés** physiques et chimiques.

2 Le papier pH prend une coloration rouge : d'après la palette de couleurs on en déduit que le pH est égal à 2 ; il est inférieur à 7 donc ce détergent est **acide**.

Le test à la liqueur de Fehling est négatif donc ce détergent ne contient pas de sucre.

Le test à l'eau iodée est négatif donc le détergent ne contient pas d'amidon.

Le test au sulfate de cuivre anhydre est positif donc le détergent contient de l'**eau**.

3 **1.** Équation bilan de la réaction chimique :

Eau oxygénée	$\rightarrow$	eau	+	dioxygène.
H_2O_2	$\rightarrow$	H_2O	+	O_2
O : 2		O : 1 + 2 = 3		
H : 2		H : 2		

Lors d'une réaction chimique il y a conservation des atomes. Il faut donc équilibrer cette équation.

	O : **2** × 2 = 4	O : 1 × **2** + 2 = 4
D'où	H : **2** × 2 = 4	H : **2** × 2 = 4

Soit : $2\,H_2O_2 \rightarrow 2\,H_2O + O_2$

2. L'eau formée est une substance de synthèse car elle est formée à partir d'une réaction chimique. Il en est de même pour le dioxygène car il est aussi produit d'une réaction chimique.

3. Pour identifier l'eau, on la met en présence du sulfate de cuivre, poudre blanche, qui devient bleue.

Pour identifier le dioxygène, on approche le point incandescent d'une bûchette, la flamme se ravive.

4 **1.** Le rhum est extrait de la canne à sucre. C'est donc une substance naturelle.

2. Après avoir été coupées et lavées, les cannes à sucre subissent quatre opérations :
- le broyage ;
- la filtration ;
- la fermentation ;
- la distillation.

3. La chimie de synthèse est de plus en plus présente de nos jours car elle est peu coûteuse et parce qu'elle évite l'utilisation des ressources naturelles.

4. Les réactifs nécessaires à la synthèse de l'arôme de rhum sont l'acide formique et l'éthanol ; les produits sont l'arôme de rhum et l'eau.

5. Équation bilan :

acide formique + éthanol → arôme de rhum + eau.

5 **1.** Une substance antipyrétique a pour effet de faire baisser la fièvre.

2. L'acide salicylique cité dans le texte est une espèce chimique naturelle car elle est extraite d'un végétal : l'écorce de saule.

3. L'aspirine est, par contre, une substance de synthèse car elle est fabriquée en laboratoire.

4. La masse d'aspirine consommée par 60 millions (60×10^6) de Français chaque année est de 200 tonnes. La masse m d'aspirine consommée par Français et par an est donc :

$$m = \frac{200}{60} \times 10^6$$

$m = 3{,}3 \times 10^{-6}$ tonnes $= 3{,}3 \times 10^{-3}$ kg $= 3{,}3$ g $= 3\,300$ mg.

Soit N le nombre de comprimés absorbés par Français en une année.

Nombre de comprimés	1	N
Masse d'aspirine (en mg)	500	3 300

$$N = \frac{1 \times 33\,000}{500} = 6 \text{ comprimés.}$$

5. Lorsqu'on plonge un cachet effervescent dans l'eau, il se dégage un gaz qui trouble l'eau de chaux : c'est donc du dioxyde de carbone.

6. Équation bilan de la synthèse de l'aspirine :

phénol + dioxyde de carbone → acide acétique salicylique (aspirine) + eau.

2 Techniques d'extraction et de séparation d'espèces chimiques

I Historique

Dès l'Antiquité, l'homme se servait de substances odorantes pour sa nourriture, embaumer ses morts, se soigner ou même se parfumer.

Plusieurs techniques étaient utilisées :
- macération, décoction et infusion de produits naturels ;
- enfleurage, à froid ou à chaud, des graisses inodores ;
- distillation par la vapeur d'eau ;
- pyrogénation ou distillation sèche.

Toutes ces techniques ont encore cours de nos jours.

Vers la fin du XIXe siècle apparaît l'extraction par solvants volatils. Actuellement, l'industrie utilise des moyens parfois extrêmement complexes pour satisfaire la demande mondiale en substances synthétiques sans cesse croissante.

II Techniques d'extraction

1 Extraction par solvant

■ **Principe**

Définition

L'extraction par solvant consiste à extraire une ou plusieurs espèces chimiques d'un solvant en utilisant un autre solvant dans lequel il est plus soluble.

D'une façon générale :
- une espèce chimique ionique est plus soluble dans l'eau que dans un solvant organique ;
- une espèce chimique organique ou moléculaire est plus soluble dans un solvant organique que dans l'eau.

Le solvant utilisé pour l'extraction est « éliminé » par chauffage, il doit donc également avoir la propriété d'être très volatile et d'être le moins dangereux possible (voir pictogrammes).

■ **Expérience**

Extrayons le diiode (I_2) contenu dans l'eau iodée à l'aide d'un solvant organique, le cyclohexane. Le diiode (composé moléculaire) est plus soluble dans le cyclohexane que dans l'eau. Il se retrouve donc, après agitation, dans la phase organique (le cyclohexane).

On utilise pour cette technique **une ampoule à décanter**.

Avant agitation

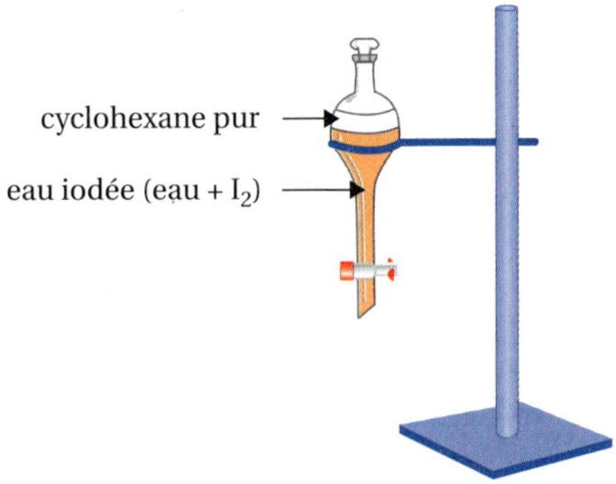

Après agitation

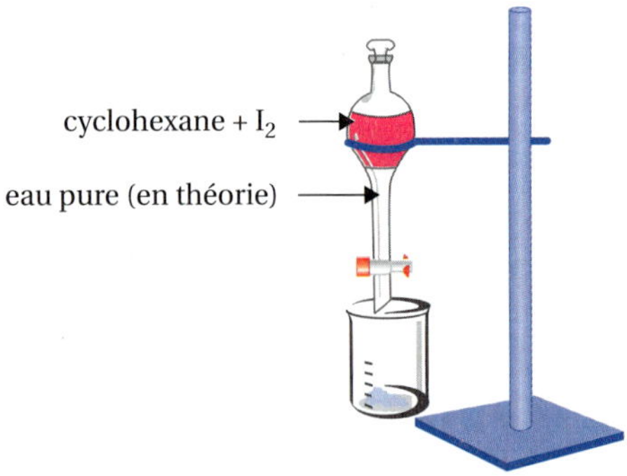

Après avoir agité, on se débarrasse de la phase aqueuse dans le bécher : il reste dans l'ampoule le diiode dans le cyclohexane.

Risques et consignes de sécurité

Il faut toujours s'informer sur les risques et les consignes de sécurité à respecter lors des manipulations, en particulier, pour les solvants organiques. Certains solvants sont nocifs et souvent inflammables. Il faut bien lire les étiquettes des flacons.

2 Hydrodistillation ou entraînement à la vapeur

Principe

Définition

Une **hydrodistillation** est une extraction dont le solvant est la vapeur d'eau. La température est alors voisine de 100 °C.

Expérience d'hydrodistillation du limonène

Le limonène est une huile essentielle contenue dans l'écorce des oranges. Voici le schéma du montage :

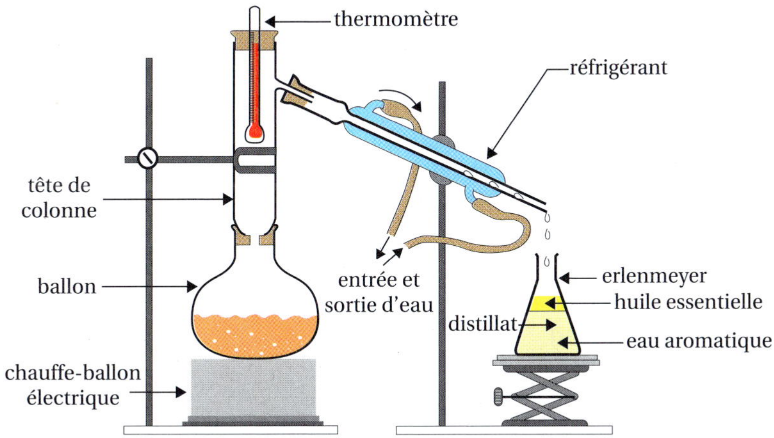

- On chauffe l'eau et l'écorce d'orange.
- La vapeur d'eau se charge des substances odorantes et monte dans la tête de colonne.
- Le mélange gazeux est ensuite condensé dans le réfrigérant.
- Le distillat obtenu (dans l'erlenmeyer) est composé de deux liquides non miscibles dont la couche supérieure possède un aspect huileux : c'est l'huile essentielle de limonène (cette espèce chimique est contenue dans l'huile).

II Techniques de séparation

1 Masse volumique et densité

Définition

La **masse volumique** d'un corps est le quotient de sa masse par son volume :

$$\rho = \frac{m}{V}$$

m masse du corps (kg)
V volume du corps (m^3)
ρ masse volumique du corps ($kg \cdot m^{-3}$)

Définition

La **densité** d d'un corps est égale au quotient de sa masse volumique par la masse volumique du corps de référence.

Pour les solides et les liquides, le corps de référence est l'eau ; pour les gaz, le corps de référence est l'air.

Pour un solide ou un liquide

$$d = \frac{\rho}{\rho_0}$$

ρ masse volumique du corps ($kg \cdot m^{-3}$)
ρ_0 masse volumique du corps ($kg \cdot m^{-3}$)
$\rho_0 = 1\,000\ kg \cdot m^{-3}$

2 Décantation

Elle consiste à séparer une phase liquide d'une phase solide en laissant reposer un mélange liquides-solides. Les solides, plus denses que les liquides, finissent par tomber au fond du récipient.

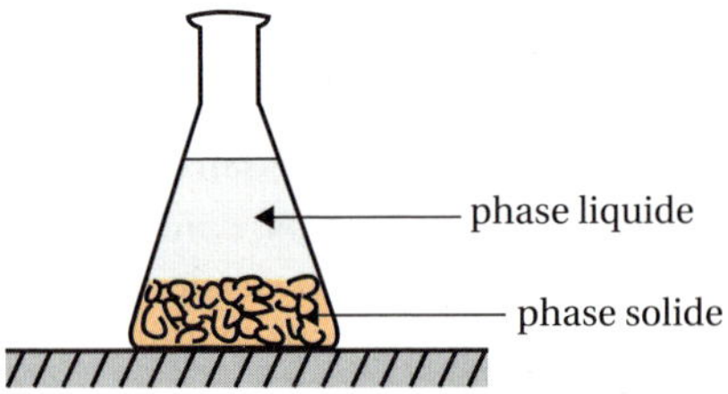

EXEMPLE : décantation d'un jus d'orange. La pulpe tombe au fond du récipient et le jus surnage.

On utilise le même procédé pour séparer les mélanges de liquides non miscibles.

On peut accélérer le processus de décantation par centrifugation.

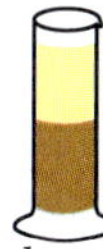

EXEMPLE : décantation d'une vinaigrette. L'huile surnage et le vinaigre se retrouve dans la phase inférieure.

3 Filtration

Principe

La **filtration** consiste à faire passer à travers un filtre un mélange hétérogène solides-liquides : les particules solides restent piégées dans le filtre, un liquide homogène traverse le filtre, c'est le filtrat.

Expérience

Séparons la pulpe du jus d'une orange en faisant passer à travers un filtre le jus d'une orange pressée :

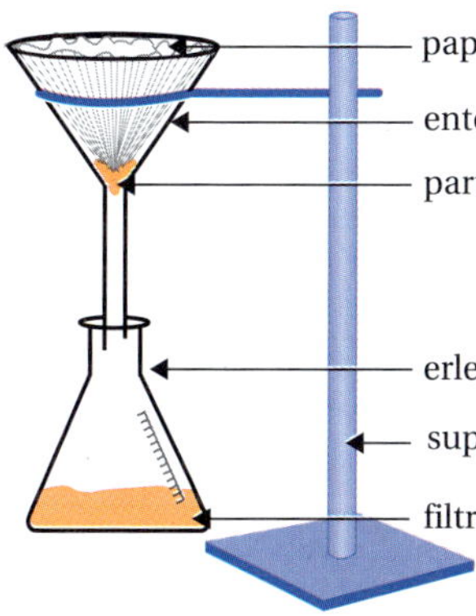

La pulpe reste piégée dans le filtre.

Le jus traverse le filtre et constitue le filtrat.

4 Distillation

Principe

Une **distillation** permet de séparer, par différence de température d'ébullition, les constituants d'un liquide homogène.

➲ Un liquide homogène est un liquide dont on ne distingue pas les différentes parties à l'œil nu (au contraire d'un liquide hétérogène).

Expérience

Pour séparer les deux constituants d'un vinaigre, l'eau ($T_{\text{ébullition}}$ = 100 °C) et l'acide acétique ($T_{\text{ébullition}}$ = 118 °C) on chauffe le vinaigre. C'est le liquide le plus volatil, celui qui a la température d'ébullition ($T_{\text{ébullition}}$) la plus basse, l'eau, qui s'échappe le premier sous forme gazeuse et est ensuite condensé grâce au réfrigérant. Il reste dans le ballon l'acide acétique.

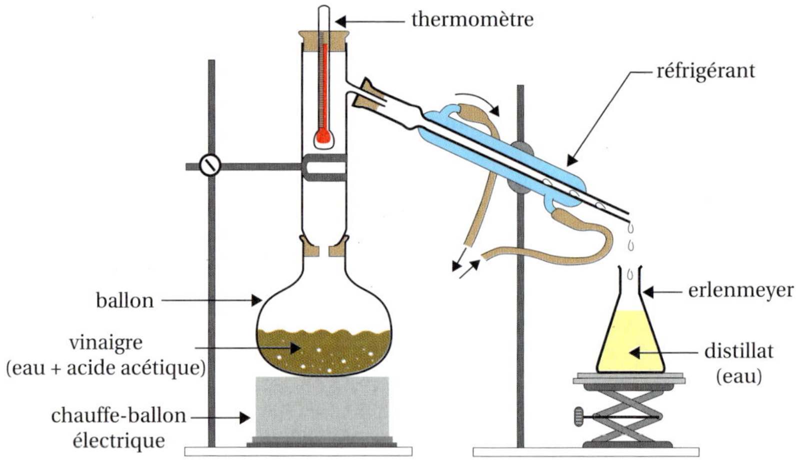

Extraction de l'huile essentielle de lavande

ÉNONCÉ

Données

	Eau	Eau salée	Cyclohexane	Acétate de linalyle
Densité	1	≈ 1,1	0,78	0,89
Solubilité dans l'eau			nulle	faible
Solubilité dans l'eau salée			nulle	très faible
Solubilité dans le cyclohexane	nulle	nulle		très soluble

Hydrodistillation

On se propose d'extraire, par entraînement à la vapeur, l'huile essentielle des fleurs de lavande. Cette huile est un mélange dont le principal constituant est l'acétate de linalyle.

On introduit dans 100 mL d'eau une dizaine de grammes de fleurs de lavande.

On chauffe et on porte le mélange à ébullition.

Voici le montage utilisé :

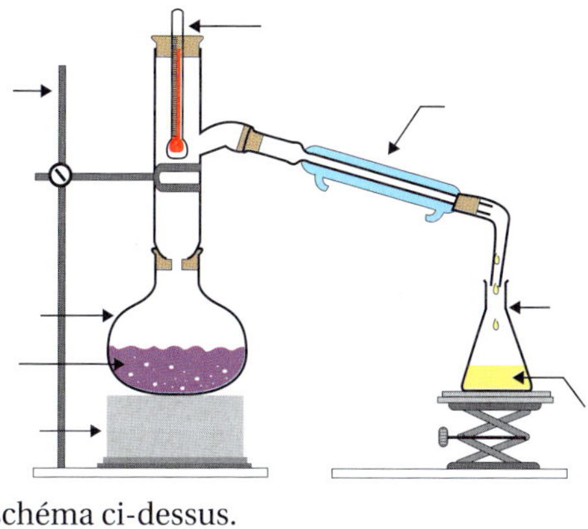

1. Annoter le schéma ci-dessus.

2. Quel est l'intérêt d'un tel montage ?

3. À partir de quel moment va-t-on commencer à recueillir le distillat ?

4. Quel est l'aspect du distillat obtenu ?

Extraction de l'huile essentielle de lavande : le relargage

On ajoute une spatule de gros sel (chlorure de sodium) au distillat et on agite pour le dissoudre. Puis, on transvase la solution obtenue dans l'**ampoule à décanter** et on y ajoute environ 10 mL de cyclohexane. Enfin, on agite l'ampoule à décanter.

5. Pourquoi ajoute-t-on du sel au distillat ?

6. Pourquoi ajoute-t-on du cyclohexane ? Comment nomme-t-on cette étape ?

7. Représenter l'ampoule à décanter et indiquer clairement la nature des deux phases. Laquelle faut-il recueillir ?

CORRIGÉ

1. **Schéma d'hydrodistillation** :

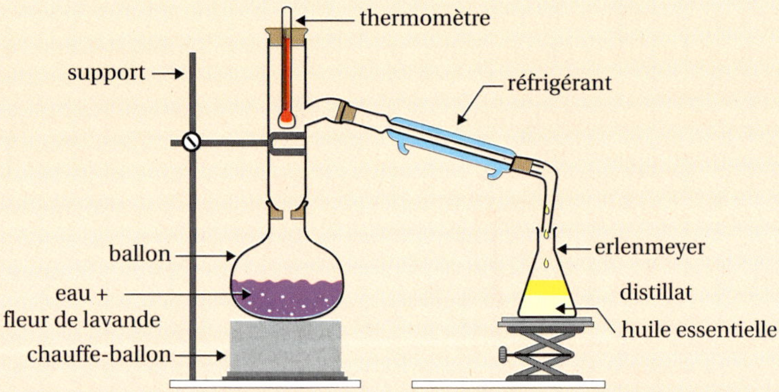

2. L'intérêt d'un tel montage est de permettre aux substances odorantes d'être entraînées par la vapeur d'eau (elles sont en effet très peu solubles dans l'eau à 20 °C).

3. On pourra commencer à recueillir le distillat lorsque l'eau sera portée à ébullition c'est-à-dire à 100 °C.

4. Le distillat obtenu est constitué de deux phases non miscibles :

– la phase huileuse qui surnage contient une grande partie de l'acétate de linalyle ;

– la phase inférieure est la phase aqueuse.

5. D'après le tableau des données, on remarque que l'acétate de linalyle peu soluble dans l'eau, l'est encore moins dans l'eau salée.

On va donc ajouter du sel pour faire passer l'acétate de linalyle de la phase aqueuse vers la phase organique (huileuse).

6. L'acétate de linalyle étant très soluble dans le cyclohexane, on l'extrait de la phase organique. Cette technique est l'extraction par solvant où le solvant est le cyclohexane.

7. **Schéma de l'ampoule à décanter** :

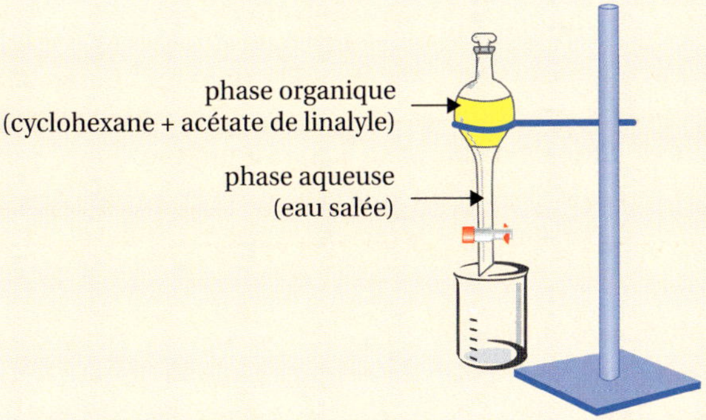

Les densités du cyclohexane et de acétate de linalyle (0,78 et 0,89) sont inférieures à celle de l'eau salée (1,1) : la phase organique est donc la phase supérieure.

Après avoir évacué la phase aqueuse, on recueille la phase organique.

Vérifier ses connaissances

1 Miscible ou non miscible

Compléter le texte avec les mots suivants :

aqueuse, hétérogène, miscibles, phases, huile, mélange homogène, émulsion, aqueuse, organique.

On mélange 100 mL d'eau et d'éthanol liquides, on obtient un mélange .... constitué d'une seule .... liquide.

On dit que les deux liquides sont ....

On mélange 100 mL d'eau et d'huile liquides, on obtient une .... car les deux liquides sont non .... L'ensemble est un mélange .... constitué de deux .... liquides.

La densité de l'huile est plus petite que celle de l'eau : après agitation, l'...... (phase ....) est au dessus de l'...................... (phase ....).

2 Masse volumique et densité

Dans les conditions normales de température et de pression, 50 mL d'heptane pèse 34 g.

1. Calculer la masse volumique de l'heptane en $g \cdot cm^{-3}$ puis en $kg \cdot m^{-3}$.

2. Définir la densité d et calculer la densité de l'heptane.

3. La caféine est très soluble dans le tétrachlorure de carbone ($d = 1{,}59$). Ce solvant est insoluble dans l'eau.

a. Quelle méthode peut-on utiliser pour extraire la caféine ?

b. Faire un schéma du montage.

c. Indiquer et justifier la position de chacune des espèces.

3 Amande amère

L'essence d'amande amère vendue dans le commerce est utilisée pour parfumer le sirop d'orgeat, les pâtisseries, etc. L'odeur caractéristique de l'amande amère est due à l'espèce chimique, le benzaldéhyde.

Données

- Le sirop d'orgeat est soluble dans l'eau.
- Le benzaldéhyde est soluble dans l'éther et très peu soluble dans l'eau.

1. On prépare un mélange de sirop d'orgeat dans l'eau. Le mélange est-il homogène ? Justifier la réponse.

2. On verse le mélange précédent dans une ampoule à décanter, on introduit de l'éther et on agite vigoureusement. Comment appelle-t-on la technique mise en œuvre ?

3. Après repos de l'ampoule à décanter, on observe deux phases. La phase inférieure donne un résultat positif au test du sulfate de cuivre anhydre.

Quelle est l'espèce chimique présente dans la phase inférieure ?

4. À l'aide des résultats de la question **3.** et des données de l'énoncé, préciser le contenu de la phase supérieure.

S'entraîner

4 Hier et aujourd'hui

L'essence de lavande, très utilisée en parfumerie, provient de la distillation des fleurs de lavande, plante cultivée principalement dans les régions méditerranéennes.

Les anciens alambics possédaient des chaudières de petite capacité (200 à 500 L) ; mobiles, ils permettaient d'effectuer les distillations sur les lieux mêmes de culture de la lavande.

À l'aide du schéma ci-dessous représentant un ancien alambic dit « à feu nu », répondre aux questions suivantes.

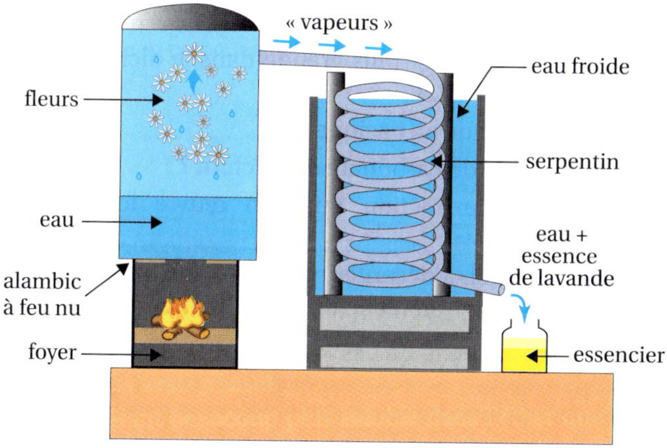

aqueuse) à l'éther (phase organique) : c'est la technique d'extraction par solvant (ici le solvant est l'éther).

3. Le test du sulfate de cuivre anhydre met en évidence la présence d'eau : l'eau constitue donc la phase inférieure.

4. On en déduit donc que la phase supérieure contient le benzaldéhyde dissous dans l'éther.

4 **1.** Si on fait l'analogie entre le montage de l'énoncé et celui d'hydrodistillation, on peut faire correspondre :
- au foyer : le chauffe-ballon ;
- à l'alambic : le ballon ;
- au serpentin : le réfrigérant ;
- à l'essencier : l'erlenmeyer.

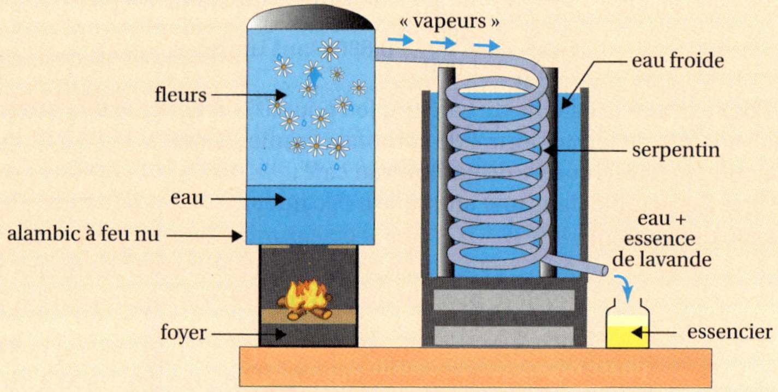

Hydrodistillation du limonène

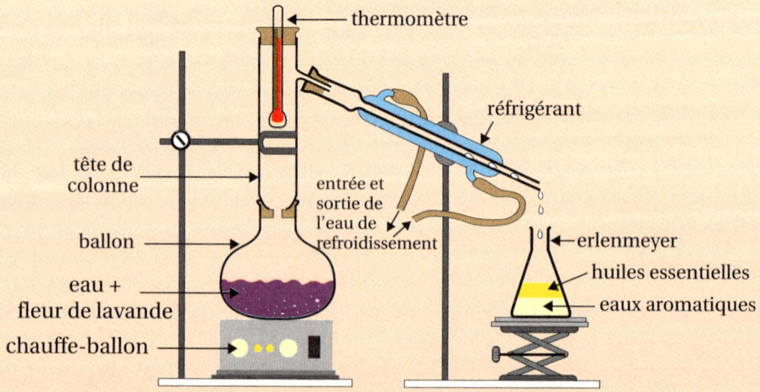

2. La vapeur d'eau permet aux cellules végétales d'éclater, libérant ainsi les essences de lavande (plus solubles dans la vapeur d'eau que dans l'eau liquide).

3. Le serpentin, plongé dans une cuve d'eau froide, condense les vapeurs d'eau et d'essence de lavande. La forme du tube permet une plus grande surface de contact avec l'eau froide qu'une forme rectiligne.

4. L'essence de lavande se trouve dans la phase supérieure car elle est moins dense que l'eau.

5 1. Le Coca-Cola est acide car son pH (2,5) est inférieur à 7.

2. Le carbonate de calcium permet de libérer tout le gaz (dioxyde de carbone) contenu dans la boisson.

3. La caféine présente dans la boisson (phase aqueuse) est plus soluble dans le dichlorométhane que dans l'eau.

L'extraction par solvant permet alors à la caféine de passer dans le solvant organique (le dichlorométhane).

4. **Schéma de l'ampoule à décanter :**

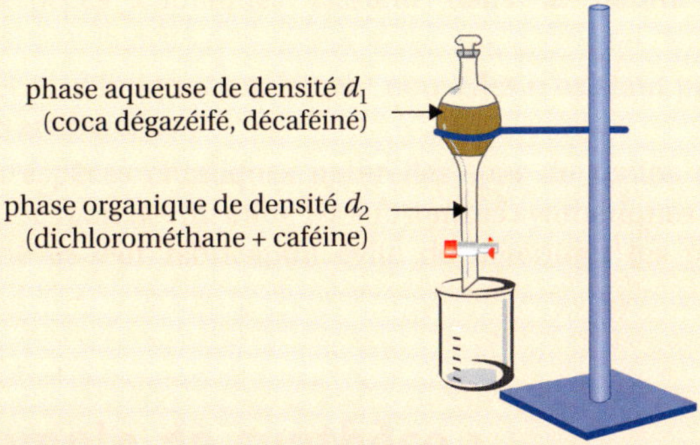

La phase organique se place en dessous de la phase aqueuse car le dichlorométhane est plus dense que l'eau ($d_1 < d_2$). C'est donc celle-ci que l'on recueille.

1 Chauffage à reflux

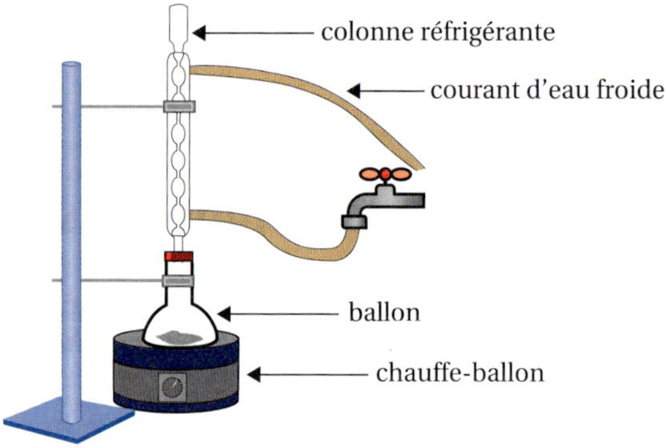

– On introduit l'acide acétique et le linalol dans le ballon.

– On chauffe pendant 30 minutes le mélange réactionnel.

– Les vapeurs produites lors du chauffage sont continuellement condensées sur les parois froides du réfrigérant.

Le chauffage à reflux permet d'augmenter la vitesse de réaction (chauffage) sans perte de matière (reflux).

2 Réaction chimique

Elle s'écrit :

anhydride acétique + linalol → acétate de linalyle + acide acétique.

Pour isoler l'acétate de linalyle formé, il faut éliminer l'acide acétique formé.

3 Séparation et extraction de l'acétate de linalyle

Il faut, pour cela connaître les caractéristiques des produits de cette synthèse afin d'extraire la substance désirée.

Pour éliminer l'acide acétique de l'acétate de linalyle on rajoute de l'eau en excès car ce dernier n'y est pas soluble.

On a donc extrait l'acétate de linalyle.

	Linalol	Anhydride acétique	Acétate de linalyle	Acide acétique
Densité	0,87	1,08	0,89	1,03
Solubilité dans l'eau	pratiquement nulle	grande	pratiquement nulle	grande
Température	199	139,5	220	118

4 Identification par chromatographie

Principe

La **chromatographie** repose sur la différence de solubilité des constituants présents dans un mélange. Elle permet de séparer et d'identifier les différentes espèces chimiques constituant ce mélange.

Expérience

• **Préparation** : on dépose une goutte du mélange sur le bas d'une feuille de papier ou mieux sur une feuille à couche mince de silice, c'est la **phase fixe**.

Cette plaque est trempée sur sa partie inférieure dans un liquide « entraîneur » appelé **éluant**.

• **Élution** : les différents constituants du mélange sont entraînés vers le haut avec des vitesses différentes. Il y a donc séparation des différents constituants du mélange qui peuvent être identifiés en comparant leurs déplacements avec ceux des espèces chimiques connues grâce au rapport frontal.

• **Révélation** : si la tache n'est pas colorée, on procède à une révélation soit sous une lampe à U.V., soit à l'aide d'un produit chimique.

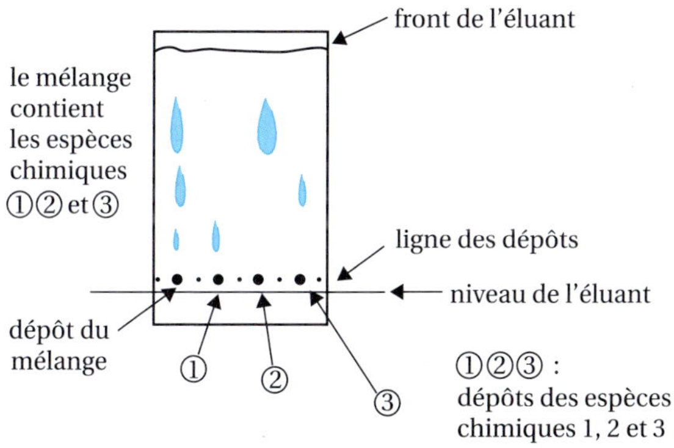

Une grandeur caractéristique : le rapport frontal

On définit le rapport frontal R_f par le rapport de la distance parcourue par le constituant avec la distance parcourue par l'éluant :

$$R_f = \frac{h_1}{h}$$

R_f sans unité

R_f dépend de la nature de l'éluant et du support.

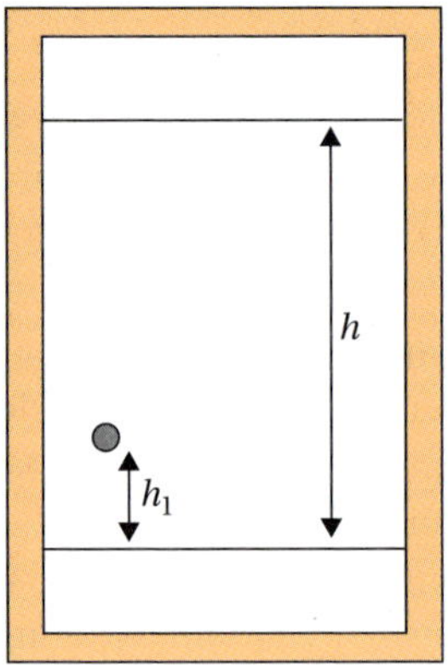

5 Autres identifications

On peut aussi identifier une espèce chimique en déterminant :
– sa masse volumique ou sa densité ; les mesures du volume(éprouvette graduée) et de la masse(balance) d'un échantillon sont nécessaires ;
– sa température de fusion au banc de Kofler ;
– sa température d'ébullition ;
– parfois ses propriétés physiques caractéristiques (odeur, couleur, aspect, etc.).

Synthèse de l'arôme de banane

ÉNONCÉ

L'acétate d'isoamyle est une espèce chimique dont l'odeur rappelle celle de la banane. Cette espèce chimique est utilisée comme arôme de banane dans certains desserts. Voici le protocole de sa synthèse :

• Dans un ballon, introduire 5 mL d'alcool, 10 mL d'acide éthanoïque et 2 mL d'acide sulfurique. Boucher. Agiter doucement en maintenant le bouchon.

• Réaliser le montage à reflux et chauffer pendant 20 minutes.

• Après refroidissement, le contenu du ballon est versé dans une ampoule à décanter.

• Après séparation des phases, la phase inférieure donne un test positif au sulfate de cuivre anhydre.

Données

	Alcool	Acétate d'isoamyle	Acide éthanoïque	Acide sulfurique
Densité	0,81	0,87	1,03	1
Solubilité dans l'eau	Peu soluble	Peu soluble	Soluble	Soluble
Danger	 Nocif ou irritant	 Nocif ou irritant	 Nocif ou irritant	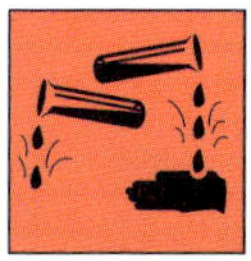 Corrosif

1. À l'aide des données de l'énoncé, expliquer pourquoi il est nécessaire de boucher le mélange alcool, acide éthanoïque et acide sulfurique. Quelles précautions faut-il prendre pour manipuler l'acide sulfurique ? En citer deux.

2. Faire un schéma légendé du montage expérimental. Quel est le rôle d'un montage à reflux ?

3. Décrire succinctement les étapes de la synthèse de l'acétate d'isoamyle.

4. Rappeler le rôle de l'ampoule à décanter.

5. Quelle est l'espèce chimique mise en évidence par le test au sulfate de cuivre anhydre ?

6. À l'aide des informations fournies dans le tableau page précédente, préciser ce qui permet d'affirmer que l'acétate d'isoamyle n'est pas présent dans la même phase que l'espèce chimique mise en évidence à la question **5**.

7. Sachant que l'acide sulfurique n'est pas consommé au cours de la transformation chimique, donner les réactifs et les produits de la synthèse. Décrire par une phrase la synthèse de l'acétate d'isoamyle.

CORRIGÉ

1. L'acide éthanoïque est une espèce chimique irritante. L'acide sulfurique est une espèce chimique corrosive. Il faut les manipuler avec les gants et porter des lunettes de sécurité.

2. **Schéma du chauffage à reflux**

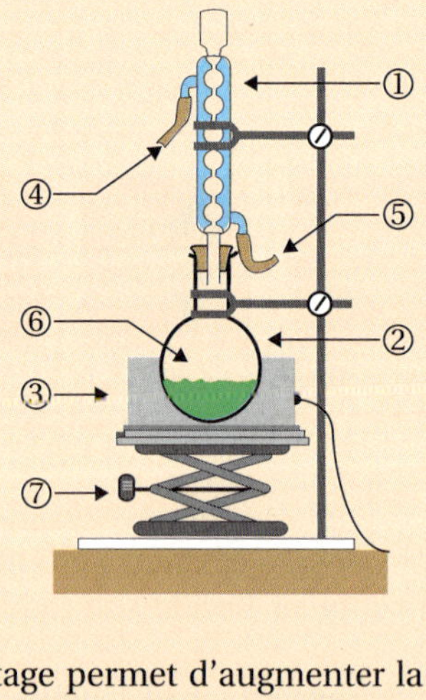

① réfrigérant
② ballon
③ chauffe-ballon
④ sortie de l'eau
⑤ arrivée de l'eau
⑥ mélange réactionnel
⑦ vallet

Ce montage permet d'augmenter la vitesse de la réaction sans perte de matière grâce au réfrigérant qui recondense les vapeurs.

3. Étapes de la synthèse de l'acétate de linalyle :
- chauffage à reflux pendant 20 minutes ;
- refroidissement du mélange réactionnel ;
- séparation des différentes phases ;
- extraction par un solvant ;
- évaporation du solvant.

4. L'ampoule à décanter permet l'extraction par un solvant ainsi que la séparation des différentes phases non miscibles.

Ampoule à décanter

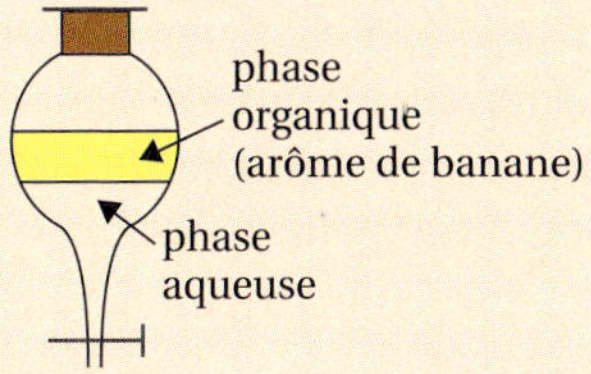

5. Le test au sulfate de cuivre anhydre met en évidence l'eau présente dans la phase inférieure.

6. L'acétate d'isoamyle est principalement présent dans la phase organique. Il est moins dense que l'eau et peu soluble dans l'eau.

7. Les réactifs sont l'alcool et l'acide éthanoïque. Les produits sont l'acétate d'isoamyle et l'eau. La réaction s'écrit :

alcool + acide éthanoïque $\rightarrow$ acétate d'isoamyle + eau.

Vérifier ses connaissances

1 Chromatographie

Compléter le texte suivant avec les mots suivants :

deux, fixe, éluant, migrent, espèces chimiques, vitesses, mobile, chromatogramme, identifier, taches.

La chromatographie permet de séparer et d'...................... les espèces chimiques présentes dans un mélange.

Cette technique fait intervenir .... phases. La phase .... est constituée par un solvant, et la phase .... sert de support.

On dépose une goutte de la substance à analyser en bas du support.

On place le support dans une cuve contenant l'...................... .

Lors de l'élution, les espèces présentes dans le mélange .... avec des .... différentes le long de la plaque.

On obtient un .... comportant autant de .... que l'échantillon analysé contient d'...................... différentes.

S'entraîner

2 Arôme de jasmin

Données

	Acide éthanoïque	Alcool benzylique	Acétate de benzyle
Densité	1,05	1,04	1,06
Solubilité dans le dichlorométhane	très faible	faible	totale

La synthèse de l'arôme de jasmin, ou acétate de benzyle, est réalisée par chauffage à reflux d'un mélange d'acide éthanoïque (20 mL) et d'alcool benzylique (30 mL).

1. Légender le schéma du montage.

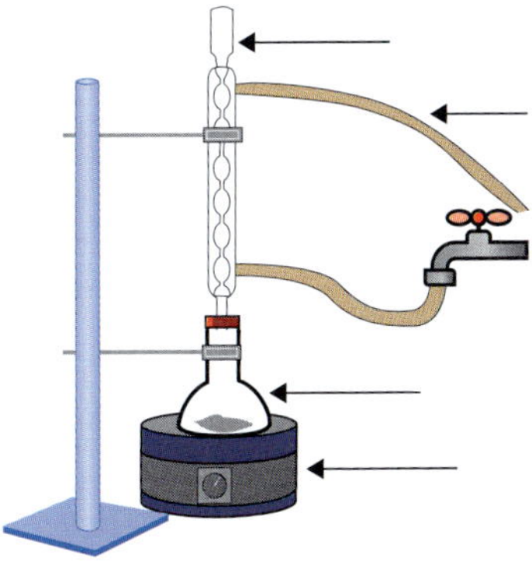

2. Quel est l'intérêt d'un tel dispositif ?

3. Quelle masse d'acide a-t-on utilisée ?

4. Quelle masse d'alcool benzylique a-t-on utilisée ?

5. Après réaction, il s'est formé de l'acétate de benzyle et de l'eau. Écrire l'équation de cette transformation chimique.

6. On verse le mélange réactionnel dans une ampoule à décanter puis on rajoute du dichlorométhane. On obtient deux phases : une phase aqueuse et une phase organique.

Dans quelle phase se trouve l'acétate de benzyle ?

Problème

3 L'acétate de menthyle se prépare à partir d'acide acétique pur et de menthol solide.

Dans un ballon, on introduit 10 g de menthol et avec précaution, un volume de 10 mL d'acide acétique pur en excès. On ajoute quelques grains de pierre ponce et on chauffe fortement à reflux pendant 1 heure. Au cours de la réaction, outre l'acétate de menthyle, il se forme de l'eau.

Données

	Menthol	Acétate de menthyle	Acide acétique	Eau
T_{fus}(°C)	41	< 0	16	0
T_{eb}(°C)	212	227	118	100
Densité	0,89	0,92	1,05	1,00
Solubilité dans l'eau	faible	très faible	grande	

1. Définir la température de fusion T_{fus} d'une espèce chimique.

2. Quel est l'état physique du menthol à 20 °C ? À 50 °C ? Justifier.

3. Donner le nom des deux montages ci-dessous et indiquer le montage à utiliser pour la synthèse.

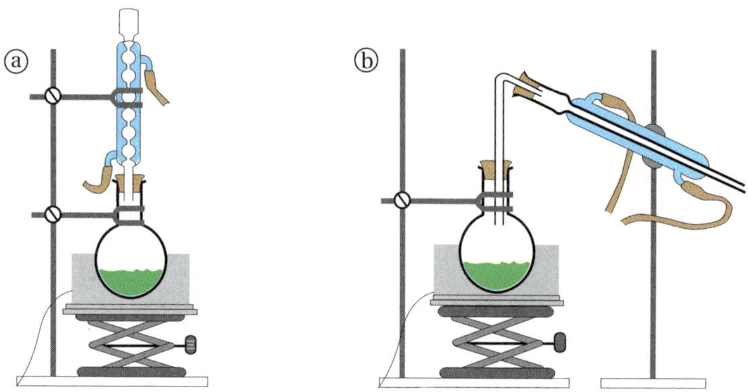

4. Quels sont les rôles du chauffage et du condenseur ?

5. Écrire l'équation bilan de la réaction de synthèse et indiquer les noms des produits et des réactifs en utilisant le nom des composés.

6. Après refroidissement, on ajoute de l'eau froide au mélange réactionnel : on place ensuite le mélange dans une ampoule à décanter. On observe alors deux phases non miscibles, l'une aqueuse, l'autre organique. Sachant qu'en fin de réaction, l'acide acétique restant est mélangé aux produits formés, faire un schéma en précisant la position des deux phases et leur contenu.

1 La chromatographie permet de séparer et d'identifier les espèces chimiques présentes dans un mélange.

Cette technique fait intervenir deux phases. La phase mobile est constituée par un solvant, et la phase fixe sert de support.

On dépose une goutte de la substance à analyser en bas du support.

On place le support dans une cuve contenant l'éluant.

Lors de l'élution, les espèces présentes dans le mélange migrent avec des vitesses différentes le long de la plaque.

On obtient un chromatogramme comportant autant de taches que l'échantillon analysé contient d'espèces chimiques différentes.

2 **1.**

Schéma du montage chauffage à reflux

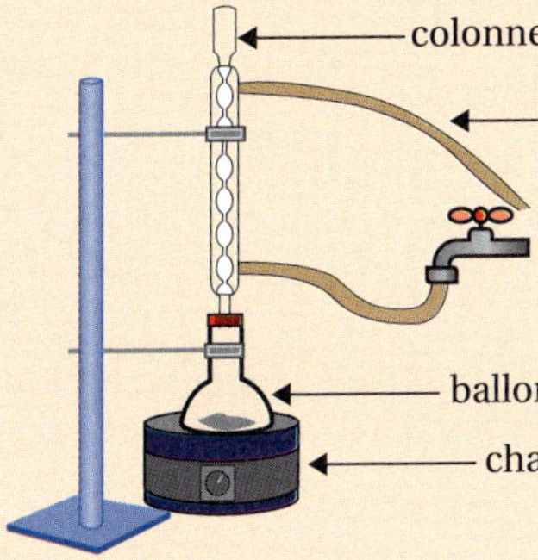

2. Le chauffage à reflux permet d'augmenter la vitesse de réaction (chauffage) sans perte de matière (reflux).

3. $\rho_{acide} = \dfrac{m_{acide}}{V_{acide}}$ donc $m_{acide} = \rho_{acide} \times V_{acide}$.

Or, $d_{acide} = \dfrac{\rho_{acide}}{\rho_{eau}}$ donc $\rho_{acide} = d_{acide} \times \rho_{eau}$.

D'où $m_{acide} = d_{acide} \times \rho_{eau} \times V_{acide}$.

A.N. : $d_{acide} = 1{,}05$; $\rho_{eau} = 1\ g \cdot cm^{-3}$; $V = 20\ mL = 20\ cm^3$.

Donc $m = 1{,}05 \times 20 = 21\ g$ d'acide éthanoïque utilisé.

4. De la même façon :

$m_{alcool} = \rho_{alcool} \times V_{alcool}$. Or, $d_{alcool} = \dfrac{\rho_{alcool}}{\rho_{eau}}$ d'où $\rho_{alcool} = d_{alcool} \times \rho_{eau}$.

$m_{alcool} = d_{alcool} \times \rho_{eau} \times V_{alcool}$.

A.N. : $d_{alcool} = 1{,}04$; $\rho_{eau} = 1\ \text{g} \cdot \text{cm}^{-3}$; $V_{alcool} = 30\ \text{mL} = 30\ \text{cm}^3$.

Donc $m = 1{,}04 \times 30 = 31$ g d'alcool utilisé.

5. Équation de la transformation chimique :

acide éthanoïque + alcool benzylique → acétate de benzyle + eau.

6. D'après les données du tableau, seul l'acétate de benzyle est soluble dans le dichlorométhane. Les autres substances restent dans la phase aqueuse, c'est l'extraction par solvant où le solvant est le dichlorométhane.

On obtient donc :

– l'acide éthanoïque et l'alcool benzylique dissous dans l'eau (c'est la phase aqueuse) ;

– l'acétate de benzyle dissous dans le dichlorométhane (c'est la phase organique).

3 **1.** La température de fusion d'une espèce chimique est la température à partir de laquelle l'espèce chimique passe de l'état solide à l'état liquide.

2. À 20 °C, le menthol est solide alors qu'à 50 °C, il est liquide.

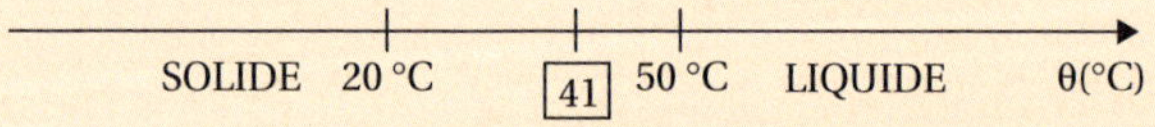

3. Le montage **a.** est un montage à reflux utilisé pour faire une synthèse.

Le montage **b.** est une distillation. Il permet de séparer deux substances par différence de température d'ébullition.

4. Le rôle du chauffage est d'accélérer la vitesse de la réaction.

Le rôle du condenseur est de condenser les vapeurs formées pour éviter toute perte de matière.

5. $\underbrace{\text{menthol + acide acétique}}_{\text{Réactifs}} \rightarrow \underbrace{\text{acétate de menthyle + eau}}_{\text{Produits}}$

6.

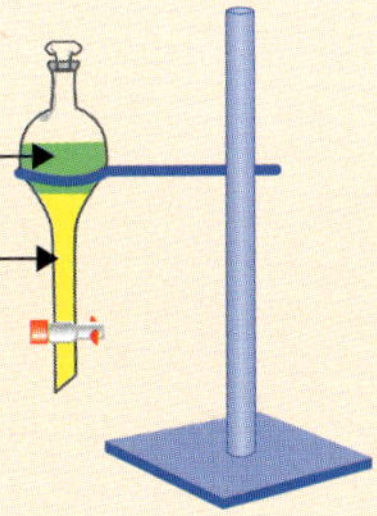

La phase organique contient l'acétate de menthyle, peu soluble dans l'eau.

La phase aqueuse contient l'acide acétique restant, très soluble dans l'eau.

La densité de l'acide acétique (1,05) est plus grande que la densité de l'acétate de menthyle (0,92). L'acide acétique se trouve donc dans la phase inférieure.

4 L'atome et l'élément

I L'atome

1 Modèle de l'atome

■ En physique, un modèle est une représentation de la réalité.

Le modèle de l'atome permet de matérialiser un objet de très petite taille, afin de pouvoir en dégager un maximum d'informations. Comme tout modèle, il a ses limites et ne peut à lui seul expliquer toutes les propriétés.

À l'heure actuelle, on considère que l'**atome** est constitué d'un **noyau** fait de protons et de neutrons autour duquel existe une zone sphérique, où la probabilité de trouver les électrons est très forte : c'est le **nuage électronique**.

■ Voici le modèle de l'atome d'hydrogène : il possède un unique électron qui a de grandes chances de se trouver sur les points rouges.

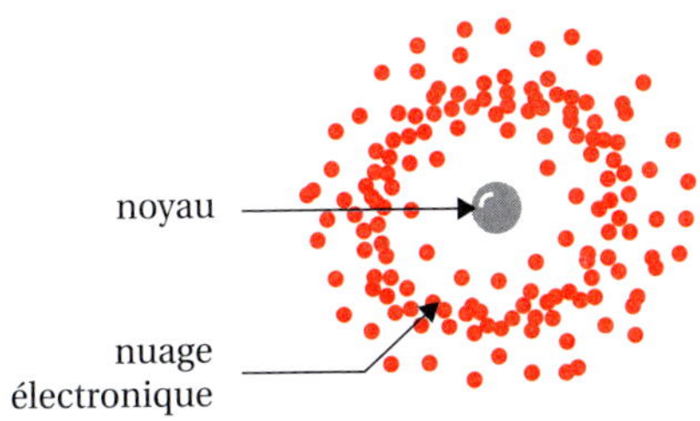

2 Noyau

■ **Symbole**

Le noyau de l'atome de l'élément X est représenté par le symbole :

$^{A}_{Z}\mathbf{X}$
- A est le nombre de masse (nombre de neutrons)
- Z est le numéro atomique (nombre de protons)
- X est le symbole de l'élément

Si l'on note N le nombre de neutrons du noyau, on a :

$$A = Z + N$$

EXEMPLE : le noyau de l'atome de sodium s'écrit $^{23}_{11}\text{Na}$.

$A = 23$ donc il comporte 23 nucléons ;

$Z = 11$ donc il comporte 11 protons.

On en déduit qu'il comporte 12 neutrons (23 – 11 = 12).

Constitution

Le noyau est constitué de deux types de particules : les **protons** et les **neutrons**.

On appelle l'ensemble de ces particules des **nucléons**.

Voici leurs principales caractéristiques :

	Charge	Masse
Proton	$e \approx 1{,}6 \times 10^{-19}$ C	$m_p = 1{,}673 \times 10^{-27}$ kg
Neutron	0	$m_n = 1{,}675 \times 10^{-27}$ kg

- **le proton est chargé positivement** ;
- **le neutron n'est pas chargé** ;
- **le proton et le neutron ont une masse voisine** $m_p \approx m_n$.

Isotopes

Définition

On appelle **atomes isotopes** *un* ensemble d'atomes ou d'ions caractérisés par le même numéro atomique Z et des nombres de nucléons A différents. C'est donc *un* ensemble d'atomes qui ne diffèrent que par le nombre de leurs neutrons.

EXEMPLE : $^{12}_{6}C$ possède 6 protons et 12 – 6 = 6 neutrons dans son noyau alors que $^{14}_{6}C$ possède 6 protons et 14 – 6 = 8 neutrons dans son noyau. On dit que $^{12}_{6}C$ et $^{14}_{6}C$ sont deux isotopes.

3 Nuage électronique

Voici les principales propriétés de l'électron :

	Charge	Masse
Électron	$-e \approx -1{,}6 \times 10^{-19}$ C	$m_e \approx 9{,}1 \times 10^{-31}$ kg

L'électron est chargé négativement.

La masse d'un électron est beaucoup plus petite que celle d'un nucléon (environ 2 000 fois plus petite).

On peut donc négliger la masse des électrons devant celle des nucléons : m_e est **négligeable** devant m_p ou m_n.

4 Propriétés de l'atome

Électroneutralité de l'atome

L'atome est un édifice électriquement neutre : il contient donc autant de protons que d'électrons.

Z représente donc aussi le nombre d'électrons de l'atome.

EXEMPLE : le symbole du noyau de sodium est $^{23}_{11}Na$, le noyau de l'atome de sodium contient 11 protons. Puisque l'atome est électriquement neutre, son nuage électronique contient 11 électrons.

Dimensions de l'atome

Voici l'ordre de grandeur des dimensions de l'atome :

- diamètre du noyau : $d_n \approx 10^{-15}$ m ;
- diamètre de l'atome : $d_a \approx 10^{-10}$ m.

Donc $\frac{d_a}{d_n} \approx 10^5$, soit $d_a \approx 100\,000 \times d_n$.

On dit que l'atome est constitué de vide ou bien qu'il a une structure lacunaire.

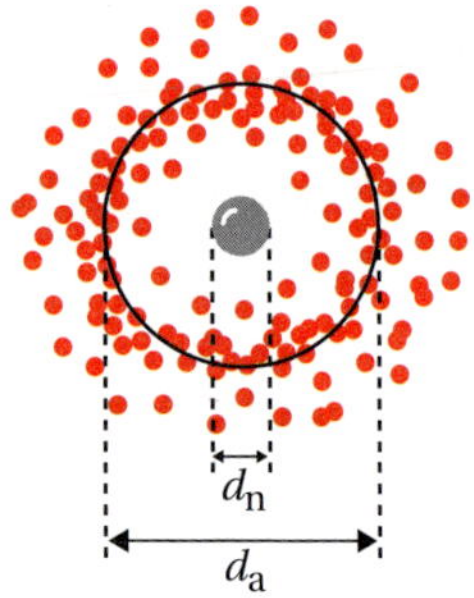

Masse de l'atome

La masse d'un atome est égale à la somme des masses des particules qui le constituent :

- Z protons,
- $A - Z$ neutrons,
- Z électrons.

On a donc : $m_{\text{atome}} = m_{\text{noyau}} + m_{\text{électrons}}$ soit :

$m_{\text{atome}} = Z \times m_p + (A - Z) \times m_n + Z \times m_e$

Or on a vu que :

- m_e est négligeable devant m_p ou m_n ;
- $m_p \approx m_n$.

Donc $m_{\text{atome}} \approx Z \times m_p + (A - Z) \times m_p$.

On en déduit que :

$$m_{\text{atome}} \approx A \times m_p$$

La masse d'un atome est essentiellement concentrée dans son noyau.

5 De l'atome à l'ion

Définition

Lorsqu'un atome perd ou gagne un ou plusieurs électrons, il devient un **ion monoatomique**.

S'il gagne des électrons c'est un anion.

S'il perd des électrons c'est un cation.

EXEMPLES :

- L'ion fer II Fe^{2+} est un cation car il provient de l'atome de fer qui a perdu deux électrons.
- L'ion chlorure Cl^{-} est un anion car il provient de l'atome de chlore qui a gagné un électron.

II Élément chimique

1 Définition

Définition

On appelle **élément chimique** l'ensemble des particules (atomes, ions ou composés), caractérisées par le même nombre Z de protons présents dans leur noyau.

EXEMPLE : le métal cuivre (Cu), les ions cuivre (Cu^{2+}) contenus dans la solution de sulfate de cuivre (Cu^{2+} ; SO_4^{2-}), l'oxyde de cuivre I (Cu_2O), l'oxyde de cuivre II (CuO) ont en commun **l'élément cuivre** (Cu).

2 Conservation des éléments

Lors d'une réaction chimique il y a **conservation des éléments**.

EXEMPLE : soit la réaction chimique suivante :

$$2\,Al + Fe_2O_3 \rightarrow Al_2O_3 + 2\,Fe.$$

Lors de cette réaction chimique, les éléments (aluminium, fer et oxygène) mis en jeu changent de forme, mais restent présents dans les produits.

Détermination de la masse d'un élément

ÉNONCÉ

On rappelle les masses d'un proton, d'un neutron et d'un électron :
$m_p = 1{,}673 \times 10^{-27}$ kg ; $m_n = 1{,}675 \times 10^{-27}$ kg ; $m_e = 9{,}11 \times 10^{-31}$ kg.

1. Les atomes d'aluminium naturel possèdent 13 protons et 27 nucléons dans leur noyau. Donner le symbole d'un atome d'aluminium naturel.

2. Calculer la masse m_{noyau} du noyau de l'atome d'aluminium naturel.

3. Calculer la masse $m_{électrons}$ des électrons de l'atome d'aluminium.

4. En déduire la masse de l'atome.

MÉTHODE

1. On représente le noyau d'un atome par le symbole :

$$^{A}_{Z}\text{X}$$

où A est le nombre de nucléons et Z le nombre de charges ou numéro atomique (nombre de protons).

2. Le noyau de l'atome est constitué de deux types de particules : les protons et les neutrons.

3. L'atome est un édifice électriquement neutre : il est donc constitué d'autant de protons que d'électrons.
Z représente donc aussi le nombre d'électrons de l'atome.

4. Pour calculer la masse d'un atome, on utilise la formule :

$$m_{atome} = m_{noyau} + m_{électrons}$$

$$m_{atome} = Z \times m_p + (A - Z) \times m_n + Z \times m_e.$$

CORRIGÉ

1. Le symbole d'un atome d'aluminium est $^{27}_{13}\text{Al}$.

2. Le noyau est constitué de 13 protons et de 27 – 13 soit 14 neutrons.
Donc sa masse est égale à :
$m_{noyau} = 13 \times m_p + 14 \times m_n$
$m_{noyau} = 13 \times 1{,}673 \times 10^{-27} + 14 \times 1{,}675 \times 10^{-27}$
$m_{noyau} = 4{,}520 \times 10^{-26}$ kg.

3. Un atome est électriquement neutre : il possède donc autant de protons que d'électrons soit ici 13 électrons.
La masse des électrons est égale à $Z \times m_e$.

Soit :

$m_{\text{électrons}} = 13 \times m_e$

$m_{\text{électrons}} = 13 \times 9{,}11 \times 10^{-31}$

$m_{\text{électrons}} = 1{,}18 \times 10^{-29}$ kg.

4. Pour calculer la masse d'un atome on utilise la formule :

$$m_{\text{atome}} = m_{\text{noyau}} + m_{\text{électrons}}.$$

Soit :

$m_{\text{Al}} = 4{,}520 \times 10^{-26} + 1{,}18 \times 10^{-29}$

$m_{\text{Al}} = 4{,}521 \times 10^{-26}$ kg.

➲ On remarque que $m_{\text{Al}} \approx m_{\text{noyau}}$.

Dans tous les exercices on prendra :
- masse d'un proton $m_p = 1{,}673 \times 10^{-27}$ kg ;
- masse d'un neutron $m_n = 1{,}675 \times 10^{-27}$ kg ;
- masse d'un électron $m_e = 9{,}11 \times 10^{-31}$ kg.

Vérifier ses connaissances

1 Structure de l'atome et de l'ion

Compléter le tableau suivant :

Symbole de l'atome ou de l'ion	Symbole du noyau	Nombre de protons	Nombre de neutrons	Nombre d'électrons	Charge
	$^{27}_{13}Al$				0
Cu^{2+}	$^{63}_{29}Cu$				
F^-		9	10		
	$^{56}_{26}Fe$				+ 2e
		8	8		– 2e

2 Masse d'un atome et de l'ion

1. Donner la composition (nombre de protons, neutrons et électrons) de l'atome de sodium sachant que son noyau a pour symbole $^{23}_{11}Na$.

2. Calculer la masse de l'atome de sodium en négligeant celle des électrons.

3. Sachant que l'ion sodium provient de l'atome de sodium qui a perdu 1 électron, en déduire son symbole puis sa composition (nombre de protons, neutrons et électrons).

4. Sans faire de calcul, en déduire la masse de l'ion sodium.

S'entraîner

3 Dans un clou en fer...

Un atome de fer est caractérisé par $Z = 26$ et $A = 56$.

1. Donner la composition (nombre de protons, de neutrons et d'électrons) de cet atome.

2. Calculer la masse approximative d'un atome de fer.

3. En déduire l'ordre de grandeur du nombre d'atomes de fer contenus dans un échantillon de masse 10 g.

4 L'atome d'hydrogène

On désire réaliser une maquette de l'atome d'hydrogène avec un petit pois de diamètre 0,5 cm représentant le noyau de l'atome.

Voici les données relatives à l'atome d'hydrogène :

- diamètre du noyau : $d_n = 2{,}4 \times 10^{-15}$ m ;
- diamètre de l'atome : $d_a = 1{,}1 \times 10^{-10}$ m.

Supposons que ce petit pois représente le noyau d'un atome.

1. Quel serait alors le diamètre de cet atome ?

2. Une telle maquette est-elle réalisable ? Quelle propriété de l'atome reflète ce calcul ?

Problèmes

* 5 L'atome de magnésium et ses isotopes

Le noyau d'un atome de magnésium a pour symbole $^{24}_{12}\text{Mg}$.

1. Donner la composition de cet atome.

2. Calculer la masse d'un atome de magnésium.

3. Calculer le nombre d'atomes de magnésium contenus dans un échantillon de 3,50 g de magnésium.

4. On trouve aussi dans la nature deux autres noyaux de magnésium : $^{26}_{12}\text{Mg}$ et $^{25}_{12}\text{Mg}$.

a. Comment appelle-t-on ces deux atomes ?

b. Donner leur composition respective.

5. Un échantillon de magnésium à l'état naturel est constitué en fait de 79 % de $^{24}_{12}\text{Mg}$, de 10 % de $^{25}_{12}\text{Mg}$ et de 11 % de $^{26}_{12}\text{Mg}$.

En déduire le nombre d'atomes de chaque isotope se trouvant dans l'échantillon de 3,50 g.

➡ Les pourcentages sont ceux du nombre d'atomes considérés par rapport au nombre total d'atomes.

* 6 Expérience de Rutherford

En bombardant de très minces feuilles d'or avec des particules alpha émises par une substance radioactive, Rutherford observa que la plupart des particules traversaient les feuilles métalliques en étant à peine déviées: 1 sur 100 000 environ subissait une déviation notable pendant que les autres « traversaient » la feuille d'or.

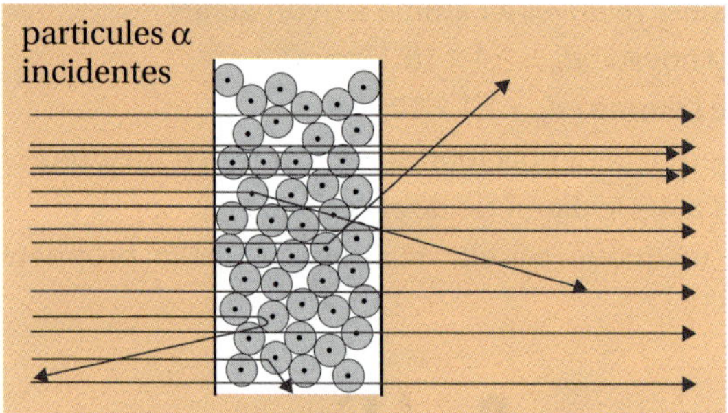

structure de la feuille d'or selon Rutherford

1. On propose d'abord une analogie macroscopique. Une balle de tennis serait-elle déviée si elle heurtait une balle de ping-pong ? Serait-elle déviée si elle heurtait une boule de pétanque ? Justifier la réponse.

2. À quelle particule correspond chaque objet dans cette analogie ?

- Balle de tennis
- Balle de ping-pong
- Boule de pétanque

3. Quelle propriété de la matière met-on ainsi en évidence ?

4. Que rencontre la particule alpha pour être déviée ? Quelle propriété vous inspire le rapport « 1 sur 100 000 environ subissait une déviation… » ?

5. L'épaisseur des feuilles d'or utilisées était voisine de 500 nm. L'atome d'or étant assimilable à une sphère de 150 pm de rayon, déterminer le nombre *N* de couches d'atomes d'or de la feuille.

6. Les particules alpha sont constituées de deux neutrons et de deux protons. Déterminer la masse et la charge d'une particule α.

7. Le symbole du noyau d'un atome d'or est $^{197}_{79}Au$. Déterminer la masse et la charge du noyau d'un atome d'or.

8. Déterminer la masse du nuage électronique.

9. L'approximation faite en cours pour déterminer la masse de l'atome est-elle justifiée ici ? Pourquoi ?

On pourra calculer l'incertitude relative $\frac{m_{\text{théorique}} - m_{\text{approchée}}}{m_{\text{théorique}}}$ exprimée en pourcentage.

Données :

- masse du proton : $m_p = 1{,}673 \times 10^{-27}$ kg ;
- masse du neutron : $m_n = 1{,}675 \times 10^{-27}$ kg ;
- masse de l'électron : $m_e = 9{,}1 \times 10^{-31}$ kg ;
- charge élémentaire : $e = 1{,}60 \times 10^{-19}$ C.

1

Symbole de l'atome ou de l'ion	Symbole du noyau	Nombre de protons	Nombre de neutrons	Nombre d'électrons	Charge
Al	${}^{27}_{13}Al$	13	14	13	0
Cu^{2+}	${}^{63}_{29}Cu$	29	34	27	+ 2e
F^-	${}^{19}_{9}F$	9	10	10	– 1e
Fe^{2+}	${}^{56}_{26}Fe$	26	30	24	+ 2e
O^{2-}	${}^{16}_{8}O$	8	8	10	– 2e

1re ligne

Le symbole du noyau de cet atome est ${}^{27}_{13}Al$, donc il contient $Z = 13$ soit 13 protons, et $A = 27$ soit $A - Z = 27 - 13 = 14$ neutrons.

La charge est nulle donc il s'agit de l'atome d'aluminium de symbole Al, électriquement neutre, donc possédant 13 électrons.

2e ligne

Le symbole du noyau de cet atome est ${}^{63}_{29}Cu$ donc il contient $Z = 29$ soit 29 protons, et $A = 63$ soit $A - Z = 63 - 29 = 34$ neutrons.

Le symbole de l'ion est Cu^{2+} il provient de l'atome Cu qui a perdu deux électrons. Il contient donc 29 – 2 = 27 électrons. Sa charge est donc – 2e.

3e ligne

F^- possède 9 protons et 10 neutrons soit 9 + 10 = 19 neutrons. Le symbole de son noyau est donc ${}^{19}_{9}F$.

F^- est un anion provenant de F qui a gagné 1 électron : il possède donc 9 + 1 = 10 électrons ; et sa charge est – 1e.

4e ligne

Le symbole du noyau de cet atome est ${}^{56}_{26}Fe$ donc il comporte $Z = 26$ soit 26 protons et $A = 56$ soit $A - Z = 56 - 26 = 30$ neutrons.

La charge est – 2e donc il s'agit de l'ion fer Fe^{2+} qui possède 26 – 2 = 24 électrons.

5e ligne

La charge de cette particule est – 2e donc il s'agit d'un anion possédant 8 + 2 = 10 électrons.

Son noyau possède 8 protons soit $Z = 8$, et 8 + 8 = 16 nucléons soit $A = 16$. Le tableau périodique montre qu'il s'agit de l'élément oxygène de symbole ${}^{16}_{8}O$.

Le symbole de l'ion est donc O^{2-}.

2 **1.** Le symbole du noyau de l'atome de sodium est ${}^{23}_{11}Na$ donc il contient $Z = 11$ soit 11 protons et $A = 23$ soit $A - Z = 23 - 11 = 12$ neutrons.

Un atome est électriquement neutre donc il possède 11 électrons.

2. Pour calculer la masse d'un atome lorsqu'on néglige la masse des électrons on peut écrire m(atome) ≈ m(noyau) soit :

$m_{atome} \approx A \times m_p$

$m_{atome} \approx 23 \times 1{,}673 \times 10^{-27}$

$m_{atome} \approx 3{,}848 \times 10^{-26}$ kg.

3. L'ion sodium provient de l'atome de sodium qui a perdu 1 électron, son symbole est Na^+. Il est donc constitué de 11 protons et 12 neutrons (la composition du noyau reste inchangée de l'atome à l'ion) et possède 11 – 1 = 10 électrons.

4. La masse de l'ion sodium est égale à celle de l'atome de sodium car la masse d'un électron est négligeable devant ces masses.

3 **1.** L'atome de fer est constitué de 26 protons car $Z = 26$, de 30 neutrons car $A - Z = 56 - 26 = 30$, et de 26 électrons car l'atome est électriquement neutre.

2. La masse d'un atome est concentrée dans le noyau donc :

$m_{Fe} \approx m(\text{noyau}) = 26 \times m_p + 30 \times m_n$

$m_{Fe} \approx 26 \times 1{,}673 \times 10^{-27} + 30 \times 1{,}675 \times 10^{-27}$

$m_{Fe} \approx 9{,}375 \times 10^{-26}$ kg.

3. On vient de voir que la masse d'un atome est $9{,}375 \times 10^{26}$ kg.

Soit N le nombre d'atomes contenus dans 10 g soit $1{,}0 \times 10^{-2}$ kg de fer :

$N \times 9{,}375 \times 10^{26} = 1{,}0 \times 10^{-2}$.

D'où :

$$N = \frac{1{,}0 \times 10^{-2}}{9{,}373 \times 10^{-26}}$$

$N = 1{,}1 \times 10^{23}$ atomes.

L'ordre de grandeur du nombre d'atomes dans 10 g de fer est donc 10^{23} atomes.

4 **1.** Utilisons un tableau de proportionnalité :

	Diamètre du noyau	Diamètre de l'atome
Maquette	$0{,}5$ cm $= 0{,}5 \times 10^{-2}$m	?
Réalité	$2{,}4 \times 10^{-15}$m	$1{,}1 \times 10^{-10}$m

Soit D le diamètre de l'atome sur la maquette :

$$D = \frac{0{,}5 \times 10^{-2} \times 1{,}1 \times 10^{-10}}{2{,}4 \times 10^{-15}}$$

$D \approx 2 \times 10^2$ m.

2. Une telle maquette n'est pas réalisable car l'unique électron devrait être alors placé à environ 100 m du noyau (rayon de l'atome sur la maquette).

On comprend bien pourquoi on dit de l'atome qu'il est constitué de vide, ou encore qu'il a une structure lacunaire. En effet, sur la maquette, entre le noyau (le petit pois) et l'électron il y aurait « 100 mètres de vide ».

5 **1.** Puisque le noyau d'un atome de magnésium a pour symbole $^{12}_{24}Mg$, la composition de l'atome de magnésium est de 24 nucléons ($A = 24$), soit 12 protons ($Z = 12$) et 24 – 12 soit 12 neutrons.

Un atome est électriquement neutre donc Z est aussi le nombre d'électrons soit 12 électrons.

2. Masse d'un atome de magnésium.

La masse d'un atome est égale à la somme des masses des particules qui le constituent (Z protons, $(A - Z)$ neutrons et Z électrons) :

$m_{Mg} = 12 \times m_p + (24 - 12) \times m_n + 12 \times m_e$.

La masse des électrons étant négligeable par rapport à celle des nucléons, m_e est négligeable devant m_p ou m_n, et de plus, $m_p \approx m_n$, d'où :

$m_{Mg} = 24 \times m_p$

$m_{Mg} = 24 \times 1{,}673 \times 10^{-27}$

$m_{Mg} = 4{,}015 \times 10^{-26}$ kg.

3. La masse d'un atome de magnésium est $4{,}015 \times 10^{-26}$ kg.

Soit N le nombre d'atomes contenus dans 3,5 g soit $3{,}5 \times 10^{-3}$ kg de magnésium :

$N \times 4{,}015 \times 10^{-26} = 3{,}5 \times 10^{-3}$.

D'où :

$$N = \frac{3{,}5 \times 10^{-3}}{4{,}015 \times 10^{-26}}$$

$N = 8{,}72 \times 10^{22}$ atomes.

4. a. Les deux atomes dont les noyaux sont $^{26}_{12}\text{Mg}$ et $^{25}_{12}\text{Mg}$ sont des isotopes : ils sont caractérisés par le même numéro atomique ($Z = 12$) et des nombres de nucléons A différents. Ce sont donc des atomes qui ne diffèrent que par le nombre de neutrons.

b. Composition de $^{25}_{12}\text{Mg}$:
- 12 protons ;
- 25 – 12 = 13 neutrons ;
- 12 électrons.

Composition de $^{26}_{12}\text{Mg}$:
- 12 protons ;
- 26 – 12 = 14 neutrons ;
- 12 électrons.

5. D'après la question **3.**, le nombre d'atomes de magnésium 24 dans 3,5 g est :

$\frac{8{,}72 \times 10^{22} \times 79}{100}$ soit $6{,}89 \times 10^{22}$ atomes de ^{24}Mg.

Le nombre d'atomes de magnésium 25 dans 3,5 g est :

$\frac{8{,}72 \times 10^{22} \times 10}{100}$ soit $8{,}72 \times 10^{21}$ atomes de ^{25}Mg.

Le nombre d'atomes de magnésium 26 dans 3,5 g est :

$\frac{8{,}72 \times 10^{22} \times 11}{100}$ soit $9{,}59 \times 10^{21}$ atomes de ^{26}Mg.

6 **1.** Une balle de tennis ne serait pas déviée par une balle de ping-pong car elle est plus lourde que l'obstacle.
Par contre, elle serait déviée par une balle de pétanque car la boule de pétanque est plus lourde que la balle de tennis.

2. Dans cette analogie on a associé :
- la balle de tennis à la particule alpha ;
- la balle de ping-pong à l'électron ;
- la boule de pétanque au noyau d'or.

3. Cette expérience met en évidence le fait que la masse de l'atome est concentrée dans son noyau.

4. Lorsqu'une particule alpha est déviée c'est qu'elle a rencontré une particule du noyau. Le fait qu'« 1 sur 100 000 environ subissait une déviation » traduit le fait que la matière est constituée de vide.

5. Conversions : 500 nm = 500×10^{-9} m et 150 pm = 150×10^{-12} m.

Le rayon de l'atome est $r = 150 \times 10^{-12}$ m donc le diamètre de l'atome est $d = 300 \times 10^{-12}$ m.

Regroupons les données dans un tableau de proportionnalité :

Taille	Nombre de couched'atomes
300×10^{-12} m	1
500×10^{-9} m	?

Soit N le nombre de couches d'atomes d'or de la feuille d'atomes.

$$N = \frac{(500 \times 10^{-9} \times 1)}{300 \times 10^{-12}} = 1,67 \times 10^{3} \text{ couches d'atomes.}$$

6. Masse d'une particule alpha :

$$\begin{aligned} m(\text{alpha}) &= 2m_p + 2m_n \\ &= 2 \times 1,673 \times 10^{-27} + 2 \times 1,675 \times 10^{-27} \\ &= 6,696 \times 10^{-27} \text{ kg} \end{aligned}$$

Charge d'une particule alpha :

Seuls les protons sont chargés (positivement) donc :

$Q(\text{alpha}) = 2 \times (1,60 \times 10^{-19}) = +\,3,20 \times 10^{-19}$ C.

7. Masse du noyau d'un atome d'or :

D'après le symbole du noyau on en déduit qu'il est constitué de :

- 79 protons ;
- 197 – 79 = 118 neutrons.

Donc,
$$\begin{aligned} m(\text{noyau}) &= 79m_p + 118m_n \\ &= 79 \times 1,673 \times 10^{-27} + 118 \times 1,675 \times 10^{-27} \\ &= 3,298 \times 10^{-25} \text{ kg.} \end{aligned}$$

Charge du noyau :

Dans le noyau, seul les protons sont chargés (positivement) donc :

$$\begin{aligned} Q(\text{noyau}) &= 79 \times (+1,60 \times 10^{-19}) \\ &= +\,1,26 \times 10^{-17} \text{ C (coulomb).} \end{aligned}$$

8. Masse du nuage électronique :

Puisque que l'atome d'or est électriquement neutre, alors il possède 79 électrons.

$$m(\text{nuage électronique}) = 79 \times m_e = 79 \times 9{,}1 \times 10^{-31} = 7{,}2 \times 10^{-29}\ \text{kg}$$

9. masse de l'atome = m(noyau) + m(nuage électronique).

La masse des électrons est négligeable devant celles des protons et neutrons donc la masse d'un atome est pratiquement celle du noyau.

$m(\text{noyau}) = 3{,}298 \times 10^{-25}$ kg

$m(\text{nuage électronique}) = 7{,}2 \times 10^{-29}$ kg.

L'incertitude relative est :

$$\frac{\Delta m}{m} = \frac{m_{\text{théorique}} - m_{\text{approchée}}}{m_{\text{théorique}}}$$

$$\frac{\Delta m}{m} = \frac{m(\text{nuage électronique})}{m(\text{noyau}) + m(\text{nuage électronique})}$$

$$\frac{\Delta m}{m} = \frac{7{,}2 \times 10^{-29}}{3{,}298 \times 10^{-25} + 7{,}2 \times 10^{-29}}$$

$\frac{\Delta m}{m} = 2{,}183 \times 10^{-4}$ soit 0,02 % ce qui est une très bonne précision.

L'approximation faite en cours est donc largement justifiée.

5 De l'atome aux édifices chimiques

I Répartition des électrons d'un atome

1 Les couches électroniques

Les électrons d'un atome ne sont pas tous liés de la même façon au noyau.

Ils se répartissent autour du noyau sur des couches.

Ceux qui sont proches du noyau y sont très liés (par des forces), ceux qui en sont plus éloignés y sont moins liés.

On note K la couche la plus proche du noyau et les suivantes L, M, N, etc.

2 Règles de remplissage des couches électroniques

Règle 1

Une couche électronique ne peut contenir qu'un nombre limité d'électrons :

La couche K (première couche) peut contenir un maximum de 2 électrons.

La couche L (deuxième couche) peut contenir un maximum de 8 électrons.

La couche M (troisième couche) peut contenir un maximum de 8 électrons (seulement pour les éléments tels que Z soit inférieur ou égal à 18).

Lorsqu'une couche est pleine, on dit qu'elle est **saturée**.

Règle 2

Le remplissage des couches électroniques s'effectue en commençant par la couche K. Lorsqu'elle est saturée, la couche L se remplit et ainsi de suite.

EXEMPLES : azote N ($Z = 7$) : $(K)^2(L)^5$; chlore Cl ($Z = 17$) : $(K)^2(L)^8(M)^7$.

Remarques :

- La couche la plus éloignée du noyau qui contient des électrons est appelée **couche externe**.
- Les électrons de cette couche externe sont appelés **électrons périphériques.**
- L'écriture $(K)^a(L)^b(M)^c$ peut s'appeler configuration électronique, structure électronique ou répartition électronique.

II De l'atome à l'ion monoatomique

Au cours des transformations chimiques, l'atome a tendance à adopter la configuration du gaz rare le plus proche.

1 Configuration des gaz rares

L'hélium, le néon et l'argon font partie de la famille des gaz rares dits aussi inertes. En effet, ils sont caractérisés par une grande inertie chimique. Cette propriété s'explique par la répartition particulière de leurs électrons. Voici leurs configurations :

He ($Z = 2$) : $(K)^2$

Ne ($Z = 10$) : $(K)^2(L)^8$

Ar ($Z = 18$) : $(K)^2(L)^8(M)^8$.

La couche externe de chaque gaz rare est saturée, d'où une faible réactivité et une grande stabilité.

2 Règle du duet et de l'octet

Ce sont les électrons de la couche externe d'un élément qui déterminent sa réactivité. Lorsque la couche externe est saturée, on dit que l'élément à une configuration stable.

Au cours de leurs transformations chimiques, les atomes évoluent de manière à saturer leur couche externe :

• les éléments tels que Z soit inférieur ou égal à 4 saturent leur couche K à 2 électrons : ils vérifient alors la **règle du duet** ;

• les autres saturent leur couche L ou M à 8 électrons : il vérifient alors la **règle de l'octet**.

EXEMPLE : le sodium Na ($Z = 11$) est un métal mou qui réagit vivement avec l'eau pour donner l'ion sodium Na^+ bien plus stable. En effet, la configuration électronique de Na est $(K)^2(L)^8(M)^1$, donc sa couche externe M n'est pas saturée, alors que Na^+ a 10 électrons soit une configuration électronique $(K)^2(L)^8$ qui est la même que celle du néon. Cet ion a donc une configuration stable.

➲ Il existe des exceptions à la règle de l'octet, qui sont « levées » en étudiant seulement les éléments tels que Z soit inférieur ou égal à 18.

3 Les ions monoatomiques

• L'atome de magnésium Mg ($Z = 12$) a pour configuration électronique $(K)^2(L)^8(M)^2$.

Pour saturer sa couche externe, il doit « perdre » les 2 électrons de la couche M : on obtient donc l'ion magnésium Mg^{2+} ayant pour configuration électronique $(K)^2(L)^8$, celle du néon.

• L'atome de chlore Cl ($Z = 17$) a pour configuration électronique $(K)^2(L)^8(M)^7$.

Pour saturer sa couche externe, il doit « gagner » 1 électron sur la couche M : on obtient donc l'ion chlorure Cl^- ayant pour configuration électronique $(K)^2(L)^8 (M)^8$, celle de l'argon.

• L'atome d'aluminium Al ($Z = 13$) a pour configuration électronique $(K)^2(L)^8(M)^3$.

Pour saturer sa couche externe, il doit « perdre » les 3 électrons de la couche M : on obtient donc l'ion aluminium Al^{3+} ayant pour configuration électronique $(K)^2(L)^8$, celle du néon.

III De l'atome à la molécule

1 Liaison covalente et doublet non liant

Seuls les gaz rares existent isolés dans la nature. Les autres ont tendance à se lier avec d'autres atomes pour former des molécules.

Parmi les électrons des couches externes, certains participent aux liaisons tandis que d'autres restent localisés autour d'un seul atome.

Définition

Une **liaison covalente simple** est une mise en commun de deux électrons entre deux atomes, chaque atome fournissant un électron.

On représente une liaison covalente par un tiret entre les deux atomes concernés.

H — H

↑

doublet liant ou liaison covalente

Définition

Un **doublet non liant** est constitué d'une paire d'électrons ne participant pas aux liaisons covalentes, il se place autour d'un atome.

$A - \overline{B}$ ← doublet non liant

Chaque doublet non liant est représenté par un tiret placé sur l'atome considéré.

Lorsqu'un atome engage deux ou trois liaisons avec un autre atome, on parle de liaison double ou triple.

EXEMPLES :

Le diazote possède une liaison triple :

$|N \equiv N|$

Le dioxygène possède une liaison double.

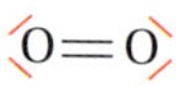

2 Représentation de Lewis

■ **La représentation de Lewis** rend compte de l'enchaînement des atomes et de la nature des doublets (liants ou non liants).

Chaque atome doit respecter la règle de l'octet ou du duet (c'est-à-dire s'entourer de 2 ou 8 électrons).

EXEMPLE : molécule de dioxygène de formule O_2. Chaque atome d'oxygène a 6 électrons externes ($Z = 8$) : $(K)^2(L)^6$, qui sont représentés par des points noirs :

Chaque atome d'oxygène doit vérifier la règle de l'octet et doit donc engager deux liaisons (voir configuration électronique de l'oxygène ci-dessus).

Les électrons externes ne participant pas aux liaisons se regroupent par deux autour des atomes pour former des doublets non liants.

La molécule de dioxygène de formule O_2, possède donc deux doublets liants (liaisons) et deux doublets non liants (en rouge) :

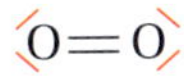

Chaque atome d'oxygène est entouré de 8 électrons et vérifie alors la règle de l'octet.

Notion de valence

On appelle **valence**, le nombre de liaisons que doit engager un atome pour vérifier la règle de l'octet ou du duet. Il engage donc $(n - p)$ liaisons (avec $n = 2$ ou 8 et p nombre d'électrons sur la couche externe). Voici les valences des atomes les plus courants :

Atome	Configuration électronique	Valence	Représentation de Lewis
Hydrogène H ($Z = 1$)	$(K)^1$	$2 - 1 = 1$ (règle du duet)	H—
Carbone C ($Z = 6$)	$(K)^2(L)^4$	$8 - 4 = 4$ (règle de l'octet)	—C— (quatre liaisons)
Azote N ($Z = 7$)	$(K)^2(L)^5$	$8 - 5 = 3$ (règle de l'octet)	—$\overline{\text{N}}$— (trois liaisons)
Oxygène O ($Z = 8$)	$(K)^2(L)^6$	$8 - 6 = 2$ (règle de l'octet)	—$\underline{\overline{\text{O}}}$—
Fluor F ($Z = 9$)	$(K)^2(L)^7$	$8 - 7 = 1$ (règle de l'octet)	$\lvert\underline{\overline{\text{F}}}$—

3 Formules d'une molécule

Il existe différentes façons d'écrire une molécule :

- la formule brute ;
- la formule semi-développée ;
- la formule développée ;
- la formule de Lewis.

EXEMPLE : la méthylamine a pour :

• formule brute : CH_5N.

• formule de Lewis : 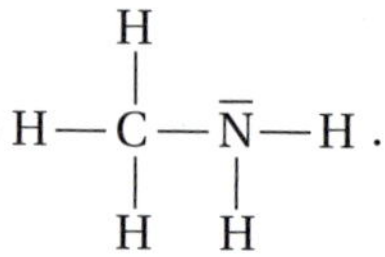

• formule développée : 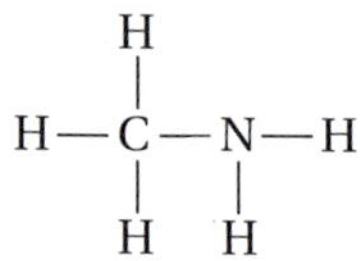

(les doublets non liants n'apparaissent pas).

• formule semi-développée : $CH_3 — NH_2$.

4 Géométrie dans l'espace

Définition

La représentation de Lewis ne donne pas de renseignements sur la disposition des liaisons dans l'espace.

Définition

La géométrie d'une molécule est telle qu'autour de l'atome central, les doublets (liants et non liants) se repoussent et s'éloignent au maximum les uns des autres : c'est la théorie de la répulsion minimale des doublets.

Représentation de Cram

Lorsque les molécules ne sont pas planes, on utilise la représentation de Cram, dont les conventions sont les suivantes :

• les liaisons situées dans le plan de la feuille sont dessinées en traits pleins — ;

• les liaisons situées en avant du plan de la feuille sont dessinées en traits épaissis ► ;

• les liaisons en arrière du plan de la feuille sont dessinées en pointillés.

Voici les quatre géométries de base :

Molécule	Représentation de Cram	Géométrie
CO_2	$\langle O=C=O \rangle$	linéaire
CH_4	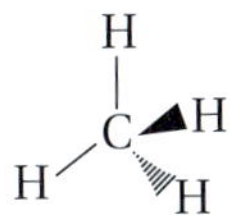	tétraédrique
H_2O	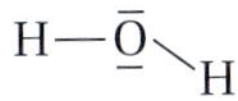	coudée
NH_3	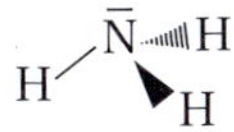	pyramidale

EXEMPLES :

Formule brute	Représentation de Lewis	Représentation de Cram
CH_5N	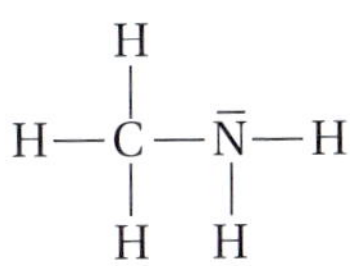	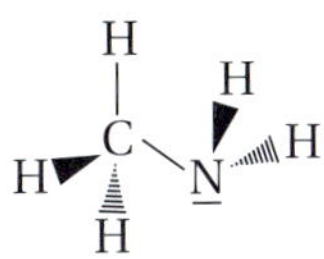
CH_4O	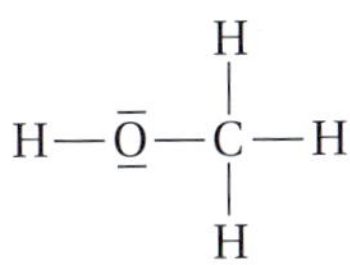	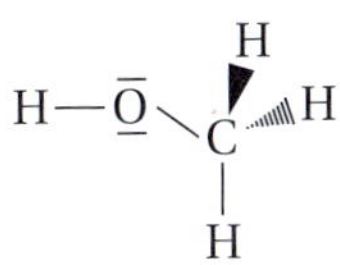
C_2H_4O	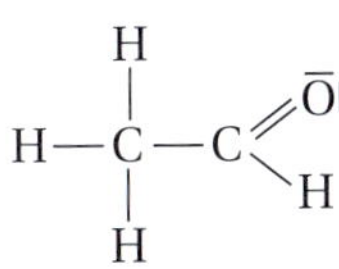	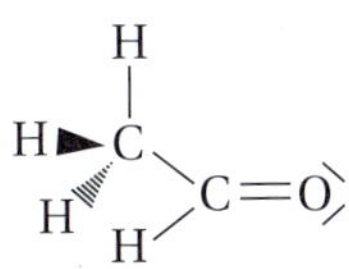

Formule brute	Représentation de Lewis	Représentation de Cram
C_2H_6O	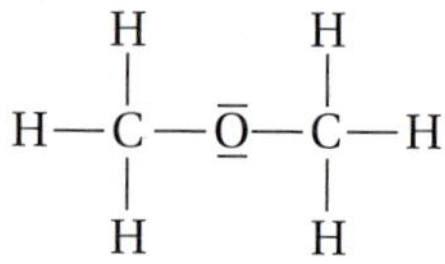	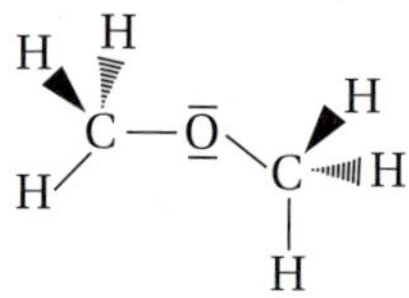

5 Notion d'isomérie

Définition

Des **isomères** sont des composés qui ont la même formule brute mais des formules développées (ou de Lewis) différentes. Ce sont des composés qui n'ont ni les mêmes propriétés physiques, ni les mêmes propriétés chimiques.

EXEMPLE : pour le composé de formule brute C_2H_6O, il existe deux formules développées possibles :

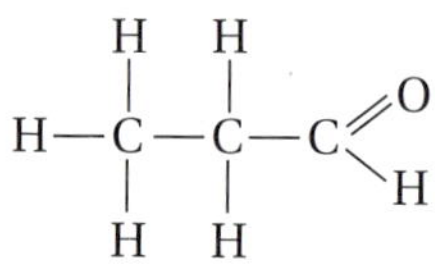

Propanal

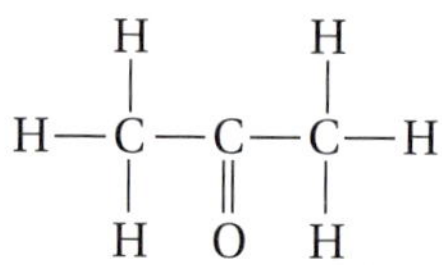

Propanone

Détermination de la représentation de Lewis d'une molécule

ÉNONCÉ

Détermination de la représentation de Lewis de la molécule d'eau H_2O.

1. Écrire le nom et la formule brute de la molécule.

2. Écrire la configuration électronique en différentes couches de chaque atome constituant la molécule.

3. Trouver le nombre d'électrons n_{externe} de la couche externe de chaque atome.

4. Trouver le nombre total n_{total} d'électrons externes intervenant dans la molécule en faisant la somme des différents n_e.

5. Trouver le nombre total n_{doublets} de doublets liants et non liants en divisant par deux le nombre total d'électrons externes n_t.

6. Répartir les doublets de la molécule en doublets liants (liaisons covalentes) ou en doublets non liants en respectant :
- la règle du « duet » pour l'atome d'hydrogène ;
- la règle de l'octet pour les autres atomes.

CORRIGÉ

1. Molécule	Eau (H_2O)	
Atomes	H ($Z = 1$)	O ($Z = 8$)
2. Configuration électronique	$(K)^1$	$(K)^2(L)^6$
3. n_{externe}	1	6
4. n_{total}	$2 \times 1 + 1 \times 6 = 8$	
5. n_{doublets}	$8 \div 2 = 4$	
6. Répartition et nature des doublets	Deux doublets liants et deux doublets non liants	
Conclusion : représentation de Lewis	$H-\overline{\underline{O}}-H$	

Vérifier ses connaissances

1 Configurations électroniques

Remplir le tableau suivant :

Atome ou ion	Na	F^-	Ne	Al^{3+}
Symbole du noyau	${}^{23}_{11}Na$	${}^{19}_{9}F$	${}^{20}_{10}Ne$	${}^{27}_{13}Al$
Nombre de protons				
Nombre d'électrons				
Configuration électronique				

2 De l'atome à l'ion

1. Donner la configuration électronique de l'atome de chlore ($Z = 17$).
2. Combien compte-t-il d'électrons sur sa couche externe ? Est-elle saturée ?
3. Donner la formule de l'ion correspondant en citant la règle utilisée.
4. Répondre aux mêmes questions pour l'atome de magnésium Mg ($Z = 12$).

3 De l'atome à la molécule

1. Donner la configuration électronique de l'atome d'azote ($Z = 7$).
2. Combien compte-t-il d'électrons sur sa couche externe ? Est-elle saturée ?
3. Combien de liaisons l'atome d'azote doit-il engager pour respecter la règle de l'octet ?
4. Trouver la représentation de Lewis de la molécule de diazote N_2.

S'entraîner

4 Les isomères

1. Donner les configurations électroniques du carbone C ($Z = 6$), de l'hydrogène H ($Z = 1$) et de l'oxygène O ($Z = 8$).
2. Donner les valences de ces trois atomes.

3. Trouver les formules développées de deux isomères possibles ayant pour formule brute C_3H_8O.

* **5** On considère la molécule de formule brute C_4H_8.

1. Donner les configurations électroniques des atomes constituant cette molécule.

2. Donner le nombre d'électrons et de doublets périphériques de la molécule.

3. Combien de liaisons covalentes ces atomes doivent-ils établir pour obtenir une structure en duet ou en octet ?

4. Donner les formules semi-développées de tous les isomères correspondant à cette formule brute.

5. En déduire la géométrie dans l'espace de chacune des molécules en indiquant les angles entre deux liaisons successives.

Problème

* **6** On considère le corps de formule brute $C_4H_{11}N$.

1. Donner la définition du mot « isomère ».

2. Déterminer la structure électronique de chacun des atomes constituant ce corps.

3. Donner le nombre d'électrons et de doublets périphériques de la molécule.

4. Combien de liaisons covalentes ces atomes doivent-ils établir pour obtenir une structure en duet ou en octet ?

5. Donner les formules semi-développées de deux isomères possibles.

6. Donner ensuite une représentation dans l'espace d'une des deux molécules en indiquant les liaisons dans et hors du plan.

1

Atome ou ion	Na	F^-	Ne	Al^{3+}
Symbole du noyau	${}^{23}_{11}Na$	${}^{19}_{9}F$	${}^{20}_{10}Ne$	${}^{27}_{13}Al$
Nombre de protons	11	9	10	13
Nombre d'électrons	**11** (car l'atome est électriquement neutre)	**9 + 1 = 10** (car F^- a 1 électron excédentaire)	**10** (car l'atome est électriquement neutre)	**13 – 3 = 10** (car Al^{3+} a 3 électrons en moins)
Configuration électronique	$(K)^2(L)^8(M)^1$	$(K)^2(L)^8$	$(K)^2(L)^8$	$(K)^2(L)^8$

2 **1.** Le chlore a pour numéro atomique 17 donc l'atome de chlore comporte 17 électrons et sa configuration électronique est $(K)^2(L)^8(M)^7$.

2. C'est la couche M la couche externe ; elle contient 7 électrons. Elle n'est pas saturée car elle peut contenir 8 électrons au maximum.

3. Pour saturer sa couche externe, le chlore Cl doit gagner 1 électron. Il devient un ion chlorure Cl^- : c'est la règle de l'octet.

4. Le magnésium a pour numéro atomique 12 donc l'atome de magnésium comporte 12 électrons et sa configuration électronique est $(K)^2(L)^8(M)^2$.

C'est la couche M la couche externe ; elle contient deux électrons. elle n'est pas saturée car elle peut contenir 8 électrons au maximum.

Pour saturer sa couche externe, le magnésium Mg doit perdre deux électrons : il devient un ion magnésium Mg^{2+} : c'est la règle de l'octet.

3 **1.** La configuration électronique de l'atome d'azote ($Z = 7$) est :

$$(K)^2(L)^5$$

2. C'est la couche M la couche externe ; elle contient 5 électrons. Elle n'est pas saturée car elle peut contenir 8 électrons au maximum.

3. Pour respecter la règle de l'octet, l'atome d'oxygène doit engager trois liaisons.

4. Utilisons la méthode pour déterminer la représentation de Lewis de la molécule de diazote N_2.

Molécule	Diazote (N_2)
Atomes	N ($Z = 7$)
Configuration électronique	$(K)^2(L)^5$
$n_{externe}$	5
n_{total}	$2 \times 5 = 10$
$n_{doublets}$	$10 \div 2 = 5$
Répartition et nature des doublets	Trois doublets liants et deux doublets non liants
Conclusion : représentation de Lewis	|N≡N|

4 **1.** Configurations électroniques :

- carbone C ($Z = 6$) : $(K)^2(L)^4$;
- hydrogène ($Z = 1$) : $(K)^1$;
- oxygène O ($Z = 8$) : $(K)^2(L)^6$.

2. Valence de l'atome de carbone : $8 - 4 = 4$.
Valence de l'atome d'hydrogène : $2 - 1 = 1$.
Valence de l'atome d'oxygène : $8 - 6 = 2$.

3. Les formules développées de deux isomères possibles ayant pour formule brute C_3H_8O sont :

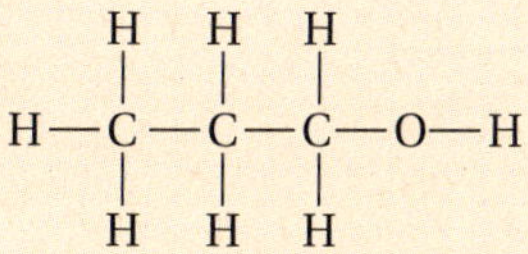

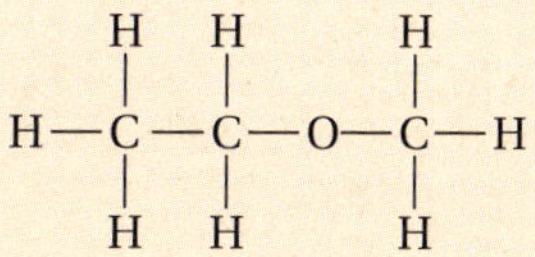

5 Molécule de formule brute C_4H_8.

1. Les configurations électroniques des atomes constituant la molécule C_4H_8 sont :

- carbone C ($Z = 6$) : $(K)^2(L)^4$;
- hydrogène ($Z = 1$) : $(K)^1$.

2. La molécule C_4H_8 est constituée de 4 atomes de carbone et 8 atomes d'hydrogène donc le nombre d'électrons périphérique est $n_e = 4 \times 4 + 8 \times 1$ soit 24.

Le nombre de doublets périphériques de la molécule est donc : $n_d = 24 \div 2 = 12$ doublets.

3. Pour vérifier la règle du duet, l'atome d'hydrogène doit établir 1 liaison.
Pour vérifier la règle de l'octet, l'atome de carbone doit établir 4 liaisons.

4. Voici les formules semi-développées des trois isomères correspondant à cette formule brute :

① $CH_3—CH{=}CH—CH_3$ ② $CH_2{=}CH—CH_2—CH_3$

③ 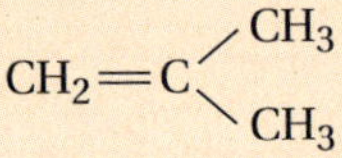

5. Géométrie dans l'espace :

① 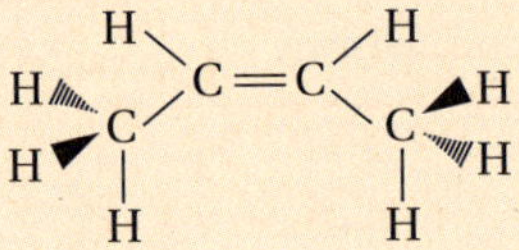

② 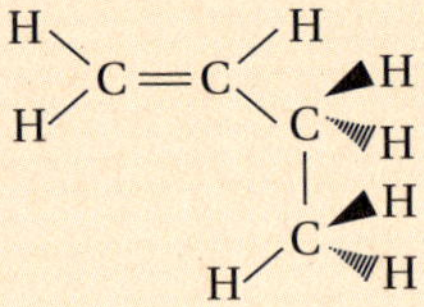

③ 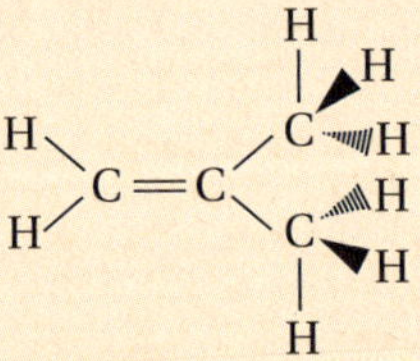

6 On considère le corps de formule brute $C_4H_{11}N$.

1. Des isomères sont des composés qui ont la même formule brute mais des formules développées ou semi-développées différentes.

2. Configurations électroniques :

- carbone C ($Z = 6$) : $(K)^2(L)^4$
- hydrogène ($Z = 1$) : $(K)^1$
- azote N ($Z = 7$) : $(K)^2(L)^5$.

3. La molécule $C_4H_{11}N$ est constituée de 4 atomes de carbone, 11 atomes d'hydrogène et 1 atome d'azote donc le nombre d'électrons périphériques est :
$n_{externe} = 4 \times 4 + 11 \times 1 + 1 \times 5 = 32$.
Le nombre de doublets périphériques de la molécule est donc :
$n_{doublets} = 32 \div 2 = 16$ doublets.

4. Pour vérifier la règle du duet, l'atome d'hydrogène doit établir 1 liaison.
Pour vérifier la règle de l'octet, l'atome de carbone doit établir 4 liaisons.
Pour vérifier la règle de l'octet, l'atome d'azote doit établir 3 liaisons.

5. Voici les formules semi développées de tous les isomères correspondant à cette formule brute :

$$CH_3 — CH_2 — CH_2 — CH_2 — NH_2$$
$$CH_3 — CH_2 — CH_2 — NH — CH_3$$
$$CH_3 — CH_2 — NH — CH_2 — CH_3$$

6. Chaque atome de carbone est entouré de quatre atomes et a donc une géométrie tétraédrique.
L'atome d'azote est entouré de trois atomes et porte un doublet non liant : il a donc une géométrie pyramidale.

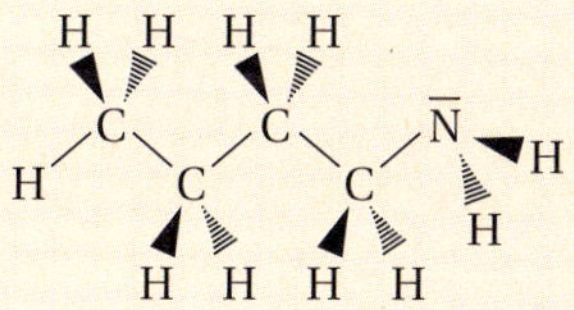

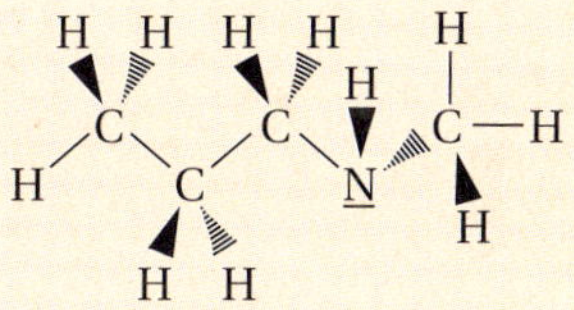

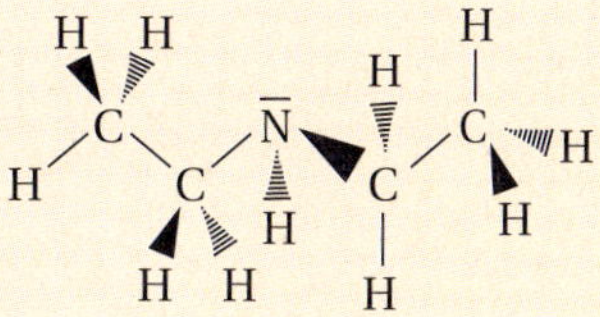

6 Classification périodique des éléments

I De la démarche de Mendelieiv à la classification actuelle

■ Au début du XVIIIe siècle, seuls 12 éléments avaient été répertoriés dont l'or, l'argent, le mercure et le plomb.

En 1850, les chimistes en connaissaient déjà plus d'une soixantaine : il devenait alors indispensable de les classer. Certains les classèrent par ordre de découverte, d'autre par ordre alphabétique.

■ Ce fut le classement de Dimitri Mendeleïev, chimiste russe et professeur à l'université de Saint-Pétersbourg qui fut retenu : il classa ces éléments par **masse atomique croissante** et fit correspondre sur une même ligne **les éléments ayant des propriétés similaires**.

■ Le tableau actuel est très proche de celui du Russe. Il est constitué de 7 lignes (ou périodes) et 18 colonnes, et les éléments sont classés par :

• numéro atomique *Z* croissant ;

• famille (ensemble d'éléments ayant des propriétés similaires).

	1	2	3	4	5	6	7	8	9	10	11	12	13	14	15	16	17	18
1re	1 H																	2 He
2e	3 Li	4 Be											5 B	6 C	7 N	8 O	9 F	10 Ne
3e	11 Na	12 Mg											13 Al	14 Si	15 P	16 S	17 Cl	18 Ar

- alcalins
- alcalino-terreux
- halogènes
- gaz rares

II Propriétés de la classification

1 Configuration électronique

On peut associer à chaque case de ce tableau, la configuration électronique de l'atome.

	(1)	(2)	(3)	(4)	(5)	(6)	(7)	(8)
1re période	$^{1}_{1}H$ $(K)^1$							$^{4}_{2}He$ $(K)^2$
2e période	$^{7}_{3}Li$ $(K)^2(L)^1$	$^{9}_{4}Be$ $(K)^2(L)^2$	$^{11}_{5}B$ $(K)^2(L)^3$	$^{12}_{6}C$ $(K)^2(L)^4$	$^{14}_{7}N$ $(K)^2(L)^5$	$^{16}_{8}O$ $(K)^2(L)^6$	$^{19}_{9}F$ $(K)^2(L)^7$	$^{20}_{10}Ne$ $(K)^2(L)^8$
3e période	$^{23}_{11}Na$ $(K)^2(L)^8(M)^1$	$^{24}_{12}Mg$ $(K)^2(L)^8(M)^2$	$^{27}_{13}Al$ $(K)^2(L)^8(M)^3$	$^{28}_{14}Si$ $(K)^2(L)^8(M)^4$	$^{31}_{15}P$ $(K)^2(L)^8(M)^5$	$^{32}_{16}S$ $(K)^2(L)^8(M)^6$	$^{35}_{17}Cl$ $(K)^2(L)^8(M)^7$	$^{40}_{18}Ar$ $(K)^2(L)^8(M)^8$

• Le long d'une ligne on assiste au remplissage d'une couche électronique : 1e ligne couche K, 2e ligne couche L, 3e ligne couche M…

• Un changement de ligne correspond à un changement de couche élctronique.

• Le long d'une colonne, les atomes ont le même nombre d'électrons sur leur couche externe.

2 Les familles d'éléments

■ Les propriétés chimiques des atomes (transformation en ions monoatomiques ou capacité à établir une ou plusieurs liaisons covalentes) dépendent essentiellement du nombre d'électrons présents dans leur couche externe.

On en déduit que les atomes des éléments d'une même colonne ont des propriétés très semblables.

■ **Les éléments d'une même colonne constituent une famille chimique.**

La **colonne 1** constitue la famille des **alcalins** (sauf l'hydrogène H).

La **colonne 2** constitue la famille des **alcalino-terreux**.

La **colonne 7** (ou 17) constitue la famille des **halogènes**.

La **colonne 8** (ou 18) constitue la famille des **gaz rares**.

3 Valence d'un atome

On a vu que, le long d'une colonne, les atomes ont le même nombre d'électrons sur leur couche externe.

Les atomes d'une même colonne sont susceptibles d'engager le même nombre de liaisons : ils ont la même valence.

EXEMPLE : l'oxygène ($Z = 8$) de configuration $(K)^2(L)^6$ va engager 2 (8 – 6) liaisons ; le soufre ($Z = 16$) de configuration $(K)^2(L)^8(M)^6$ va engager 2 (8 – 6) liaisons. En effet, ces deux atomes sont dans la même colonne et appartiennent à la même famille.

4 Charge d'un ion monoatomique

La **règle de l'octet** permet de prévoir que :

• Les éléments de la **colonne (1)**, possédant un électron sur leur couche externe, ont tendance à le perdre pour donner un ion portant une charge positive (cation).

EXEMPLES : Li^+, Na^+.

• Les éléments de la **colonne (2)**, possédant deux électrons sur leur couche externe, ont tendance à les perdre pour donner un ion portant deux charges positives.

EXEMPLES : Be^{2+}, Mg^{2+}.

• Les éléments de la **colonne (3)**, possédant trois électrons sur leur couche externe, ont tendance à les perdre pour donner un ion portant trois charges positives.

EXEMPLES : B^{3+}, Al^{3+}.

• Les éléments de l'avant-dernière **colonne (7)** dans la présentation réduite, possédant sept électrons sur leur couche externe, ont tendance à gagner un électron pour donner un ion portant une charge négative (anion).

EXEMPLES : F^-, Cl^-.

• Les éléments de la dernière colonne ont une couche externe complète. Ils ne donnent aucun ion.

Un atome d'une même colonne est susceptible de gagner ou perdre le même nombre d'électrons.

Détermination des propriétés d'un élément d'après sa place dans la classification périodique

ÉNONCÉ

On considère l'atome de fluor dont le noyau est caractérisé par $Z = 9$ et $A = 19$.

1. Donner sa configuration électronique.

2. Quelle est sa place dans la classification périodique ?

3. Quel ion monoatomique cet atome est-il susceptible de former ?

4. Combien de liaisons engage-t-il lorsqu'il forme des molécules ?

5. Donner un exemple de molécule constituée uniquement d'atomes d'hydrogène et de fluor.

CORRIGÉ

1. Configuration électronique de l'atome de fluor F :

$$(Z = 9) : (K)^2(L)^7.$$

2. L'atome de fluor a 7 électrons sur sa couche externe : il appartient à la colonne (7).
La couche externe est la couche L : il appartient à la période 2.

3. La règle de l'octet permet de prévoir que l'atome de fluor a tendance à gagner 1 électron pour saturer sa couche externe, il forme donc l'ion fluorure F^-.

4. La règle de l'octet permet aussi de prévoir que l'atome de fluor a tendance à engager 1 liaison.

5. Puisque l'atome d'hydrogène à tendance aussi à engager 1 liaison avec un atome alors on peut proposer la molécule HF, le fluorure d'hydrogène.

Vérifier ses connaissances

1 L'élément sodium

L'atome de sodium a 11 protons et 12 neutrons.

1. Combien a-t-il d'électrons ?

2. En déduire sa place dans la classification périodique.

3. À quelle famille appartient-il ?

4. Sachant que le premier élément de cette famille est le lithium, donner sa configuration électronique.

2 L'élément oxygène

L'oxygène a pour numéro atomique $Z = 8$.

1. Donner sa configuration électronique.

2. Quelle est sa place dans la classification périodique ?

3. Quelle est la configuration électronique de l'élément qui suit l'oxygène ? À quelle famille appartient-il ?

4. Quelle est la configuration électronique de l'élément placé sous l'oxygène ?

S'entraîner

3 De l'atome à l'ion

L'atome de magnésium a pour numéro atomique $Z = 12$ et l'atome de chlore $Z = 17$.

1. Donner la configuration électronique de chacun des deux atomes.

2. En déduire la charge de ces deux ions.

3. Donner alors la formule chimique de la solution ionique de chlorure de magnésium.

4 De l'atome à la molécule

L'atome d'azote a pour numéro atomique $Z = 7$ et l'atome d'hydrogène $Z = 1$.

1. Donner la configuration électronique de chacun des deux atomes.

2. En déduire le nombre de liaisons susceptibles d'être engagées par ces atomes

3. Donner alors la formule chimique de la molécule constituée de ces deux atomes.

Problème

* **5** *Données*

H							He
Li	Be	B	C	N	O	F	Ne
Na	Mg	Al	Si	P	S	Cl	Ar

1. À quelle période Mendeleïev a-t-il construit la classification périodique ?

2. Quels sont les deux critères qui ont permis à Mendeleïev d'établir la classification périodique des éléments ?

3. Quel est l'élément dont le numéro atomique est égal à 11 ?

À quelle famille appartient-il ?

4. Quel ion monoatomique peut-il former ?

5. Quels sont les éléments qui possèdent 6 électrons sur leur couche externe ?

6. Quelle particularité possède la couche externe des éléments hélium, néon et argon ?

7. Que peut-on conclure sur la réactivité de ces éléments ?

8. Quel est le symbole de l'élément azote ?

9. Quel est son numéro atomique ?

10. Quelle est la répartition électronique de l'atome isolé correspondant à cet élément ?

1 **1.** Un atome étant électriquement neutre, il possède donc autant de protons que d'électrons soit 11 électrons.

2. Sa configuration électronique est $(K)^2(L)^8(M)^1$.

Sa couche externe est la couche M, il est donc sur la 3e ligne.

Il a 1 électron sur sa couche externe, il appartient alors à la 1re colonne.

3. Il fait donc partie de la famille des alcalins.

4. Les alcalins ont en commun d'avoir un seul électron sur leur couche externe, on a donc deux autres configurations possibles :

- $(K)^1$ est le premier, l'hydrogène, mais il ne fait pas partie de cette famille ;
- $(K)^2(L)^1$ est le second, le lithium, c'est donc le premier élément de cette famille.

2 **1.** Atome d'oxygène ($Z = 8$) : $(K)^2(L)^6$.

2. Sa couche externe est la couche L donc il est sur la deuxième ligne.

Il a 6 électrons sur sa couche externe donc il appartient à la sixième colonne.

3. L'atome qui le suit a un électron de plus sur sa couche externe ; il a donc la configuration suivante $(K)^2(L)^7$. Il a 7 électrons sur sa couche externe il appartient donc à la famille des halogènes.

4. L'atome placé en dessous appartient à la même colonne, a donc aussi 6 électrons sur sa couche externe mais celle-ci est la couche suivante c'est-à-dire M soit $(K)^2(L)^8(M)^6$.

3 **1.** Configurations électroniques des deux atomes :

Magnésium Mg ($Z = 12$) : $(K)^2(L)^8(M)^2$.

Chlore Cl ($Z = 17$) : $(K)^2(L)^8(M)^7$.

2. Pour vérifier la règle de l'octet, un atome doit gagner ou perdre des électrons pour saturer sa couche externe :

- Le magnésium doit perdre deux électrons ; il devient donc l'ion Mg^{2+}.
- Le chlore doit gagner 1 électron ; il devient donc l'ion Cl^-.

3. Une solution ionique est électriquement neutre : elle possède autant de charges positives que négatives. Elle possède donc deux ions chlorure Cl^- pour un ion magnésium Mg^{2+} soit :

$(Mg^{2+} ; 2Cl^-)$ solution ionique de chlorure de magnésium.

4 **1.** Configurations électroniques des deux atomes :

azote ($Z = 7$) : $(K)^2(L)^5$;

hydrogène ($Z = 1$) : $(K)^1$.

II Définition de la mole

Les chimistes ont arbitrairement décidé que :

- chaque paquet appelé **mole** contient le même nombre d'entités chimiques ;
- l'élément de référence est le carbone $^{12}_{6}C$.

Définition

Une **mole** représente une quantité de matière composée d'autant d'entités chimiques qu'il y a d'atomes dans 12,00 g de carbone $^{12}_{6}C$.

12,00 g de carbone $^{12}_{6}C$ contient un nombre d'atomes appelé nombre d'Avogadro et noté $\mathbf{N_A}$:

$$N_A = 6{,}02 \cdot 10^{23}\ \text{mol}^{-1}.$$

Une mole représente donc une quantité de matière composée de $6{,}02 \cdot 10^{23}$ entités chimiques.

EXEMPLES :

- Une mole d'eau (H_2O) contient $6{,}02 \cdot 10^{23}$ molécules d'eau.
- Deux moles de fer (Fe) contiennent $12{,}04 \cdot 10^{23}$ atomes de fer.
- Dix moles d'ions cuivre II (Cu^{2+}) contiennent $6{,}02 \cdot 10^{24}$ ions cuivre II.

III Masses molaires

1 Masse molaire atomique

Définition

La masse molaire atomique d'un élément est la masse d'une mole d'atomes de cet élément. Elle est notée M et s'exprime en $g \cdot mol^{-1}$.

Les masses molaires atomiques figurent dans le tableau périodique des éléments.

EXEMPLES : $M(\text{Cl}) = 35{,}5\ g \cdot mol^{-1}$; $M(\text{B}) = 10{,}8\ g \cdot mol^{-1}$.

2 Masse molaire moléculaire

Définition

La masse molaire moléculaire est la masse d'une mole de molécules de l'espèce considérée.

Elle se calcule en faisant la somme des masses molaires atomiques des atomes qui constituent la molécule.

EXEMPLE : $M(CO_2) = M(C) + 2M(O)$
$= 12,0 + 2 \times 16,0$
$= 44,0 \text{ g} \cdot \text{mol}^{-1}$.

➲ La masse molaire d'un ion est assimilable à celle de l'atome ou du groupement d'atomes correspondant :

$$M(Cu^{2+}) \approx M(Cu) \; ; \; M(CO_3^{2-}) \approx M(CO_3).$$

3 Masse et quantité de matière

La quantité de matière n d'un échantillon de masse m et de masse molaire M est donnée par la relation :

$$\boldsymbol{n = \frac{m}{M}}$$

n : quantité de matière (en mol)
m : masse de l'échantillon (en g)
M : masse molaire (en $\text{g} \cdot \text{mol}^{-1}$)

EXEMPLE : 127 g de cuivre correspond à la quantité de matière $n = \frac{m}{M}$,

avec $m = 127$ g et $M(Cu) = 63,5 \text{ g} \cdot \text{mol}^{-1}$ soit $n = \frac{127}{63,5} = 2,00$ mol.

IV Propriétés des gaz

1 Volume molaire

Définition

On appelle **volume molaire** d'une espèce chimique le volume occupé par une mole de cette espèce. On le note V_m (unité : $L \cdot mol^{-1}$).

Dans les mêmes conditions de température et de pression, une mole de gaz occupe le même volume quelle que soit sa nature (**loi d'Avogadro-Ampère**).

➲ Le volume molaire dépend de la température et de la pression.
Dans les conditions normales, $P = 1$ atm et $\theta = 0$ °C, $V_m \approx 22{,}4 \ L \cdot mol^{-1}$.
Dans les conditions usuelles, $P = 1$ atm et $\theta = 20$ °C, $V_m \approx 24{,}0 \ L \cdot mol^{-1}$.

2 Volume et quantité de matière

Le volume V de n moles de gaz est $V = n \cdot V_m$.
On en déduit :

$$\boldsymbol{n = \frac{V}{V_m}}$$

n : quantité de matière (en mol).
V : volume de gaz (en L).
V_m : volume molaire (en $L \cdot mol^{-1}$).

EXEMPLE : dans les conditions normales de température et de pression, 2,0 m^3 de dichlore représente une quantité de matière égale à :

$$n = \frac{V}{V_m}.$$

$V = 2{,}0 \ m^3 = 2{,}0 \times 10^3$ L et $V_m = 22{,}4 \ L \cdot mol^{-1}$ d'où :

$$n = \frac{2{,}0 \times 10^3}{22{,}4} = 90 \text{ mol.}$$

De même, 2,0 m^3 d'hélium contiennent aussi 90 mol d'hélium.

Calcul de quantités de matière

ÉNONCÉ

L'aspirine a pour formule $C_9H_8O_4$.

1. Calculer sa masse molaire.

2. Calculer la quantité d'aspirine (en mol) contenue dans un comprimé de masse 250 mg.

3. Calculer la masse d'aspirine correspondant à 0,15 mol.

MÉTHODE

1. On calcule la masse molaire d'une molécule en effectuant la somme des masses molaires atomiques des atomes qui constituent la molécule.

2. On utilise la formule $n = \frac{m}{M}$ en faisant attention aux unités et aux chiffres significatifs.

3. On utilise la formule $n = \frac{m}{M}$ et on tire de l'expression la grandeur m soit $m = n \times M$.

➲ De la même façon, on aurait $M = \frac{m}{n}$.

CORRIGÉ

1. $M(C_9H_8O_4) = 9 \times M(C) + 8 \times M(H) + 4 \times M(O)$
$= 9 \times 12{,}0 + 8 \times 1{,}0 + 4 \times 16{,}0$
$= 180{,}0 \text{ g} \cdot \text{mol}^{-1}$.

2. $n = \frac{m}{M} = \frac{0{,}250}{180{,}0} = 1{,}39 \cdot 10^{-3}$ mol (avec **trois** chiffres significatifs).

3. $m = n \times M = 0{,}15 \times 180{,}0 = 27$ g (avec **deux** chiffres significatifs).

➲ Les masses molaires atomiques sont à chercher dans la classification périodique à la fin de l'ouvrage.

Vérifier ses connaissances

1 Quantité de matière

1. Combien y a-t-il d'atomes d'aluminium dans 1 mole d'atomes d'aluminium ? Dans 4 moles d'atomes d'aluminium ?

2. Combien y a-t-il de molécules de glucose dans 0,1 mole de glucose ? Dans 0,01 mole de glucose ?

3. À quelle quantité de matière correspond à $6{,}02 \times 10^{24}$ ions chlorure Cl^- ? À $3{,}01 \times 10^{24}$ ions Cl^- ?

2 Masse molaire

Déterminer la masse molaire :

1. Du carbonate de calcium $CaCO_3$.

2. De la caféine $C_8H_{10}N_4O_2$.

3. Des ions permanganate MnO_4^- .

4. Du sulfate de cuivre pentahydraté $CuSO_4,5\ H_2O$.

S'entraîner

3 Compléter le tableau ci-dessous :

Espèce chimique	Nom	Glace	Vitamine C (acide ascorbique)	Acide stéarique (constituant des bougies)
	Formule brute	H_2O	$C_6H_8O_6$	$C_{18}H_{36}O_2$
Masse molaire moléculaire ($g \cdot mol^{-1}$)				
Masse			500 mg	3,25 kg
Quantité de matière (mol)		2,35		11,4

4 Calculer les quantités de matière correspondant aux masses et aux volumes suivants :

1. 5,00 kg de silice (solide) SiO_2.

2. 3,0 L de dichlore (Cl_2) gazeux à 20 °C et à pression atmosphérique normale ($V_m = 24,0\ L \cdot mol^{-1}$).

3. 30,0 mL de tetrachlorométhane liquide CCl_4 sachant que la masse volumique de CCl_4 est $\rho = 1,6\ g \cdot cm^{-3}$.

Problème

* **5 De l'état liquide à l'état gazeux**

L'éthanol est un alcool de formule C_2H_6O.

Il est liquide à température ordinaire et à pression atmosphérique normale.

1. Déterminer sa masse molaire.

2. Sachant que sa masse volumique vaut $0,78\ g \cdot cm^{-3}$, quelle est la masse d'alcool correspondant à un volume égal à 20,0 mL ?

3. Calculer la quantité de matière d'éthanol.

4. On chauffe la totalité de cet alcool qui passe alors à l'état gazeux avec un volume molaire égal à $30,0\ L \cdot mol^{-1}$.

a. Quel volume occupe l'alcool dans ces conditions ?

b. Sans faire de calculs, mais en justifiant votre réponse, déterminer à quelle quantité de matière correspond 11 L de dichlore Cl_2 gazeux dans les mêmes conditions ?

1 **1.** Dans 1 mole d'atomes d'aluminium il y a $6{,}02 \times 10^{23}$ atomes d'aluminium et dans 4 moles, il y a donc $4 \times 6{,}02 \times 10^{23} = 2{,}41 \times 10^{3}$ atomes d'aluminium.

2. Dans 0,1 mole de glucose il y a $6{,}02 \times 10^{23} \times 0{,}1 = 6{,}02 \times 10^{22}$ molécules de glucose et dans 0,01 mole de glucose il y en a donc $6{,}02 \times 10^{21}$.

3. $6{,}02 \times 10^{24}$ ions chlorure Cl^- correspondent à $6{,}02 \times 10^{23} \times 10$ soit 10 moles d'ions chlorure Cl^-. De même, $3{,}01 \times 10^{24}$ ions chlorure Cl^- correspondent à $6{,}02 \times 10^{23} \times 5$ soit 5 moles d'ions chlorure Cl^-.

2 Comme dans la Méthode, on calcule la masse molaire d'une molécule en calculant la somme des masses molaires atomiques des atomes qui constituent la molécule.

1. $M(CaCO_3) = M(Ca) + M(C) + 3M(O)$

$= 40{,}1 + 12{,}0 + 3 \times 16{,}0$

$= 100{,}1\ g \cdot mol^{-1}$.

2. $M(C_8H_{10}N_4O_2) = 8 \times M(C) + 10 \times M(H) + 4 \times M(N) + 2 \times M(O)$

$= 8 \times 12{,}0 + 10 \times 1{,}0 + 4 \times 14{,}0 + 2 \times 16{,}0$

$= 194{,}0\ g \cdot mol^{-1}$.

3. $M(MnO_4^-) = M(Mn) + 4 \times M(O)$

$= 54{,}9 + 4 \times 16{,}0$

$= 118{,}9\ g \cdot mol^{-1}$.

4. $M(CuSO_4{,}5\ H_2O) = M(Cu) + M(S) + 4 \times M(O) + 5 \times M(H_2O)$

$= 63{,}5 + 32{,}1 + 4 \times 16{,}0 + 5 \times 18{,}0$

$= 249{,}6\ g \cdot mol^{-1}$.

3

Espèce chimique	Nom	Glace	Vitamine C (acide ascorbique)	Acide stéarique (constituant des bougies)
	Formule brute	H_2O	$C_6H_8O_6$	$C_{18}H_{36}O_2$
Masse molaire moléculaire ($g \cdot mol^{-1}$)		18,0	176,0	284,0
Masse		42,3 g	500 mg	3,25 kg
Quantité de matière (mol)		2,35	$2{,}841 \times 10^{-3}$	11,4

■ Masse molaire moléculaire de la glace :

$M(H_2O) = 2 \times 1{,}0 + 16{,}0$

$M(H_2O) = 18{,}0\ g \cdot mol^{-1}$.

■ Masse molaire moléculaire de l'acide ascorbique :

$M(C_6H_8O_6) = 6 \times 12{,}0 + 8 \times 1{,}0 + 6 \times 16{,}0$

$M(C_6H_8O_6) = 176{,}0\ g \cdot mol^{-1}$.

■ Masse molaire moléculaire de l'acide stéarique :

$M(C_{18}H_{36}O_2) = 18 \times 12{,}0 + 36 \times 1{,}0 + 2 \times 16{,}0$

$M(C_{18}H_{36}O_2) = 284{,}0\ g \cdot mol^{-1}$.

■ Pour trouver la masse de glace, on applique la formule :

$m = n \times M$

$m(H_2O) = 2{,}35 \times 18{,}0$

$m(H_2O) = 42{,}3\ g$.

■ Pour trouver la quantité de matière de vitamine C, on applique la formule :

$$n(C_6H_8O_6) = \frac{m(C_6H_8O_6)}{M(C_6H_8O_6)}$$

$$n(C_6H_8O_6) = \frac{500 \times 10^{-3}}{176{,}0}$$

$n(C_6H_8O_6) = 2{,}841 \cdot 10^{-3}$.

4 **1.** Nombre de moles de SiO_2 :

$$n = \frac{m}{M} = \frac{5{,}00 \times 10^3}{(28{,}1 + 2 \times 16{,}0)} = 83{,}2\ mol.$$

2. Nombre de moles de dichore gazeux :

$$n = \frac{V}{V_m} = \frac{3{,}0}{24{,}0} = 0{,}13\ mol.$$

3. Nombre de moles de CCl_4 :

$$n = \frac{m}{M} \text{ et } \rho = \frac{m}{V} \text{ donc } n = \frac{\rho \times V}{M}$$

soit :

$$n = \frac{1{,}6 \times 30{,}0}{(12{,}0 + 4 \times 35{,}5)}$$

$n = 0{,}31\ mol$.

5 **1.** Masse molaire de C_2H_6O :

$M(C_2H_6O) = 2 \times 12{,}0 + 6 \times 1{,}0 + 16{,}0 = 46{,}0 \text{ g} \cdot \text{mol}^{-1}$.

2. Soit m la masse d'alcool :

$\rho = \frac{m}{V}$ donc $m = \rho \times V$

$m = 0{,}78 \times 20{,}0 = 16$ g.

➲ 1 mL = 1 cm^3.

3. Quantité de matière d'éthanol :

$n = \frac{m}{M} = \frac{16}{46{,}0} = 0{,}35$ mol.

4. **a.** Volume occupé par l'alcool dans ces conditions :

$n = \frac{V}{V_m}$ donc $V = n \cdot V_m$

$n = 0{,}35$ mol et $V_m = 30 \text{ L} \cdot \text{mol}^{-1}$ d'où :
$V = 0{,}35 \times 30 = 11$ L.

b. Dans les mêmes conditions de température et de pression, une mole de gaz occupe le même volume **quelle que soit sa nature** donc 11 L de dichlore Cl_2 gazeux représente aussi 0,35 mole de dichlore.

8 Concentration molaire

I Solution aqueuse

➲ La connaissance de la verrerie est indispensable pour aborder ce chapitre. Il est donc fortement recommandé de se référer a la fiche Verrerie en annexe et de connaître le plus rapidement possible les noms et fonctions de chaque « récipient ».

1 Définitions

Définition

Une solution est un liquide contenant plusieurs constituants.

Le constituant majoritaire est appelé **solvant**. Si le solvant est l'eau, la solution est appelée solution aqueuse.

Le (ou les) composé(s) mis en solution est (sont) appelé(s) **soluté**(s).

Les espèces en solution sont soit des molécules soit des ions.

EXEMPLE :

Solution	eau salée	eau sucrée
Solvant	eau	eau
Soluté	sel $NaCl$	sucre $C_{12}H_{22}O_{11}$
Nature du soluté	ionique (Na^+ et Cl^-)	moléculaire $C_{12}H_{22}O_{11}$

2 Concentration d'une espèce en solution

Définition

La concentration molaire d'une espèce chimique en solution est la quantité de matière de cette espèce présente dans un litre de solution.

■ Soit c la concentration de l'espèce X en solution notée également [X], $n(X)$ la quantité de matière de X en solution et V le volume de la solution.

$$c = \frac{n(X)}{V}$$

$n(X)$ en mol : quantité de soluté

V en L : volume de la solution

c en $mol \cdot L^{-1}$: concentration en soluté dans la solution

II Préparation des solutions aqueuses

1 Par dissolution

■ **Détermination de la masse de soluté à peser**

On désire préparer 50 mL d'une solution de sulfate de cuivre de concentration $0,10\ mol \cdot L^{-1}$ à partir de sulfate de cuivre pentahydraté solide de formule $(CuSO_4,5H_2O)$. Quelle masse de soluté doit-on utiliser ?

1re étape : Calcul de la masse molaire du soluté :

$$\begin{aligned} M(CuSO_4,5\,H_2O) &= M(Cu) + M(S) + 4 \times M(O) + 5 \times M(H_2O) \\ &= 63,5 + 32,1 + 4 \times 16,0 + 5 \times 18,0 \\ &= 249,6\ g \cdot mol^{-1}. \end{aligned}$$

2e étape : Calcul de la quantité de matière $n(X)$ de sulfate de cuivre nécessaire :

$$\begin{aligned} n(CuSO_4,5\,H_2O) &= c(CuSO_4,5\,H_2O) \times V \\ &= 0,10 \times 50 \cdot 10^{-3} \\ &= 5,0 \cdot 10^{-3}\ mol. \end{aligned}$$

3e étape : Calcul de la masse de soluté nécessaire :

$$\begin{aligned} m(CuSO_4,5\,H_2O) &= n(CuSO_4,5\,H_2O) \times M(CuSO_4,5\,H_2O) \\ &= 5,0 \cdot 10^{-3} \times 249,6 \\ &= 1,2\ g. \end{aligned}$$

De manière générale on calcule la masse de soluté en utilisant la formule :

$m(X) = c(X)\, V\, M(X)$	c en mol · L^{-1} V en L : volume de la solution M en g · mol^{-1} : masse molaire du soluté

■ **Matériel nécessaire**

Une balance, une coupelle, une spatule, une fiole jaugée de 50 mL et un entonnoir.

■ **Opérations à effectuer**

① **On pèse** la masse m de soluté à dissoudre :

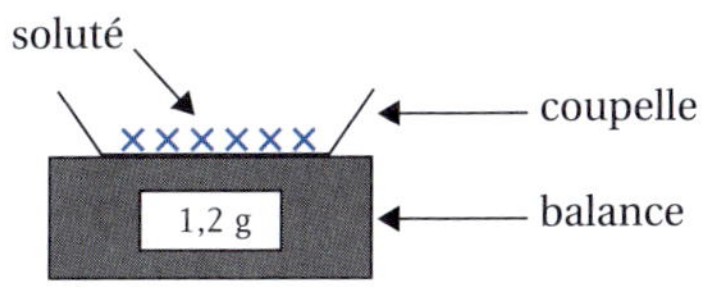

② **On transvase**, à l'aide d'un entonnoir, dans une fiole jaugée :

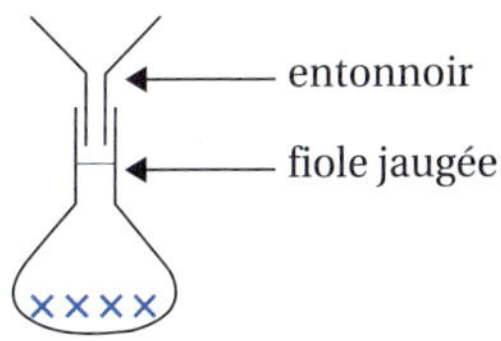

③ On ajoute les 3/4 des 50 mL d'eau distillée et on agite jusqu'à **dissolution complète du soluté** :

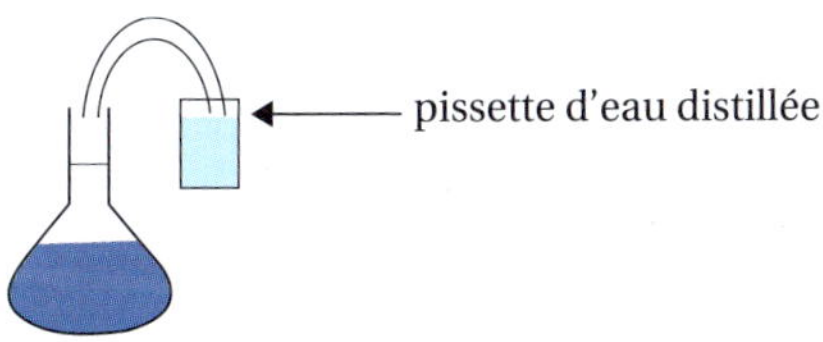

④ **On complète jusqu'au trait de jauge** (50 mL) avec l'eau distillée :

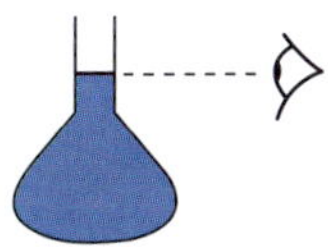

2 Par dilution d'une solution

La solution fournie est appelée solution mère.

Détermination du volume V_0 de solution mère à prélever

On désire préparer 50 mL d'une solution de permanganate de potassium (formule $KMnO_4$) de concentration 0,020 mol · L^{-1} à partir d'une solution mère de concentration 0,10 mol · L^{-1}. Quel volume V_0 de solution mère va-t-on prélever ?

Solution mère	Solution fille
$c_0 = 0{,}10$ mol · L^{-1}	$c_1 = 0{,}020$ mol · L^{-1}
$V_0 = ?$	$V_1 = 50$ mL

Lors d'une dilution, la quantité de matière ne change pas :

$$n_0 = n_1$$

$$c_0 \times V_0 = c_1 \times V_1$$

$$V_0 = \frac{c_1 V_1}{c_0}$$

$$V_0 = \frac{0{,}020 \times 50}{0{,}10}$$

$$V_0 = 10 \text{ mL.}$$

➲ En laissant V_1 en mL en obtient directement V_2 en mL.

De manière générale on calcule le volume de la solution mère à prélever en utilisant la formule :

$$\boldsymbol{V_0 = \frac{c_1 V_1}{c_0}}$$

c_1 : concentration de la solution « fille » en mol · L^{-1}

c_0 : concentration de la solution « mère » en mol · L^{-1}

V_1 et V_0 dans la même unité

Matériel nécessaire

Pipette graduée de 10 mL, bécher, fiole jaugée de 50 mL.

Opérations à effectuer

① **On prélève** le volume V_0 à l'aide d'une pipette (graduée ou jaugée) :

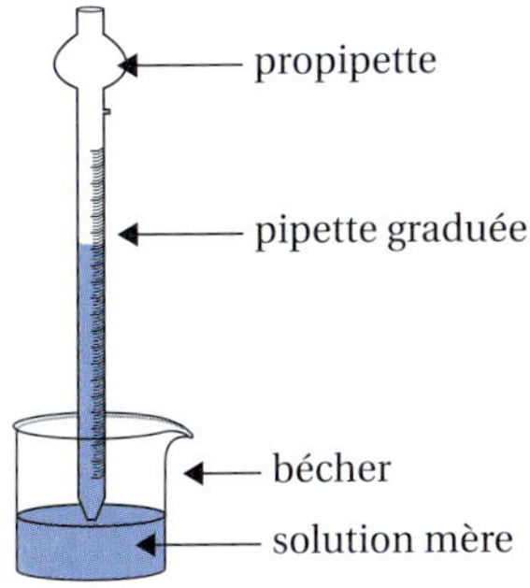

② **On transvase** dans une fiole jaugée :

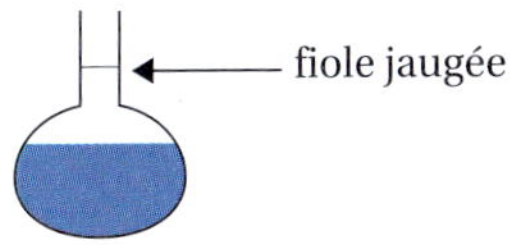

③ **On complète** d'eau distillée jusqu'au trait de jauge :

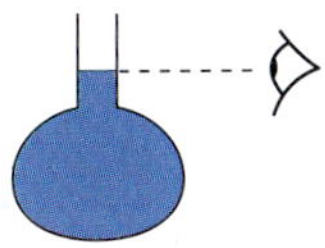

Dissolution

ÉNONCÉ

On désire préparer 50 mL d'une solution d'hydrogénocarbonate de sodium solide (formule $NaHCO_3$) de concentration $c = 0{,}50 \text{ mol} \cdot \text{L}^{-1}$.

1. Comment appelle-t-on cette opération ?

2. Calculer :

a. la masse molaire du produit à dissoudre ;

b. la quantité de matière à dissoudre dans 50 mL ;

c. la masse m à peser.

3. Faire une liste des produits et du matériel nécessaire.

4. Décrire les quatre étapes de la manipulation.

On se reportera à la classification périodique en annexe pour les valeurs des différentes masses molaires.

CORRIGÉ

1. Cette opération est une dissolution.

2. a. Masse molaire d'hydrogénocarbonate de sodium

$M(NaHCO_3) = M(Na) + M(H) + M(C) + 3 \times M(O)$

$M(NaHCO_3) = 23{,}0 + 1{,}0 + 12{,}0 + 3 \times 16{,}0$

$M(NaHCO_3) = 84{,}0 \text{ g} \cdot \text{mol}^{-1}$.

b. Quantité de matière à dissoudre dans 50 mL

$n(NaHCO_3) = c \times V$

$n(NaHCO_3) = 0{,}50 \times 50 \cdot 10^{-3}$

$n(NaHCO_3) = 2{,}5 \cdot 10^{-2} \text{ mol}$.

c. Masse m à peser

$m = n \times M$

$m = 2{,}5 \cdot 10^{-2} \times 84{,}0$

$m = 2{,}1 \text{ g}$.

3. Produits et matériel nécessaires :

hydrogénocarbonate de sodium, eau distillée, balance, coupelle, spatule, entonnoir, fiole jaugée de 50 mL.

4. Description des quatre étapes de la manipulation :

1re étape : on pèse les 2,1 g d'hydrogénocarbonate de sodium.

2e étape : on transvase l'hydrogénocarbonate de sodium dans la fiole jaugée à l'aide d'un entonnoir.

3e étape : on remplit au trois quarts la fiole jaugée avec l'eau distillée puis on agite.

4e étape : on complète jusqu'au trait de jauge.

Vérifier ses connaissances

1 Solution – Dilution – Dissolution

Compléter le texte avec les mots suivants :

diminuer ; augmente ; dissolution ; solvant ; volume ; homogène ; solution ; solutés.

Une .... est un liquide .... contenant plusieurs espèces.

L'espèce majoritaire porte le nom de .... ; les autres espèces sont appelées ....

La concentration d'une solution .... avec la quantité de soluté et diminue avec le .... de solution.

Diluer une solution, c'est .... la concentration de la solution mère par ajout de ....

Dissoudre, c'est obtenir une solution, par .... d'un soluté dans un solvant.

S'entraîner

2 Le glucose

Le glucose (sucre « glace »), de formule $C_6H_{12}O_6$, est soluble dans l'eau. On en dissout 3,9 g dans 200 mL d'eau.

1. Quel produit est le soluté ?
2. Quel produit est le solvant ?
3. Calculer la concentration de la solution aqueuse obtenue.

3 Le lugol

Un laboratoire dispose d'une solution de lugol de concentration $c_0 = 4{,}10 \cdot 10^{-2}\ \text{mol} \cdot \text{L}^{-1}$ en diiode. Il veut préparer un volume $V = 100$ mL de « soluté de Tarnier », solution de diiode de concentration $c_1 = 6{,}00 \cdot 10^{-3}\ \text{mol} \cdot \text{L}^{-1}$.

1. Quel volume V_0 de solution de lugol doit-il prélever ?

2. Décrire précisément la manière dont il doit procéder et la verrerie nécessaire.

Problèmes

4 La vitamine C

La vitamine C, ou acide ascorbique $C_6H_8O_6$, est souvent prescrite en cas de grippe ou en période de convalescence. Elle peut se présenter en sachets contenant, entre autres, une masse $m_1 = 1{,}00$ g de vitamine C et une masse $m_2 = 6{,}05$ g de saccharose de formule $C_{12}H_{22}O_{11}$.

1. Déterminer les quantités de matière de vitamine C et de saccharose contenues dans un sachet.

2. On dissout le contenu d'un de ces sachets dans un verre d'eau. Sachant que le volume de la solution obtenue est $V = 125$ mL, déterminer les concentrations molaires de ces solutés dans la solution.

* 5 L'huile essentielle de lavande

Pour obtenir de l'huile essentielle de lavande, on utilise la technique de l'hydrodistillation. L'huile essentielle de lavande contient une dizaine de constituants, dont le linalol ($C_{10}H_{18}O$). Dans une expérience, on obtient 75 mL d'huile essentielle à 1 % de linalol en volume.

1. Quel est le volume de linalol récupéré ?

2. La densité du linalol est de 0,87. Quelle est la masse du linalol obtenu ?

3. En déduire la concentration molaire de linalol dans les 75 mL d'essence de lavande.

1 Une solution est un liquide homogène contenant plusieurs espèces.

L'espèce majoritaire porte le nom de solvant ; les autres espèces sont appelées solutés.

La concentration d'une solution augmente avec la quantité de soluté et diminue avec le volume de solution.

Diluer une solution, c'est diminuer la concentration de la solution mère par ajout de solvant.

Dissoudre, c'est obtenir une solution, par dissolution d'un soluté dans un solvant.

2 **1.** L'espèce dissoute est le sucre : c'est le soluté.

2. Le constituant majoritaire est l'eau : c'est le solvant.

3. Concentration de la solution aqueuse obtenue :

$c = \dfrac{n}{V}$.

Or, $n = \dfrac{m}{M}$ donc $c = \dfrac{m}{M \times V}$.

Calculons la masse molaire de sucre :

$$\begin{aligned} M(C_6H_{12}O_6) &= 6M(C) + 12M(H) + 6M(O) \\ &= 6 \times 12{,}0 + 12 \times 1{,}0 + 6 \times 16{,}0 \\ &= 180{,}0\ g \cdot mol^{-1}. \end{aligned}$$

On a donc $c = \dfrac{3{,}9}{180{,}0 \times 200 \times 10^{-3}}$

$c = 0{,}11\ mol \cdot L^{-1}$.

3 **1.** Détermination du volume V_0 de solution mère à prélever :

Solution mère (lugol)	Solution fille (soluté de Tarnier)
$c_0 = 4{,}10 \cdot 10^{-2}\ mol \cdot L^{-1}$	$c_1 = 6{,}00 \cdot 10^{-3}\ mol \cdot L^{-1}$
$V_0 = ?$	$V_1 = 100\ mL$

Lors d'une dilution, la quantité de matière ne change pas, soit :

$n_0 = n_1$

$c_0 V_0 = c_1 V_1$

$V_0 = \dfrac{c_1 V_1}{c_0}$

$V_0 = \dfrac{6 \times 10^{-3} \times 100}{4,10 \times 10^{-2}} = 14,7$ mL.

2. Matériel nécessaire :

Pipette graduée de 20 mL (pour prélever 14,7 mL), bécher, fiole jaugée de 100 mL.

Opérations à effectuer :

1e étape : on prélève 14,7 mL de la solution mère à l'aide de la pipette graduée.

2e étape : on transvase ce volume dans la fiole jaugée.

3e étape : on complète jusqu'au trait de jauge 100 mL.

4 La vitamine C

La vitamine C, ou acide ascorbique $C_6H_8O_6$, est souvent prescrite en cas de grippe ou en période de convalescence. Elle peut se présenter en sachets contenant entre autres, une masse $m_1 = 1,00$ g de vitamine C et une masse $m_2 = 6,05$ g de saccharose de formule $C_{12}H_{22}O_{11}$.

1. Quantité de matière n_1 de vitamine C :

$n_1 = \dfrac{m_1}{M_1}$.

Or, $M_1 = M(C_6H_8O_6)$

$= 6M(C) + 8M(H) + 6M(O)$

$= 6 \times 12,0 + 8 \times 1,0 + 6 \times 16,0$

$= 176,0 \text{ g} \cdot \text{mol}^{-1}$.

Donc, $n_1 = \dfrac{m_1}{M_1} = \dfrac{1,00}{176,0} = 5,68 \times 10^{-3}$ mol.

Quantité de matière n_2 de saccharose :

$n_2 = \dfrac{m_2}{M_2}$.

Or, $M_2 = M(C_{12}H_{22}O_{11})$
$= 12M(C) + 22M(H) + 11M(O)$
$= 12 \times 12{,}0 + 22 \times 1{,}0 + 11 \times 16{,}0$
$= 342{,}0\ \text{g} \cdot \text{mol}^{-1}$.

Donc, $n_2 = \dfrac{m_2}{M_2} = \dfrac{6{,}05}{342{,}0} = 1{,}77 \times 10^{-3}$ mol.

2. Concentration molaire en vitamine C :

$$c_1 = \frac{n_1}{V_1} = \frac{5{,}68 \times 10^{-3}}{125 \times 10^{-3}} = 4{,}54 \times 10^{-2}\ \text{mol} \cdot \text{L}^{-1}.$$

Concentration molaire en saccharose :

$$c_2 = \frac{n_2}{V_2} = \frac{1{,}77 \times 10^{-3}}{125 \times 10^{-3}} = 1{,}42 \times 10^{-2}\ \text{mol} \cdot \text{L}^{-1}.$$

5 Huile essentielle de lavande

1. Volume de linalol récupéré :

$V(\text{linalol}) = 1\ \%\ V(\text{huile essentielle}) = \dfrac{1}{100} \times V(\text{huile essentielle})$.

$V(\text{linalol}) = \dfrac{1}{100} \times 75 = 0{,}75$ mL.

On récupère donc 0,75 mL de linalol.

2. Masse du linalol obtenu :

La densité d est définie par $d = \dfrac{\rho}{\rho(\text{eau})}$ et $\rho(\text{eau}) = 1{,}000\ \text{g} \cdot \text{cm}^{-3}$.

Donc, $\rho = d \times \rho(\text{eau}) = 0{,}87 \times 1{,}000 = 0{,}87\ \text{g} \times \text{cm}^{-3}$.

De plus, $\rho = \dfrac{m}{V}$.

Soit, $m = \rho \times V$
$m = 0{,}87 \times 0{,}75 \cdot 10^{-3}$
$m = 6{,}5 \cdot 10^{-4}\ \text{g} = 0{,}65$ mg.

On récupère donc 0,65 mg de linalol lors de cette hydrodistillation.

3. Concentration molaire :

$$c = \frac{n(\text{linalol})}{V(\text{essence})}.$$

Or, $n(\text{linalol}) = \dfrac{m(\text{linalol})}{M(\text{linalol})}$ d'où :

$$c = \frac{m(\text{linalol})}{M(\text{linalol}) \times V(\text{essence})}.$$

A.N. : $M(\text{linalol}) = M(C_{10}H_{18}O) = 10M(C) + 18M(H) + M(O)$
$= 154{,}0\ \text{g} \cdot \text{mol}^{-1}$.

$$c = \frac{0{,}65 \times 10^{-3}}{154{,}0 \times 75 \times 10^{-3}} = 5{,}6 \times 10^{-5}\ \text{mol} \cdot \text{L}^{-1}.$$

9 Transformations chimiques et bilan de matière

On se propose d'illustrer ce chapitre en étudiant la réaction entre le zinc (Zn) et une solution d'acide chlorhydrique.

I Étude qualitative

1 Expérience et observations

Versons de l'acide chlorhydrique (H^+, Cl^-) sur un morceau de zinc suivant le montage ci-dessous :

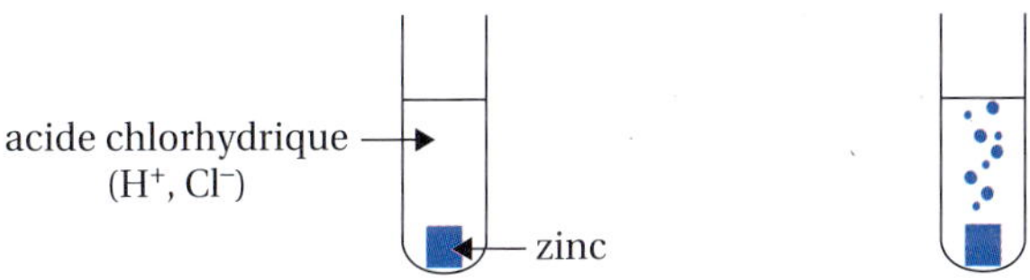

Une vive réaction se produit :
– on observe une effervescence ;
– au bout de quelques secondes, le zinc a entièrement « disparu ».

2 Interprétation

■ Le gaz formé est recueilli et mis en présence d'une flamme ; il y a une petite détonation : il s'agit de dihydrogène H_2.

■ Lorsque l'on mesure le pH de la solution restante, on constate que la solution est moins acide : les ions hydrogène H^+ ont été en partie consommés.

■ Lorsqu'on ajoute de la soude à la solution restante, il se forme un précipité blanc qui se redissout avec un excès de soude : il y a présence des ions zinc Zn^{2+}.

3 Équation-bilan

■ Schématisons la transformation entre le zinc et l'acide comme ci-dessous :

ÉTAT INITIAL		ÉTAT FINAL
Métal zinc Zn		Ions zinc Zn^{2+}
Ions hydrogène H^+	→	Gaz dihydrogène H_2
Ions chlorure Cl^-		Ions chlorure Cl^-
Eau H_2O		Eau H_2O

Les réactifs (corps ayant réagi et disparu en partie) sont :
- les ions hydrogène H^+ ;
- le métal zinc Zn.

Les produits (corps ayant été formés) sont :
- le gaz dihydrogène H_2 ;
- les ions zinc Zn^{2+}.

Les ions chlorure Cl^- n'ont pas été consommés : ce sont des ions spectateurs (il n'apparaîtront pas dans l'équation-bilan).

■ **Équation-bilan :**

$$Zn(s) + 2\ H^+(aq) \rightarrow Zn^{2+}(aq) + H_2(g).$$

➲ Signification des indices portés à coté de chaque corps :
- (s) : espèce solide
- (g) : espèce gazeuse
- (aq) : espèce en solution aqueuse.

Le chiffre 2 devant H^+ est appelé coefficient stœchiométrique (le chiffre 1 n'apparaît pas mais existe devant chacun des autres corps).

Lors d'une réaction chimique il y a conservation des éléments et des charges.

II Étude quantitative

1 État initial

On utilise :
- 0,5 g de zinc ;
- 10 mL d'acide chlorhydrique de concentration $c = 2\ \text{mol} \cdot \text{L}^{-1}$.

$$n(\text{Zn}) = \frac{m(\text{Zn})}{M(\text{Zn})} = \frac{0,5}{65,4} = 0,008 \text{ mole.}$$

$$n(\text{H}^+) = c \times V = 2 \times 10 \cdot 10^{-3} = 0,02 \text{ mole.}$$

Cas général : calcul des quantités de matière initiales	
Pour un solide :	$n = \dfrac{m}{M}$
Pour un liquide pur :	$n = \dfrac{\mu V}{M}$ (avec μ masse volumique du corps)
Pour un ion en solution :	$n = c \times V$
Pour un gaz :	$n = \dfrac{V}{V_m}$

2 Avancement *x*

Le zinc réagit avec les ions hydrogène suivant la réaction :

$$\text{Zn(s)} + 2\ \text{H}^+\text{(aq)} \rightarrow \text{Zn}^{2+}\text{(aq)} + \text{H}_2\text{(g)}.$$

Cela signifie que x mole de Zn réagissent avec $2x$ mole de H^+ pour former x mole de Zn^{2+} et x mole de H_2. On dresse un tableau dit d'avancement permettant de connaître la composition du mélange réactionnel entre le début et la fin de la transformation.

Équation	Avancement	1 Zn(s) +	2 H^+(aq) →	1 Zn^{2+}(aq) +	1 H_2(g)
État initial	$x = 0$	0,008	0,02	0	0
État intermédiaire	x	$0,008 - 1x$	$0,02 - 2x$	$1x$	$1x$

➲ Les coefficients stœchiométriques « 1 » sont ici mis pour expliquer le principe du remplissage du tableau et ne seront plus mis par la suite.

Définition

On appelle avancement d'une réaction la variable x permettant de déterminer les quantités de matière des réactifs et produits au cours de la transformation. Cette variable s'exprime en mole

3 Réactif limitant

La réaction cesse lorsqu'au moins un des réactifs a été entièrement consommé.

Soit $n(Zn) = 0$ ou $n(H^+) = 0$

$0{,}008 - 1x = 0$ ou $0{,}02 - 2x = 0$

$x = 0{,}008$ mol ou $x = 0{,}01$ mol.

C'est donc le nombre de moles de zinc qui s'annule le premier : le zinc est le réactif limitant.

L'avancement maximal est $x_{max} = 0{,}008$ mol.

Définition

On appelle réactif limitant celui qui est entièrement consommé en fin de réaction. Il provoque ainsi l'arrêt de la transformation.

4 État final

- Complétons le tableau d'avancement avec l'état final.

Équation	Avancement	$1\ Zn(s)$ +	$2\ H^+(aq)$ →	$1\ Zn^{2+}(aq)$ +	$1\ H_2(g)$
État initial	$x = 0$	0,008	0,02	0	0
État intermédiaire	x	$0{,}008 - 1x$	$0{,}02 - 2x$	$1x$	$1x$
État final	$x_{max} = 0{,}008$	0	$0{,}02 - 2 \times 0{,}008 = 0{,}004$	0,008	0,008

- Composition du mélange réactionnel en fin de réaction :

$n(H^+) = 0{,}004$ mol : c'est le réactif en excès ;

$n(Zn^{2+}) = 0{,}008$ mol ;

$n(H_2) = 0{,}008$ mol.

On peut ensuite, à partir des quantités de matière, déterminer les concentrations des deux ions et le volume de gaz formé.

Cas général : calcul de la composition final du mélange	
Pour un solide :	$m = n \times M$
Pour un liquide pur :	$V = \frac{n \times M}{\mu}$ (avec μ masse volumique du corps)
Pour un ion en solution :	$c = \frac{n}{V}$
Pour un gaz :	$V = n \times V_m$

III Étude graphique

On peut aborder cette étude graphiquement puisque les quantités de matière $n(Zn)$ et $n(H^+)$ sont des fonctions affines de l'avancement x.

Soit les deux fonctions :

$$\left.\begin{array}{l} n(Zn) = 8 - x \\ n(H^+) = 20 - 2x \end{array}\right\} \text{en mmol } (10^{-3}\text{ mol})$$

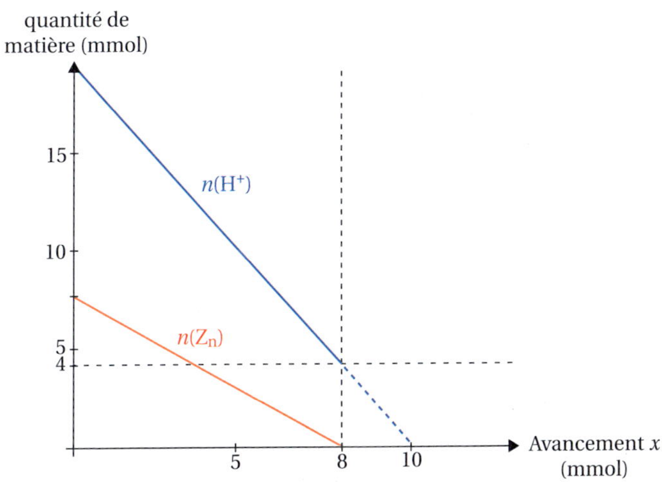

• L'ordonnée à l'origine des droites correspond aux quantités de matière initiales : $n(\text{Zn})_0 = 0{,}008$ mol et $n(\text{H}^+)_0 = 0{,}02$ mol.

• La première droite qui coupe l'axe des abscisses détermine l'avancement maximal : c'est ici la droite rouge et $x_{\text{max}} = 0{,}008$ mol. La réaction cesse (le reste de la droite bleue n'existe pas).

➲ Si les deux droites coupent l'axe des abscisses au même point, on dit que le mélange est stœchiométrique.

Définition

Un mélange est dit **stœchiométrique** si les réactifs sont entièrement consommés en fin de réaction.

• $n_{\text{final}}(\text{H}^+) = 0{,}004$ mol : c'est le point sur la droite bleue correspondant à $x = x_{\text{max}} = 0{,}008$ mol (traits en pointillés noirs sur le graphe).

Bilan de matière

ÉNONCÉ

À 600 °C, le carbone réagit avec l'oxyde de cuivre CuO pour former du dioxyde de carbone et du métal cuivre. On met en présence 0,18 g de carbone et 0,80 g d'oxyde de cuivre.

1. Écrire l'équation-bilan de cette transformation

2. Calculer les quantités de matière initialement présentes.

3. Dresser le tableau d'avancement pour les états initial et intermédiaire.

4. En déduire le réactif limitant et l'avancement maximal x_{max}.

5. Déterminer la composition finale du mélange.

Donnée : dans les conditions de l'expérience, le volume molaire est $V_m = 24{,}0\ L \cdot mol^{-1}$.

MÉTHODE

Voici la démarche à suivre pour résoudre un exercice de chimie concernant les bilans de matière.

1. Écrire l'équation de la réaction et l'équilibrer. Indiquer aussi la nature de chaque espèce (solide, gaz, en solution aqueuse). Attention, si l'équation est mal équilibrée, tout le reste sera faux.

2. Calculer les quantités de matières initiales (voir tableau paragraphe II.1).

3. Dresser un tableau d'avancement avec les trois états : état initial, état intermédiaire et état final. Remplir les deux premiers états.

4. Déterminer le réactif limitant puis remplir le dernier état.

5. Déterminer enfin la composition finale du mélange (voir tableau paragraphe II.4).

CORRIGÉ

1. Équation-bilan de cette transformation :

$$C(s) + 2\ CuO(s) \rightarrow CO_2(g) + 2\ Cu(s).$$

2. Quantités de matière initialement présentes :

$$n(C)_i = \frac{m}{M} = \frac{0{,}18}{12{,}0} = 1{,}5 \times 10^{-2}\ mol$$

$$n(CuO)_i = \frac{m}{M} = \frac{0{,}80}{(63{,}5 + 16{,}0)} = 1{,}0 \times 10^{-2}\ mol.$$

3. Tableau d'avancement :

Équation	Avancement	C(s) +	2 CuO(s) →	CO_2(g) +	2 Cu(s)
État initial	$x = 0$	$1{,}5 \times 10^{-2}$	$1{,}0 \times 10^{-2}$	0	0
État intermédiaire	x	$1{,}5 \times 10^{-2} - 1x$	$1{,}0 \times 10^{-2} - 2x$	$1x$	$2x$

4. La réaction cesse lorsqu'au moins un des réactifs a été entièrement consommé.

Soit $n(\text{C}) = 0$ ou $n(\text{CuO}) = 0$

$1{,}5 \times 10^{-2} - 1x = 0$ ou $1{,}0 \times 10^{-2} - 2x = 0$

$x = 1{,}5 \times 10^{-2}$ mol ou $x = 0{,}5 \times 10^{-2}$ mol.

C'est donc l'oxyde de cuivre qui disparait le premier : l'oxyde de cuivre est le réactif limitant.

L'avancement maximal est $x_{max} = 0{,}5 \times 10^{-2}$ mol.

5. Détermination de la composition finale du mélange :

Équation	Avancement	C(s) +	2 CuO(s) →	CO_2(g) +	2 Cu(s)
État initial	$x = 0$	$1{,}5 \times 10^{-2}$	$1{,}0 \times 10^{-2}$	0	0
État intermédiaire	x	$1{,}5 \times 10^{-2} - 1x$	$1{,}0 \times 10^{-2} - 2x$	$1x$	$2x$
État final	$x = x_{max}$	$1{,}0 \times 10^{-2}$	0	$0{,}5 \times 10^{-2}$	$1{,}0 \times 10^{-2}$

- Masse de carbone restant :

$$m(\text{C}) = n \times M = 1{,}0 \times 10^{-2} \times 12{,}0 = 0{,}12 \text{ g.}$$

- Volume de dioxyde de carbone formé :

$$V(CO_2) = n \times V_m = 0{,}5 \times 10^{-2} \times 24{,}0 = 0{,}12 \text{ L.}$$

- Masse de cuivre formé :

$$m(\text{Cu}) = n \times M = 1{,}0 \times 10^{-2} \times 63{,}5 = 0{,}64 \text{ g.}$$

Vérifier ses connaissances

1 Caractéristiques d'une transformation chimique

Compléter le texte avec les mots suivants :

coefficients stœchiométriques ; réaction chimique ; avancement ; s'annule ; maximal ; produits ; réactifs ; limitant ; éléments ; charges ; mélange stœchiométrique ; consommé.

Lors d'une transformation chimique, des corps réagissent entre eux et disparaissent (les ....) pour former des nouveaux corps appelés ....

Cette transformation est modélisée par l'équation de la ....

Les nombres placés devant les corps sont appelés .... ; ils permettent de respecter la conservation des .... et celle des ....

Pour caractériser l'état d'un système au cours d'une transformation on utilise une grandeur x, exprimée en moles, appelée ....

La réaction chimique s'arrête lorsqu'un des réactifs a été entièrement ....

Le réactif .... est alors celui dont la quantité de matière .... quand l'avancement est ....

Il existe un cas particulier où les réactifs sont tous entièrement consommés en fin de réaction : on dit que le mélange initial est un ....

2 Mélange stœchiométrique

Le sodium réagit avec le dichlore pour former du chlorure de sodium (solide).

1. Écrire l'équation-bilan de cette transformation en ajustant les nombres stœchiométriques si nécessaire.

2. On fait réagir 0,25 mol de dichlore et 0,50 mol de sodium.

a. Dresser le tableau d'avancement.

b. Montrer que ce mélange est stœchiométrique

c. En déduire la quantité de matière de chlorure de sodium formé.

1 Lors d'une transformation chimique, des corps réagissent entre eux et disparaissent (les réactifs) pour former des nouveaux corps appelés produits.

Cette transformation est modélisée par l'équation de la réaction chimique.

Les nombres placés devant les corps sont appelés coefficients stœchiométriques ; ils permettent de respecter la conservation des éléments et celle des charges.

Pour caractériser l'état d'un système au cours d'une transformation on utilise une grandeur x, exprimée en moles, appelée avancement.

La réaction chimique s'arrête lorsqu'un des réactifs a été entièrement consommé.

Le réactif limitant est alors celui dont la quantité de matière s'annule quand l'avancement est maximal.

Il existe un cas particulier où les réactifs sont tous entièrement consommés en fin de réaction : on dit que le mélange initial est un mélange stœchiométrique.

2 **1.** Équation-bilan de la transformation :

$$2\ Na(s) + Cl_2(g) \rightarrow 2\ NaCl(s).$$

2. On fait réagir 0,25 mol de dichlore et 0,50 mol de sodium.

a. Tableau d'avancement :

Équation	Avancement	2 Na(s) +	$Cl_2(g)$ →	2 NaCl(s)
État initial	$x = 0$	0,50	0,25	0
État intermédiaire	x	$0{,}50 - 2x$	$0{,}25 - x$	$2x$

b. Montrons que ce mélange est stœchiométrique

La réaction cesse lorsqu'au moins un des réactifs a été entièrement consommé.

Soit $n(Na) = 0$ ou $n(Cl_2) = 0$

$0{,}50 - 2x = 0$ ou $0{,}25 - x = 0$

$x = 0{,}25$ ou $x = 0{,}25$.

Lorsque les deux réactifs s'annulent pour la même valeur d'avancement alors ils ont été mélangés dans les proportions stœchiométriques.

Donc $x_{max} = 0{,}25$ mol.

c. On en déduit, d'après le tableau d'avancement :

$n(NaCl) = 2\ x_{max}$

$n(NaCl) = 2 \times 0{,}25 = 0{,}50$ mol.

3 **1.** L'équation de la réaction est :

$$Fe^{3+}(aq) + 3\ OH^{-}(aq) \rightarrow Fe(OH)_3(s)$$

On a mis en présence deux solutions ioniques :
- le chlorure de fer (III) : $(Fe^{3+} ; 3Cl^{-})$;
- la soude ou hydroxyde de sodium : $(Na^{+} ; OH^{-})$.

Le précipité formé est de l'hydroxyde de fer, composé électriquement neutre ; il contient donc 3 ions hydroxyde OH^- pour 1 ion fer III Fe^{3+}.

2. Pour déterminer le réactif limitant, on détermine d'abord les quantités initiales de matière puis on dresse le tableau d'avancement.
$n(Fe^{3+}) = c_0 \times V_0 = 0{,}10 \times 20 \times 10^{-3} = 2{,}0 \times 10^{-3}$ mol.
$n(OH^{-}) = c_1 \times V_1 = 1{,}0 \times 3{,}0 \times 10^{-3} = 3{,}0 \times 10^{-3}$ mol.

Tableau d'avancement :

Équation	Avancement	$Fe^{3+}(aq)$	+ $3\ OH^{-}(aq)$	$\rightarrow Fe(OH)_3(s)$
État initial	$x = 0$	$2{,}0 \times 10^{-3}$	$3{,}0 \times 10^{-3}$	0
État intermédiaire	x	$2{,}0 \times 10^{-3} - x$	$3{,}0 \times 10^{-3} - 3x$	x

La réaction cesse lorsqu'au moins un des réactifs a été entièrement consommé.

Soit $n(Fe^{3+}) = 0$ ou $n(OH^{-}) = 0$
$2{,}0 \times 10^{-3} - x = 0$ ou $3{,}0 \times 10^{-3} - 3x = 0$
$x = 2{,}0 \times 10^{-3}$ ou $x = 1{,}0 \times 10^{-3}$.

Donc $x_{max} = 1{,}0 \times 10^{-3}$ mol.
Le réactif limitant est donc OH^-.

3. Composition du système dans l'état final :

Équation	Avancement	$Fe^{3+}(aq)$	+ $3\ OH^{-}(aq)$	$\rightarrow Fe(OH)_3(s)$
État initial	$x = 0$	$2{,}0 \times 10^{-3}$	$3{,}0 \times 10^{-3}$	0
État intermédiaire	x	$2{,}0 \times 10^{-3} - x$	$3{,}0 \times 10^{-3} - 3x$	x
État final	$x_{max} = 1{,}0 \times 10^{-3}$	$1{,}0 \times 10^{-3}$	0	$1{,}0 \times 10^{-3}$

D'après le tableau on déduit que :

- $n(Fe^{3+}) = 1{,}0 \times 10^{-3}$ mol
- $n(OH^-) = 0$ mol
- $n(Fe(OH)_3) = 1{,}0 \times 10^{-3}$ mol.

On en déduit la masse d'hydroxyde de fer III formé :

$$\begin{aligned} m(Fe(OH)_3) &= n \times M(Fe(OH)_3) \\ &= 1{,}0 \times 10^{-3} \times (55{,}8 + (16{,}0 + 1{,}0) \times 3) \\ &= 1{,}0 \times 10^{-3} \times 106{,}8 \\ &= 0{,}11 \text{ g.} \end{aligned}$$

4 Le laiton

1. L'équation de la réaction entre le zinc et l'acide chlorhydrique est :

$$Zn(s) + 2\,H^+(aq) \rightarrow Zn^{2+}(aq) + H_2(g).$$

2. La quantité de matière de dihydrogène recueilli est :

$$n(H_2) = \frac{V}{V_m} = \frac{0{,}900}{22{,}4} = 4{,}02 \times 10^{-2} \text{ mol.}$$

3. Déterminons la quantité de matière de zinc contenue dans l'échantillon en nous aidant du tableau d'avancement.

- On sait que l'acide est en excès(on notera sa quantité a) donc on en déduit que le zinc est le réactif limitant(on notera sa quantité n_0).
- On sait, de plus, que $n(H_2) = 4{,}02 \times 10^{-2}$ mol en fin de réaction.

Équation	Avancement	Zn(s)	+ 2 H⁺(aq) →	Zn²⁺(aq) +	H₂(g)
État initial	$x = 0$	n_0	a	0	0
État intermédiaire	x	$n_0\text{-}x$	$a\text{-}2x$	x	x
État final	x_{max}	$n_0 - x_{max} = 0$	$a - 2x_{max}$	x_{max}	x_{max} $4{,}02 \times 10^{-2}$

On déduit du tableau d'avancement que :

- $x_{max} = 4{,}02 \times 10^{-2}$ mol
- $n_0 - x_{max} = 0$ soit $n_0 - x_{max} = 4{,}02 \times 10^{-2}$ mol car Zn est le réactif limitant.

L'échantillon contient donc $4{,}02 \times 10^{-2}$ mol de zinc.

4. Composition massique (pourcentage en masse) du laiton.

Si $n(\text{Zn}) = 4{,}02 \times 10^{-2}$ mol alors $m(\text{Zn}) = n(\text{Zn}) \times M(\text{Zn}) = 4{,}02 \times 10^{-2} \times 65{,}4$.

soit $m(\text{Zn}) = 2{,}63$ g.

Il y a donc 2,63 g de zinc dans 10 g d'alliage (zinc + cuivre).

On en déduit le pourcentage massique en zinc :

$$\frac{m(\text{Zn})}{m(\text{alliage})} = \frac{2{,}63}{10} = 0{,}26.$$

On en conclut que le laiton est constitué de 26 % de zinc et 74 % de cuivre.

5 **1re étape** : équation de la réaction chimique :

$$2\ NaN_3(s) \rightarrow 2\ Na(s) + 3N_2(g).$$

2e étape : calcul de la quantité de matière de diazote N_2 correspondant à 56,0 Litres.

Dans les C.N.T.P le volume molaire vaut 22,4 L · mol^{-1}.

On a donc pour un gaz : $n(N_2) = \frac{V}{V_m}$

$$n(N_2) = \frac{56{,}0}{22{,}4}$$

$$n(N_2) = 2{,}50 \text{ mol.}$$

3e étape : tableau d'avancement.

On cherche à déterminer la masse d'acide de sodium nécessaire pour gonfler cet airbag.

On pose :

- n_0 quantité de matière d'acide de sodium nécessaire ;
- m_0 masse d'acide de sodium correspondante.

Équation	Avancement	$2\ NaN_3(s)$ →	2 Na(s) +	$3\ N_2(g)$
État initial	$x = 0$	n_0		0
État intermédiaire	x	n_0-2x		$3x$
État final	x_{max}	$n_0-2x_{max} = 0$		$3x_{max} = 2{,}50$

4e étape : exploitation du tableau d'avancement.

On en déduit donc que :

• si $3x_{max} = 2{,}5$ mol alors $x_{max} = \dfrac{2{,}50}{3} = 0{,}833$ mol

• si $n_0 - 2x_{max} = 0$ alors $n_0 = 2x_{max} = 2 \times 0{,}833$

soit $n_0 = 1{,}67$ mol.

5e étape : calcul de la masse d'acide de sodium nécessaire pour gonfler l'airbag :
$m_0 = n_0 \times M(NaN_3) = 1{,}67 \times (23{,}0 + 3 \times 14{,}0) = 109$ g.

6

1re étape

Équation-bilan de cette transformation qu'il faut **équilibrer** :

$$1\ C_aH_b + \left(a + \frac{b}{4}\right) O_2(g) \rightarrow \boldsymbol{a}CO_2(g) + \frac{b}{2} H_2O_{(g)}.$$

Le coefficient $\left(a + \dfrac{b}{4}\right)$ de O_2 n'est pas utile pour la résolution du problème.

2e étape

Calcul des quantités de matière à partir des données de l'énoncé :

• $n(C_aH_b) = \dfrac{m(C_aH_b)}{M(C_aH_b)} = \dfrac{0{,}230}{46{,}0} = 5{,}00 \times 10^{-3}$ mol — réactifs.

• La quantité de matière de dioxyde de carbone n'est pas utile pour la suite puisqu'il est utilisé en excès.

• $n(CO_2) = \dfrac{m(CO_2)}{M(CO_2)} = \dfrac{0{,}440}{(12{,}0 + 2 \times 16{,}0)} = 0{,}0100$ mol

• $n(H_2O) = \dfrac{m(H_2O)}{M(H_2O)} = \dfrac{0{,}270}{(2 \times 1 + 16{,}0)} = 0{,}0150$ mol

produits.

3e étape

Tableau d'avancement ;

Équation	Avancement	$1\,C_aH_b$	$+\left(a+\frac{b}{4}\right)O_2(g)$	$\rightarrow aCO_2(g)$	$+\ \frac{b}{2}H_2O(g)$
État initial	$x=0$	$5{,}00\times10^{-3}$	excès	0	0
État intermédiaire	x	$5{,}00\times10^{-3}-1x$	excès	ax	$\frac{b}{2}x$
État final	x_{max}	$5{,}00\times10^{-3}-1x_{max}$ 0	excès	$ax_{max}=0{,}0100$	$\frac{b}{2}x_{max}$ $=0{,}0150$

On en déduit que :

- $5{,}00\times10^{-3}-1x_{max}=0$ alors $x_{max}=5{,}00\times10^{-3}$ mol.
- $a\times x_{max}=0{,}0100$ alors $a=\dfrac{0{,}0100}{5{,}00\times10^{-3}}=2.$
- $\dfrac{b}{2}\times x_{max}=0{,}0150$ alors $b=\dfrac{2\times0{,}0150}{5{,}00\times10^{-3}}=6.$

On obtient alors la formule brute de la molécule, C_2H_6.

Il s'agit de l'éthane.

OPTIQUE

1. Comment se propage la lumière ?
Dans un milieu homogène et transparent, la lumière se propage en ligne droite.

2. Qu'est-ce qu'un rayon lumineux ?
Un rayon lumineux matérialise le trajet de la lumière. C'est une droite orientée dans le sens de propagation de la lumière.

3. Que fait un prisme lorsqu'il est traversé par de la lumière blanche ?
Lorsque la lumière blanche (du Soleil, d'une lampe incandescente...) traverse un prisme, elle est décomposée, c'est-à-dire que l'on obtient un spectre continu constitué de toutes les couleurs de l'arc en ciel.

4. De quoi dépend la couleur d'un corps ?
La couleur d'un corps dépend de la lumière qui l'éclaire.

MÉCANIQUE

5. Qu'appelle-t-on trajectoire ?
La trajectoire est l'ensemble des positions occupées par un mobile au cours de son mouvement.

6. Quels sont les effets d'une action mécanique sur un objet ?
Une action mécanique exercée sur un objet peut le mettre en mouvement, modifier la valeur de sa vitesse ou modifier sa direction, son sens, le déformer.

7. Qu'appelle-t-on force ?
On matérialise une action mécanique par un vecteur appelé vecteur force noté $\vec{F}$ ayant quatre caractéristiques : son point d'application ; sa direction ; son sens ; sa norme, exprimée en newton.

8. Quelle relation existe-il entre l'intensité du poids P et la masse m d'un objet ?
Ces deux grandeurs sont liées par la relation $P = mg$ avec g intensité de pesanteur, $g = 9{,}8\ \text{N} \cdot \text{kg}^{-1}$.

9. Qu'appelle-t-on vitesse moyenne ?
On appelle vitesse moyenne le quotient de la distance d parcourue par la durée Δt du trajet :

$$v_{\text{moy}} = \frac{d}{\Delta t}.$$

10. Quelle est la définition d'une période ?
Une période notée T est la plus petite durée au bout de laquelle un phénomène se répète identique à lui-même.

PHYSIQUE

10 Présentation de l'Univers

I De l'infiniment grand à l'infiniment petit

1 L'infiniment grand

■ L'Univers est constitué de milliards de galaxies. Notre galaxie se compose d'une étoile, le Soleil et de neuf planètes (Mercure, Vénus, la Terre, Jupiter, Saturne, Uranus, Neptune et Pluton).

Chaque planète décrit une trajectoire elliptique autour du Soleil.

La Terre peut être représentée par une boule de rayon $\mathbf{6{,}4 \times 10^3}$ **km**.

Elle est distante du Soleil de $\mathbf{1{,}5 \times 10^8}$ **km**. Le Soleil a lui-même un diamètre de $\mathbf{1{,}4 \times 10^6}$ **km**.

■ Le kilomètre n'étant pas adapté pour exprimer les longueurs astronomiques, on utilise l'unité astronomique (UA) et l'année lumière (a.l.).

Définition

L'**unité astronomique** notée UA est égale à la distance séparant la Terre du soleil :

$$1 \text{ UA} = 1{,}496 \times 10^8 \text{ km.}$$

Définition

L'**année lumière** est la distance parcourue par la lumière en un an, dans le vide :

$$1 \text{ a.l.} = 9{,}45 \times 10^{15} \text{ m.}$$

Ainsi, Pluton, la planète la plus éloignée du Soleil est à 39 UA du Soleil. On se rend compte ainsi que l'Univers est un espace vide : les objets qui le constituent n'occupent qu'une infime partie du volume disponible. On dit **que l'Univers a une structure lacunaire**.

2 L'infiniment petit

De même, les petits objets comme **les atomes sont eux aussi constitués de vide**.

Alors que la taille moyenne d'un atome est de l'ordre du **dix milliardièmes de mètre**, celle du noyau est **100 000 fois plus petite**.

Les atomes s'associent pour former des molécules dont la taille varie du **nanomètre** pour la molécule d'eau au **millimètre** pour certaines macromolécules.

Échelle de représentation

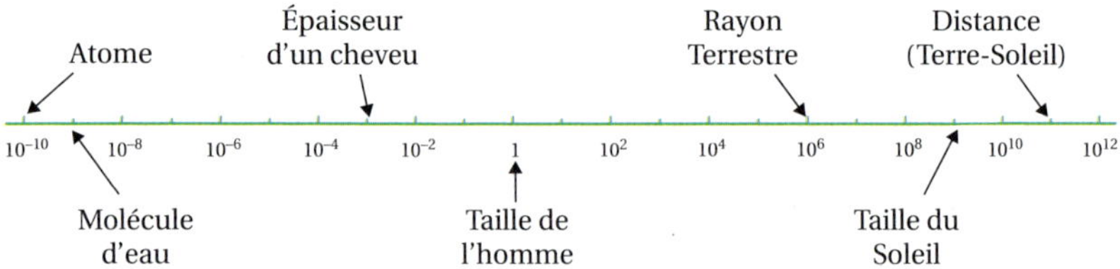

II Outils de description de l'Univers

Il est difficile de représenter sur une même échelle la taille d'un objet observé au microscope et celle d'un astre photographié avec un télescope. Il faut utiliser un outil adapté : les puissances de dix.

1 Puissances de dix

Pour exprimer des longueurs microscopiques ou macroscopiques, il est plus facile d'utiliser les puissances de 10. Voici quelques rappels :

- $10^0 = 1$
- $\dfrac{10^a}{10^b} = 10^{(a-b)}$
- $10^a = 1$ suivi de *a* zéros, avec *a* positif
- $(10^a)^b = 10^{a \times b}$
- $10^a \times 10^b = 10^{(a+b)}$
- $1/10^a = 10^{-a}$

2 Multiples et sous-multiples

Nom	Symbole	Équivalence en mètre
femtomètre	fm	10^{-15}
picomètre	pm	10^{-12}
nanomètre	nm	10^{-9}
micromètre	µm	10^{-6}
millimètre	mm	10^{-3}
mètre	m	1
kilomètre	km	10^{3}
mégamètre	Mm	10^{6}
gigamètre	Gm	10^{9}

3 Notation scientifique

La notation scientifique est l'écriture d'un nombre sous la forme d'un produit du type :

$$a \times 10^n$$

a est un nombre décimal tel que $1 \leq a < 10$.
n est un nombre entier positif ou négatif.

EXEMPLES :

- 1 523 s'écrit $1{,}523 \times 10^3$
- 0,32 s'écrit $3{,}2 \times 10^{-1}$.

4 Ordre de grandeur

L'**ordre de grandeur** d'une valeur est la puissance de dix la plus proche de cette valeur.

EXEMPLES :

- le nombre $1{,}3 \times 10^2$ a pour ordre de grandeur 10^2 ;
- le nombre $2{,}8 \times 10^{-3}$ a pour ordre de grandeur 10^{-3} ;
- le nombre $8{,}2 \times 10^2$ a pour ordre de grandeur 10^3 ;
- le nombre $5{,}2 \times 10^{-2}$ a pour ordre de grandeur 10^{-1}.

5 Chiffres significatifs

Le nombre de chiffres significatifs d'une grandeur mesurée nous renseigne sur la précision de la mesure.

En physique, l'écriture **2 000 m** n'est pas équivalente à $\mathbf{2 \times 10^3}$ **m** :

2 000 m	2×10^3 m
↓	↓
au mètre près	au kilomètre près

2 000 m est donc plus précis que $\mathbf{2 \times 10^3}$ **m.**

On dit que **2 000 m** comporte 4 chiffres significatifs (2, 0, 0 et 0) alors que $\mathbf{2 \times 10^3}$ **m** en comporte un seul (2).

Dans l'écriture scientifique $a \times 10^n$, tous les chiffres servant à écrire le nombre décimal a sont significatifs.

■ Lorsqu'on effectue un produit ou un quotient, le résultat ne doit pas être exprimé avec plus de chiffres significatifs que la donnée qui en comporte le moins.

EXEMPLE : on mesure le diamètre d'un disque avec un mètre, on trouve $D = 2{,}5$ m.

On en déduit alors l'aire du disque :

$$\mathcal{A} = \pi R^2 = \pi\left(\frac{D}{2}\right)^2 = \frac{\pi D^2}{4}$$

$$\mathcal{A} = \frac{\pi \times 2{,}5^2}{4} = 4{,}90874 \text{ m}^2$$ (résultat donné par la calculatrice).

On écrira $\mathcal{A} = 4{,}9$ m^2 car la seule donnée est 2,5 m et elle comporte 2 chiffres significatifs.

■ Lorsqu'on effectue une somme ou une différence, le résultat ne doit pas être exprimé avec plus de décimales que la donnée qui en comporte le moins.

EXEMPLE : on mesure la longueur et la largeur d'une pièce :

$$L = 4{,}53 \text{ m et } l = 3{,}2 \text{ m.}$$

On en déduit alors le périmètre de cette pièce :

- 4,53 m comporte 2 décimales ;
- 3,2 m comporte 1 décimale.

Le résultat ne devra comporter qu'une décimale.

$P = 2 \times (L + l)$

$P = 2 \times (4{,}53 + 3{,}2) = 15{,}46$ m (résultat donné par la calculatrice).

On écrira $P = 15{,}5$ m (1 décimale).

6 Incertitude absolue et incertitude relative

■ En physique, chaque mesure est entachée d'une erreur (erreur due à l'instrument de mesure ou à l'expérimentateur).

Lorsque l'on mesure une longueur avec un double décimètre gradué tous les millimètres, on peut dire que cette mesure est précise au demi millimètre près.

EXEMPLE : on mesure la longueur du segment [AB] et on lit 7,6 cm soit 76 mm.

On écrit alors que : (76 – 0,5) mm < AB < (76 + 0,5) mm

75,5 mm < AB < 76,5 mm

Ou encore : AB = 76 mm ± 0,5 mm (« ± » se lit « plus ou moins »).

Définition

On appelle **incertitude absolue** sur la mesure de la grandeur L, la valeur ΔL telle que :

$$L = L_{\text{mesurée}} \pm \Delta L.$$

■ Cependant, l'incertitude absolue ne nous renseigne pas sur la précision de la mesure (0,5 mm d'erreur sur la mesure de l'épaisseur d'un cheveu (10 µm) n'a pas la même valeur que sur la longueur du segment [AB]).

Définition

On appelle **incertitude relative** sur la grandeur L, le rapport $\dfrac{\Delta L}{L}$.

Elle s'exprime le plus souvent en pourcentage :

• **incertitude relative** de la mesure sur la longueur [AB] :

$$\frac{\Delta L}{L} = \frac{0{,}5}{76} = 7 \times 10^{-3} = 0{,}7\ \% \ ;$$

• **incertitude relative** de la mesure sur l'épaisseur :

$$\frac{\Delta L}{L} = \frac{0{,}5}{0{,}01} = 50 = 5\,000\ \%\ !$$

Vérifier ses connaissances

1 Autour d'une grandeur

Le virus de la vaccine mesure 52 nm.

1. Exprimer cette longueur en mètres en utilisant la notation scientifique.
2. Exprimer la longueur précédente en μm.
3. Quel est l'ordre de grandeur en m de la longueur du virus de la vaccine ?
4. Avec combien de chiffres significatifs la longueur du virus de la vaccine est-elle donnée ?

2 Le système solaire

La distance Soleil-Mercure est de 58 millions de km.

1. Exprimer cette longueur en mètres en utilisant la notation scientifique.
2. Pluton, la planète la plus éloignée du Soleil, se situe à 5 940 milliards de kilomètres du Soleil.

Si la distance Soleil-Mercure était représentée par une longueur de 2,0 cm, à quelle distance, en mètres, se situerait Pluton ?

S'entraîner

* **3 Atome d'aluminium**

On désire déterminer le volume d'une bille d'aluminium.

Pour cela, on la plonge dans une éprouvette graduée contenant 50,0 mL d'eau.

Lorsque la bille touche le fond du récipient, l'eau atteint la graduation 62,3 mL.

1. Quel est le volume de la bille ?
2. L'éprouvette est graduée tous les mL. Quelle est l'incertitude relative de cette mesure ?
3. Sachant qu'un atome d'aluminium a un rayon de 0,13 nm, calculer le volume occupé par un atome.
4. Quel est alors le nombre d'atomes d'aluminium contenus dans cette bille ?

Problème

* 4 Classement d'objets

Voici une liste de sept objets et une autre de sept longueurs qui sont les dimensions caractéristiques des objets de la première liste :

$1{,}8 \cdot 10^{9}$ nm	Homme
6,3 milliards d'UA	Galaxie
$1{,}4 \cdot 10^{26}$ m	Univers
0,000000007 km	Cellule
$2\,400 \cdot 10^{-21}$ km	Noyau d'hydrogène
2 320 milliards de µm	Pluton
$5{,}3 \cdot 10^{-8}$ mm	Atome d'hydrogène

1. Remplir la **colonne 1** en classant les objets précédents par ordre croissant de taille.

Colonne 1	Colonne 2	Colonne 3	Colonne 4	Colonne 5
Objet	Dimension donnée	Dimension en m avec puissances de 10	Dimension exprimée dans une unité appropriée	Ordre de grandeur

2. L'unité du système international (SI) de mesure de longueurs est le mètre (m). Remplir ensuite les **colonnes 2 et 3** en exprimant en mètres chaque dimension et en utilisant la notation scientifique.

3. Les dimensions sont données dans des unités non adaptées.

Dans chaque cas, quelle unité vous semble plus appropriée pour exprimer cette dimension ?

Exprimer le résultat dans cette unité en détaillant votre calcul et remplir la **colonne 4**.

4. Remplir la **colonne 5** en indiquant les ordres de grandeur en mètres de chaque dimension.

5. Entre 10^5 et 10^{10}, on dit qu'il y a 5 ordres de grandeur.

Combien y-a-t-il d'ordres de grandeur entre les dimensions du noyau et de l'atome ? Entre les dimensions de la galaxie et de l'Univers ?

6. Quelle propriété du remplissage de l'espace cela illustre-t-il ?

1 **1.** En notation scientifique et en mètres :
$52\ \text{nm} = 52 \times 10^{-9}\ \text{m} = 5{,}2 \cdot 10^{-8}\ \text{m}$.

2. On exprime la longueur précédente en µm :
$1\ \mu\text{m} = 10^{-6}\ \text{m}$ donc $5{,}2 \cdot 10^{-8}\ \text{m} = 5{,}2 \cdot 10^{-2} \times 10^{-6}\ \text{m} = 5{,}2 \cdot 10^{-2}\ \mu\text{m}$.

3. Ordre de grandeur du virus de la vaccine :

$$5{,}2 \cdot 10^{-8}\ \text{m est plus proche de } 10^{-7}\ \text{m que de } 10^{-8}\ \text{m.}$$

L'ordre de grandeur du virus de la vaccine est donc 10^{-7} m.

4. 52 nm comporte deux chiffres significatifs : le 5 et le 2.

2 **1.** Distance Soleil-Mercure en notation scientifique en m :
58 millions de km $= 58 \times 10^{6}\ \text{km} = 58 \cdot 10^{6} \times 10^{3}\ \text{m} = 58 \cdot 10^{9}\ \text{m} = 5{,}8 \times 10^{10}\ \text{m}$.

2. 5 949 milliards de km $= 5\,949 \times 10^{9}$ km.
D'où le tableau de proportionnalité :

	Distance réelle	« Maquette »
Soleil-Mercure	58×10^{6} km	2,0 cm
Soleil-Pluton	$5\,949 \times 10^{9}$ km	?

On calcule la distance Soleil-Pluton en cm sur la maquette :

$$d(\text{Soleil-Pluton}) = \frac{5\,949 \times 10^{9} \times 2{,}0}{58 \times 10^{6}}.$$

- Le résultat comportera 2 chiffres significatifs car lorsqu'on effectue un produit ou/et un quotient, le résultat ne doit pas être exprimé avec plus de chiffres significatifs que la donnée qui en comporte le moins. Celles qui en comporte le moins sont 2,0 cm et 58 millions de km.
- Le fait de laisser 2,0 en cm permet d'obtenir le résultat en cm.

$d(\text{Soleil-Pluton}) = 2{,}1 \times 10^{5}$ cm soit 2,1 km !

3 **1.** Le volume de la bille est égal au volume d'eau déplacé soit :

$$V = 62{,}3 - 50{,}0 = 12{,}3 \text{ mL.}$$

2. Puisque l'éprouvette est graduée tous les mL, l'incertitude absolue sur la mesure est égale à ΔL soit 0,5 mL.
L'incertitude relative de la mesure est alors :

$$\frac{\Delta L}{L} = \frac{0{,}5}{12{,}3} = 0{,}041 = 4{,}1\ \%.$$

3. Volume occupé par un atome :

$V = \frac{4}{3} \times \pi \times R^3$

$V = \frac{4}{3} \times \pi \times (0{,}13 \times 10^{-9})^3.$

Le résultat comportera 2 chiffres significatifs comme la seule donnée 0,13 nm.

$V = 9{,}2 \times 10^{-30}\ \text{m}^3.$

4. $12{,}3\ \text{mL} = 12{,}3\ \text{cm}^3$ soit $12{,}3 \times 10^{-6}\ \text{m}^3$.

Le nombre d'atomes d'aluminium contenu dans cette bille est obtenu par le tableau :

Volume (m^3)	$9{,}2 \times 10^{-30}$	$12{,}3 \times 10^{-6}$
Nombre d'atomes d'aluminium	1	?

Donc $N = \frac{1 \times 12{,}3 \times 10^{-6}}{9{,}2 \times 10^{-3}} = 1{,}3 \times 10^{24}.$

Le nombre d'atomes est donc $1{,}3 \times 10^{24}$ (avec 2 chiffres significatifs).

4

Colonne 1	Colonne 2	Colonne 3	Colonne 4	Colonne 5
Objet	Dimension donnée	Dimension en m avec puissances de 10	Dimension exprimée dans une unité appropriée	Ordre de grandeur
Noyau d'hydrogène	2400×10^{-21} km	$2,400 \times 10^{-15}$ m	1 fm	10^{-15} m
Atome d'hydrogène	$5,3 \times 10^{-8}$ mm	$5,3 \times 10^{-11}$ m	53 pm	10^{-10} m
Cellule	0,000000007 km	7×10^{-6} m	7 µm	10^{-5} m
Homme	$1,8 \times 10^{9}$ nm	1,8 m	1,8 m	10^{0} soit 1 m
Diamètre de Pluton	2 320 milliards de µm	$2,320 \times 10^{6}$m	2 320 km	10^{6} m
Galaxie	6,3 milliards d'UA	$9,4 \times 10^{20}$ m	100 mille a.l.	10^{21} m
Univers	$1,4 \times 10^{26}$ m	$1,4 \times 10^{26}$ m	15 milliards a.l.	10^{26} m

1. Objets par ordre croissant de tailles :

Noyau d'Hydrogène ; Atome d'Hydrogène ; Cellule ; Homme ; DistanceTerre-Soleil ; Galaxie ; Univers.

2. Dimensions en mètres et en notation scientifique :

- $1,8 \times 10^{9}$ nm $= 1,8 \times 10^{9} \times 10^{-9}$ m $= 1,8$ m.
- 6,3 milliards d'UA $= 6,3 \times 10^{9}$ UA
  $= 6,3 \times 10^{9} \times 1,496 \times 10^{8}$ km $= 9,4 \times 10^{17}$ km $= 9,4 \times 10^{20}$ m.
- $1,4 \times 10^{26}$ m est déjà en mètres et en notation scientifique.
- 0,000000007 km $= 7 \times 10^{-9}$ km $= 7 \times 10^{-6}$ m.
- $2\,400 \times 10^{-21}$ km $= 2\,400 \times 10^{-18}$ m $= 2,400 \times 10^{-15}$ m.
- 2 320 milliards de µm $= 2\,320 \times 10^{9} \times 10^{-6}$ m $= 2\,320 \times 10^{3}$ m $= 2,320 \times 10^{6}$ m.
- $5,3 \times 10^{-8}$ mm $= 5,3 \times 10^{-8} \times 10^{-3}$ m $= 5,3 \times 10^{-11}$ m.

3. Unité appropriée pour chaque dimension :

Rappels : 1 UA = $1{,}496 \times 10^8$ km ; 1 a.l. = $9{,}45 \times 10^{15}$ m = $9{,}45 \times 10^{12}$ km.

• 1,8 m est exprimée dans la bonne unité.

• L'unité la plus appropriée pour $9{,}4 \times 10^{20}$ m est l'année lumière soit :

$$9{,}4 \times 10^{20}\ \text{m} = \frac{9{,}4 \times 10^{20}}{9{,}45 \times 10^{15}} = 10 \times 10^4\ \text{a.l. soit } 100\,000\ \text{a.l.}$$

• L'unité la plus appropriée pour $1{,}4 \times 10^{26}$ m est l'année lumière :

$$1{,}4 \times 10^{26}\ \text{m} = \frac{1{,}4 \times 10^{26}}{9{,}45 \times 10^{15}} = 15\ \text{milliards d'a.l.}$$

• 7×10^{-6} m = 7 µm.

• $2{,}400 \times 10^{-15}$ m = 2,400 fm.

• $2{,}320 \times 10^{6}$ m = 2 320 km.

• $5{,}3 \times 10^{-11}$ m = 53 pm.

4. Ordres de grandeur (voir tableau, colonne 5).

5. L'ordre de grandeur de la taille en mètres de l'atome d'hydrogène est 10^{-10} alors que celui de la taille en mètres du noyau de l'atome est 10^{-15} : il y a donc 5 ordres de grandeur entre ces deux dimensions.
L'ordre de grandeur de la dimension de la galaxie en mètres est 10^{21} alors que celui de la dimension de l'Univers en mètres est 10^{26} : il y a donc aussi 5 ordres de grandeur entre ces deux dimensions.

6. Le remplissage de l'espace par la matière est essentiellement lacunaire, aussi bien au niveau de l'atome qu'à l'échelle cosmique.

11 Lumière et mesure de distance

I Propriétés de la lumière

1 Propagation rectiligne de la lumière

Dans un milieu homogène et transparent, la lumière se propage en ligne droite.

On modélise le trajet de la lumière entre deux points par un segment fléché appelé rayon lumineux.

- Un milieu homogène a les mêmes propriétés physiques et chimiques en chacun de ses points.
- Un milieu opaque ne laisse pas passer la lumière.

2 Vitesse de la lumière

On a longtemps cru que la lumière avait une vitesse infinie.

Galilée mit le premier en doute cette idée, puis le Danois Romer donna en 1776, grâce à l'observation d'un satellite de Jupiter, la première estimation de la vitesse de la lumière : 212 000 km · s^{-1}.

Il est désormais établi que la lumière se propage dans le vide à une vitesse :

$$\mathbf{c = 3{,}00 \times 10^8\ m \cdot s^{-1}}.$$

- Cette vitesse est aussi appelée célérité, elle doit être connue.
- Sa valeur exacte est 299 792 458 m · s^{-1}, valeur qui n'est pas à retenir.
- La vitesse de la lumière dans le vide est sensiblement la même que dans l'air.

3 L'année lumière

Les distances nous séparant des différents astres sont trop grandes pour les exprimer correctement en mètres : on utilise alors une autre unité, l'année lumière.

Définition

L'**année lumière** est la distance parcourue par la lumière dans le vide ou dans l'air en une année.

Déterminons cette valeur en mètres :

$d = c \times t$

$c = 3{,}00 \times 10^8\ \text{m} \cdot \text{s}^{-1}$

$t = 1\ \text{an} = 365{,}25\ \text{jours} = 365{,}25 \times 24\ \text{h} = 365{,}25 \times 24 \times 3\,600\ \text{s}$

D'où :

$d = 3{,}00 \times 10^8 \times 365{,}25 \times 24 \times 3\,600$

$d = 9{,}46 \times 10^{15}\ \text{m}$

1 a.l. = $\mathbf{9{,}46 \times 10^{15}}$ m.

Il faut savoir retrouver rapidement la valeur en mètres ou kilomètres de l'année lumière, plutôt que de l'apprendre par cœur.

4 Voir loin c'est voir dans le passé

EXEMPLE : Syrius est l'étoile la plus brillante du ciel nocturne. Elle se situe à $8{,}1 \times 10^{13}$ km de la Terre.

Exprimons cette distance en année lumière :

$8{,}1 \times 10^{13}\ \text{km} = 8{,}1 \times 10^{16}\ \text{m}$

$$D = \frac{8{,}1 \times 10^{16}}{9{,}46 \times 10^{15}} = 8,6\ \text{a.l.}$$

Autrement dit, la lumière qui nous parvient de cette étoile l'a quittée depuis 8,6 années.

Plus généralement :

- certaines étoiles encore visibles n'existent plus ou ont déjà explosé ;
- d'autres étoiles trop lointaines, existent, sans que la lumière ait encore eu le temps de nous parvenir.

Plus nous observons loin dans l'espace, plus nous regardons dans le passé.

➲ Parfois l'unité « année lumière » n'est pas adaptée pour exprimer certaines distance. On pourra alors utiliser le jour lumière, heure lumière, la minute lumière ou encore la seconde lumière. Voici comment passer d'une unité à l'autre :

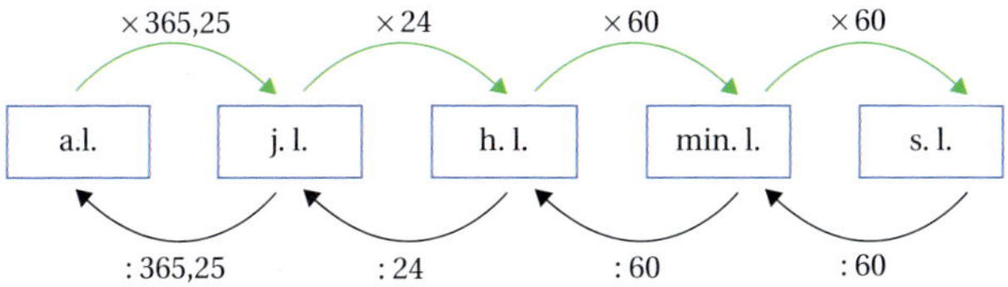

II Différentes méthodes pour mesurer une distance

Le fait que la lumière se propage en ligne droite (dans un milieu homogène et transparent) a permis aux physiciens d'utiliser toutes les notions mathématiques autour des droites (théorème de Thalès, formules trigonométriques,…) pour déterminer la hauteur d'une pyramide, la distance nous séparant d'étoiles proches ou encore le diamètre de la Lune.

1 Méthode de visée : mesure de la hauteur d'une pyramide

Principe

Le mathématicien grec Thalès (625-546 av. J.-C.) aurait formulé son fameux théorème en cherchant à mesurer la hauteur des pyramides.

Il planta un baton (appelé gnomon) verticalement dans le sol.

Éclairé par les rayons du Soleil, le gnomon projetait une ombre sur le sol de longueur proportionnelle à la longueur de l'ombre de la pyramide.

Dans la figure ci-dessous, les deux ombres sont superposées :

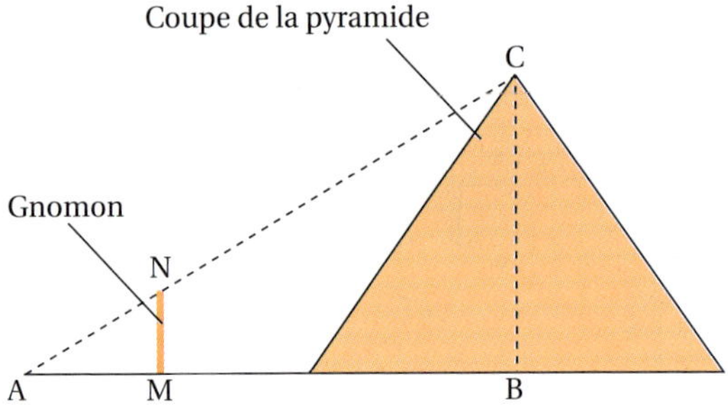

Thalès fit l'hypothèse que les rayons lumineux éclairant les sommets du bâton et de la pyramide arrivent parallèlement pour appliquer son **théorème** :

$$\frac{AM}{AB} = \frac{MN}{BC}.$$

D'où, $BC = \frac{AB \times MN}{AM}$.

Pour trouver la hauteur de la pyramide, il restait ensuite à mesurer :

- la hauteur du bâton MN ;
- la taille de l'ombre du bâton AM ;
- la taille de l'ombre de la pyramide AB.

EXEMPLE : un bâton vertical de 1,0 m a une ombre portée de longueur 1,5 m. Quel est la hauteur d'un arbre dont l'ombre au même instant vaut 3,0 m ?

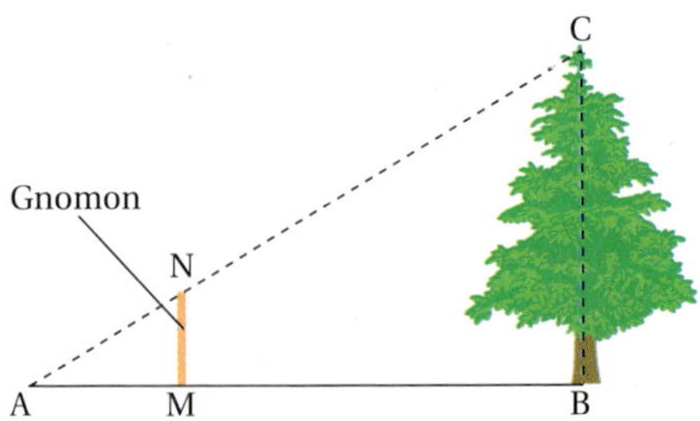

D'après le théorème de thalès : $\frac{AM}{AB} = \frac{MN}{BC}$.

Soit $BC = \frac{AB \times MN}{AM}$

$BC = \frac{3{,}0 \times 1{,}5}{1{,}0} = 4{,}5.$

La hauteur de l'arbre est 4,5 m.

2 Méthode de parallaxe ou triangulation : distance entre deux points

Cette méthode permet de déterminer la distance séparant un point d'un autre point difficile d'accès, par exemple un phare en navigation ou une étoile en astronomie.

Dans le domaine de la navigation

Un marin voyant à babord la lumière d'un phare désire déterminer la distance AP le séparant de ce phare.

Il utilise la méthode par visée et se place à deux endroits du navire (distance AB) pour fixer le phare et mesure les angles α et β.

Il lui est alors possible de construire un triangle A′B′P′ semblable à ABP.

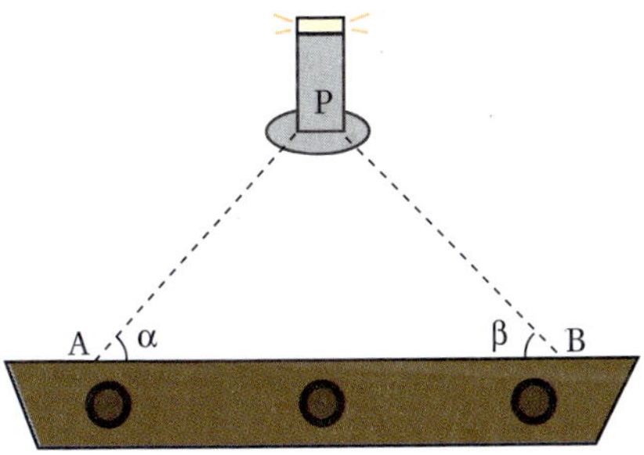

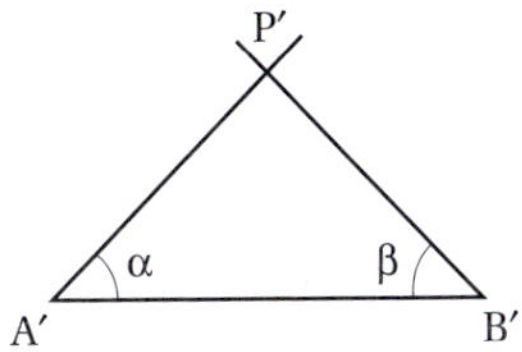

On a alors $\frac{AB}{A'B'} = \frac{AP}{AP'}$ d'où $AP = \frac{AB \times A'P'}{A'B'}$.

EXEMPLE : on vise un objet, assimilé à un point P, à partir de deux points A et B distants de 35 m. On trouve des angles $\hat{A}$ et $\hat{B}$ respectivement égaux à 80° et 87°. Déterminons la distance AP.

1re méthode : on fait un schéma au $\frac{1}{2\,000}$ (35 m est représenté par un segment de 1,75 cm), à l'aide d'un double décimètre et d'un rapporteur et on détermine A′P′ directement.

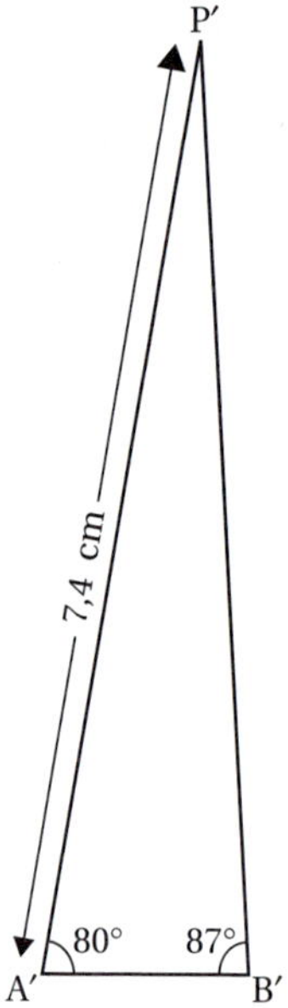

A′P′ = 7,4 cm
donc :
AP = 2 000 × 7,4
$AP = 15 \times 10^3$ cm
$AP = 15 \times 10^1$ m.

2e méthode : en appliquant la relation de trigonométrie reliant les sinus des angles d'un triangle quelconque, on obtient :

$$\frac{\sin\hat{B}}{AP} = \frac{\sin\hat{P}}{AB} \text{ soit } \frac{\sin\hat{B}}{AP} = \frac{\sin(180° - \hat{B} - \hat{A})}{AB}.$$

D'où :

$$AP = \frac{\sin\hat{B}}{\sin(180° - \hat{B} - \hat{A})} \times AB$$

$$AP = \frac{\sin 87°}{\sin 13°} \times 3{,}5$$

$AP = 15{,}5 \times 10^3$ cm = 155 m.

Dans le domaine astronomique

E est la position d'une étoile, A et B sont les positions de la Terre à 6 mois d'intervalle.

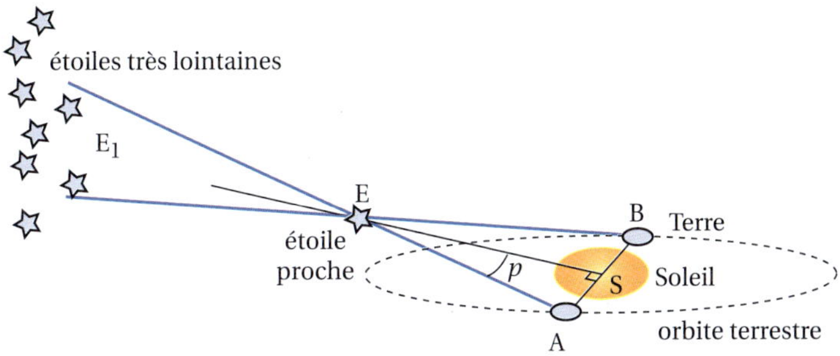

On définit alors l'angle de parallaxe p (appelé aussi tout simplement parallaxe) de l'étoile comme la moitié de l'angle entre deux visées à 6 mois d'intervalle.

C'est aussi l'angle sous lequel on observerait, depuis l'étoile E, le rayon de l'orbite terrestre.

D'après la figure : $\sin p = \dfrac{SA}{SE}$

SA est le rayon de l'orbite terrestre soit $1{,}5 \times 10^8$ km ;

AE est la distance séparant la Terre de l'étoile.

EXEMPLE : la parallaxe p de Véga, dans la constellation de la Lyre, est égale à 0,129" (1° = 3 600"). En prenant le rayon de l'orbite terrestre égal à $1{,}5 \times 10^8$ km, on détermine la distance entre la Terre et cette étoile, telle que :

$\sin p = \dfrac{SA}{AE}$ d'où $AE = \dfrac{SA}{\sin p}$.

A.N. : $AE = \dfrac{1{,}5 \times 10^8}{\sin\left(\dfrac{0{,}129}{3\,600}\right)} = 2{,}4 \times 10^4$ km

$AE = \dfrac{2{,}4 \times 10^{14}}{9{,}45 \times 10^{12}} = 25{,}3$ a.l.

3 Diamètre apparent : taille d'un objet

Définition

On appelle angle apparent ou diamètre apparent, l'angle α sous lequel on voit l'objet. Il peut s'exprimer en radian (rad), degré (°) ou seconde (").

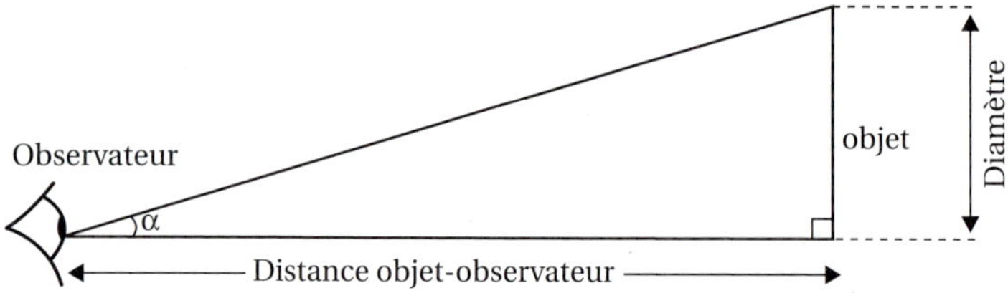

$$\tan\alpha = \frac{\text{diamètre de l'objet}}{\text{distance objet-observateur}}$$

➲ Lorsque α est très petit, alors $\tan\alpha \approx \alpha$.

EXEMPLE 1 : diamètre apparent du Soleil

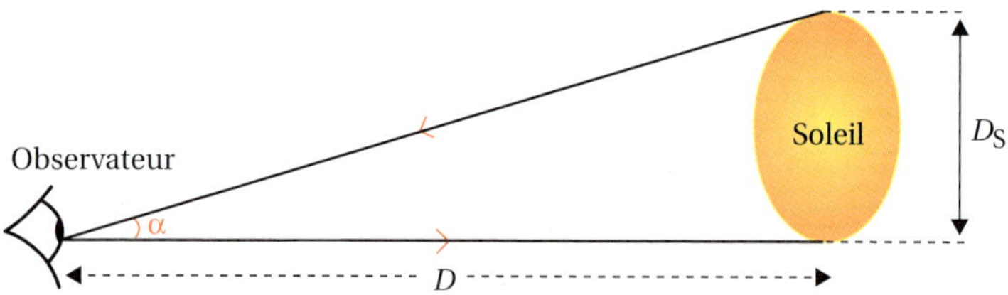

Si le diamètre du Soleil est noté D_S ($D_S = 1{,}39 \times 10^6$ km) et la distance Terre-Soleil est notée D ($D = 1{,}496 \times 10^8$ km) l'angle apparent α est tel que :

$$\tan\alpha = \frac{D_S}{D}$$

$$\tan\alpha = \frac{1{,}39 \times 10^6}{1{,}496 \times 10^8}$$

$\alpha = 9{,}3 \times 10^{-3}$ rad $\approx 0{,}53°$.

EXEMPLE 2 : diamètre de la Lune

Lors d'une éclipse de Soleil, la Lune vient cacher exactement le Soleil. La Lune et le Soleil semblent avoir la même taille. Pourtant le Soleil est 400 fois plus gros que la Lune. C'est grâce à ce phénomène que l'on a pu déterminer le diamètre de la Lune.

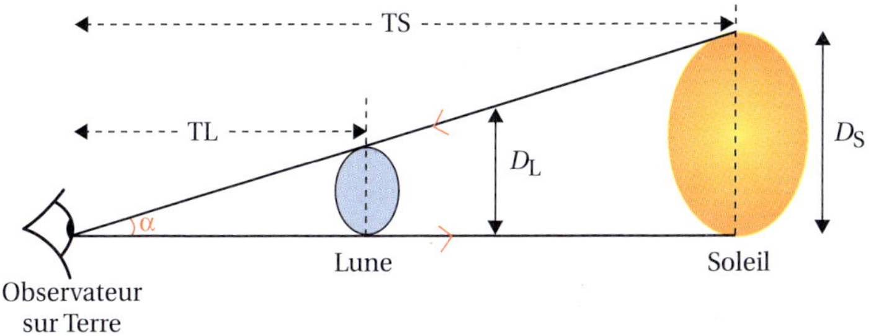

α : angle apparent, $\alpha = 0{,}53°$

TL distance Terre-Lune = $3{,}844 \times 10^5$ km.

TS distance Terre-Soleil = $1{,}496 \times 10^8$ km.

D_S : diamètre du Soleil.

D_L : diamètre de la Lune.

On peut écrire : $\tan\alpha = \frac{D_L}{TL}\left(= \frac{D_S}{TS}\right)$

Soit : $D_L = (\tan\alpha) \times TL$

A.N. : $D_L = (\tan 0{,}53) \times 3{,}844 \times 10^5$

$D_L = 3{,}55 \times 10^3$ km.

➲ De la même manière, lorsque le peintre tend son pinceau devant le paysage, le pinceau cache exactement l'arbre à reproduire d'où l'analogie :

observateur	⇔	peintre
Lune	⇔	pinceau
Soleil	⇔	arbre.

4 Technique moderne : l'écho

Principe

Un signal qui va se réfléchir sur un obstacle est émis. Au bout d'un temps t, on reçoit l'écho. Si v désigne la vitesse du signal dans le milieu où il se déplace, d la distance parcourue par le signal et t le temps mis par le signal pour effectuer l'aller-retour :

$$d = v \times \frac{t}{2}$$

EXEMPLE : en 1969, lors de la mission Apollo, Armstrong et Aldrin ont déposé sur la Lune un réflecteur laser qui renvoie les signaux émis depuis le centre d'étude CERGA.

Grace à la grande précision de la mesure du temps d'aller-retour du signal, on a alors pu déterminer, au centimètre près, la distance entre l'émetteur et le récepteur.

Lors de l'émission du signal laser de la Terre, l'impulsion a mis 2,65 s pour effectuer un aller-retour.

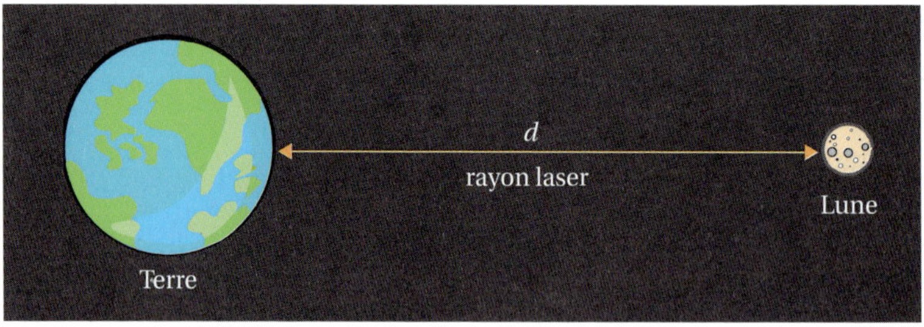

Soit d la distance Terre-Lune, t le temps de l'aller-retour et c la vitesse de la lumière laser, $c = 3{,}00 \times 10^8\ m \cdot s^{-1}$.

$$c = \frac{d}{\left(\frac{t}{2}\right)}$$

Soit : $d = \frac{ct}{2}$

A.N. : $d = \frac{3{,}00 \times 10^8 \times 2{,}56}{2} = 3{,}84 \times 10^5$ km.

Le diamètre de la Lune est $3{,}84 \times 10^5$ km.

Taille de la Tour de Pise

ÉNONCÉ

Un touriste est pris en photo non loin de la Tour de Pise.

Placé à 6 m du photographe, il semble être de la même taille que le monument.

1. Faire un schéma de la situation en orientant les rayons lumineux de la figure.

2. Sachant que le touriste mesure 1,75 m, calculer le diamètre apparent de la Tour.

3. Sachant que le touriste se trouve à 200 m de la Tour de Pise, déterminer la taille de la tour.

4. Où doit se placer le chien du touriste (taille 50 cm) pour paraître aussi grand que son maitre ?

5. Le diamètre apparent du Soleil est de 31' et son diamètre vaut $1{,}39 \times 10^6$ km :

a. Déterminer à quelle distance se situe le Soleil (en mètres) ?

b. Combien de temps met la lumière du Soleil pour atteindre la Terre ?

CORRIGÉ

1. Schéma de la situation :

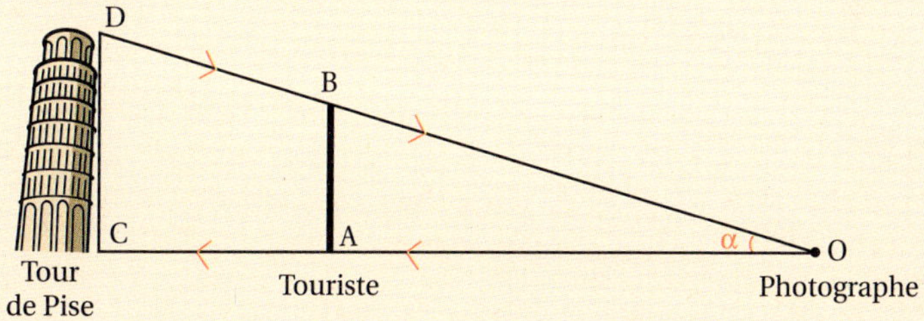

2. Calcul du diamètre apparent de la Tour :

D'après la figure, OAB et OCD sont 2 triangles rectangles donc :

$$\tan\alpha = \frac{CD}{OC} = \frac{AB}{OA}$$

A.N. : AB = 1,75 ; OA = 6

donc $\tan\alpha = \dfrac{1{,}75}{6}$ et $\alpha = 16°$.

3. $\tan\alpha = \dfrac{CD}{OC}$ donc $CD = OC \times \tan\alpha$

A.N. : $CD = (200 + 6) \times 0,3 = 61,8$.

La Tour de Pise a une hauteur d'environ 62 m.

4. Soit EF la taille du chien.

Alors $\tan\alpha = \dfrac{EF}{OE}$ donc $OE = \dfrac{EF}{\tan\alpha}$.

A.N. : EF = 50 cm ; $OE = \dfrac{50}{0,3} = 1,7 \times 10^{-2}$.

Le chien devra se placer à $1,7 \times 10^2$ cm soit 1,7 m du photographe.

5. a. Soit D la distance séparant l'observateur du Soleil. Soit D_S le diamètre du Soleil.

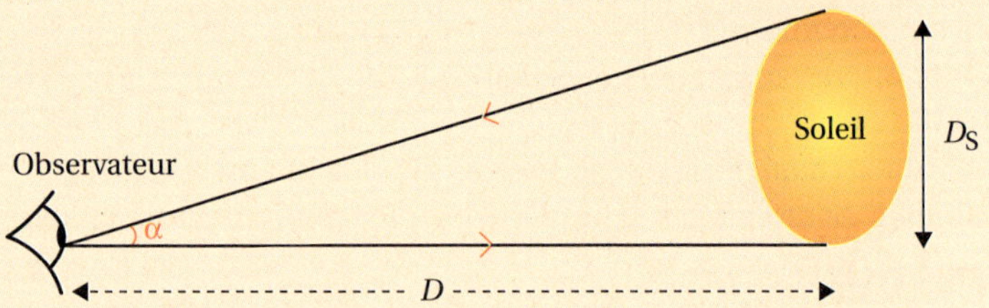

$\tan\alpha = \dfrac{D_S}{D}$ donc $D = \dfrac{D_S}{\tan\alpha}$.

A.N. : $D_S = 1,39 \times 10^6$ km

$\alpha = 31' = \left(\dfrac{31}{60}\right)^\circ$

$$D = \frac{D_S}{\tan\alpha} = \frac{1,39 \times 10^6}{\tan\left(\frac{31}{60}\right)} = 154 \times 10^6 = 1,54 \times 10^8 \text{ km}.$$

La distance Soleil-Terre est donc de $1,54 \times 10^{11}$ m.

b. $D = vt$ donc $t = \dfrac{D}{v}$.

A.N. : $D = 1,54 \times 10^{11}$ m

$v = 3,00 \times 10^8 \text{ m} \cdot \text{s}^{-1}$

$$t = \frac{1,54 \times 10^{11}}{3,00 \times 10^8} = 513 \text{ s} \approx 8,5 \text{ min}.$$

Le Soleil met 8,5 min pour nous parvenir.

Vérifier ses connaissances

1 Année lumière et vitesse de la lumière

1. Proxima de Centaure est l'étoile la plus proche de nous après le Soleil. Elle est située à 4,3 années lumière de la Terre. Quelle est, en kilomètres, la distance nous séparant de cette étoile ?

2. L'étoile Alpha de Centaure se situe à $4{,}08 \times 10^{13}$ m de la Terre. À quelle distance se trouve-t-elle en année lumière puis en jour lumière ?

3. Combien de temps met la lumière du Soleil pour parvenir sur la planète Pluton (distance Pluton-Soleil = 39,434 UA) ?

2 Principe du sonar

Un sous-marin équipé d'un sonar, appareil envoyant des ultrasons sous l'eau, peut détecter des bancs de poissons ou des écueils sous l'eau.

1. Un signal émis est reçu 150 ms après. Déterminer la profondeur de l'eau sous le sous-marin sachant que l'onde se propage dans l'eau à une vitesse égale à $1\,500\ \text{m} \cdot \text{s}^{-1}$.

2. Le sonar est maintenant orienté vers le haut et le signal met 250 ms pour revenir. Déterminer la profondeur de l'eau en ce lieu.

S'entraîner

3 Diamètre apparent

Le diamètre apparent de Jupiter est de 50" et son diamètre vaut $1{,}430 \times 10^{5}$ km.

1. Faire une figure annotée.

2. Déterminer à quelle distance cette planète se trouve de la Terre.

4 Voir loin c'est voir dans le passé

Véga, l'étoile la plus brillante de notre ciel, se trouve à $2{,}37 \times 10^{14}$ km de la Terre.

1. À quelle distance de la Terre, en année de lumière, se trouve-t-elle ?

2. Étiez-vous né(e) lorsqu'a été émise la lumière qui vous parvient quand vous observez Véga dans le ciel ?

Que peut-on conclure quant à l'observation de l'Univers ?

Problème

* **5 Mesure du rayon de la Terre par la méthode d'Ératosthène**

Vers 200 ans avant J.-C., Ératosthène donne une première estimation de la valeur du rayon de la Terre.

Sa mesure consiste à mesurer l'ombre portée de deux obélisques, un à Alexandrie et l'autre à Syène en Égypte, plantés verticalement et se trouvant sur le même méridien.

La seule particularité est qu'à l'heure choisie, à Syène, le Soleil est au zénith : il n'y a donc pas d'ombre portée en ce lieu. En revanche, à Alexandrie, située 5 000 stades (790 km) plus au nord, l'obélisque possède une ombre portée. Ératosthène remarque que l'ombre a une longueur égale à $\frac{1}{8}$ de la hauteur de l'obélisque.

1. Tracer un cercle représentant la Terre et dans le quart de gauche, placer Alexandrie (point A) et Syène (point S) ainsi que l'obélique AB (environ 2 cm).

2. Sachant qu'à Syène le Soleil est au zénith, tracer le rayon lumineux et montrer qu'il passe par le centre O de la Terre.

3. Sachant que le Soleil est une source de lumière très éloignée, comment est le rayon arrivant à Alexandrie ? Le tracer.

4. On appelle AP l'ombre portée de l'obélisque à Alexandrie. Placer le point P sur le dessin.

On appelle α l'angle compris entre le rayon lumineux et l'obélisque d'Alexandrie. Placer α.

5. Exprimer la tangente de l'angle α dans le triangle ABP. En déduire la valeur de α.

6. Au vu de la figure, que vaut l'angle AOS ?

7. Sachant que dans un cercle, les longueurs des arcs sont proportionnelles aux angles au centre, compléter le tableau suivant :

Angle au centre (degré)	α =	................°
Longueur de l'arc (km)	.... km	Circonférence C

En déduire la valeur de la circonférence de la Terre.

8. Calculer le rayon de la Terre.

9. La valeur du rayon de la Terre est de 6 380 km. En déduire l'incertitude relative $\frac{\Delta L}{L}$ où ΔL est la valeur absolue de la différence entre la valeur trouvée par Ératosthène et la valeur actuelle.

1 **1.** Distance séparant Proxima de Centaure de la Terre en km :
1 a.l. = $9{,}46 \times 10^{15}$ m = $9{,}46 \times 10^{12}$ km, donc :
4,3 a.l. = $(4{,}3 \times 9{,}46 \times 10^{12}) = 4{,}1 \times 10^{13}$ km.

2. Distance nous séparant de Alpha de Centaure en a.l. :
1 a.l. = $9{,}46 \times 10^{15}$ m.

Donc $4{,}08 \times 10^{13}$ m = $\left(\dfrac{4{,}08 \times 10^{13}}{9{,}46 \times 10^{15}}\right)$ a.l. soit $4{,}31 \times 10^{-3}$ a.l.

L'année lumière dans ce cas n'est pas l'unité la mieux adaptée, on choisira alors le jour lumière.

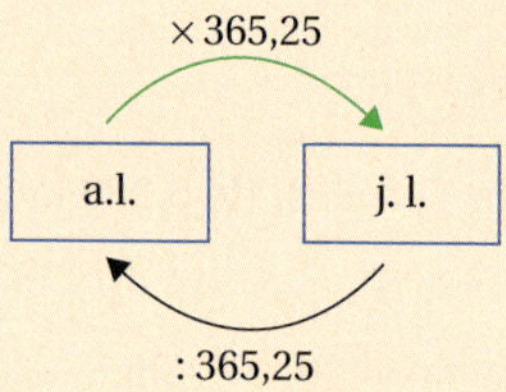

$4{,}31 \times 10^{-3}$ a.l. = $(4{,}31 \times 10^{-3} \times 365{,}25)$ j.l. = 1,5 j.l.
L'étoile Alpha de Centaure est à 1,5 j.l. de la Terre.

3. Temps mis par la lumière du Soleil pour parvenir sur la planète Pluton :
$v = \dfrac{d}{t}$ donc $t = \dfrac{d}{v}$.
1 UA = $1{,}496 \times 10^{8}$ km donc :
$d = 39{,}434$ UA $= 39{,}434 \times 1{,}496 \times 10^{8} = 5{,}899 \times 10^{9}$ km $= 5{,}899 \times 10^{12}$ m
$v = 3{,}00 \times 10^{8}$ m/s.

Donc $t = \dfrac{5{,}899 \times 10^{12}}{3{,}00 \times 10^{8}} = 19{,}6 \times 10^{3}$ s $= \dfrac{19{,}6 \times 10^{3}}{3\,600}$ h $= 5{,}5$ h.

La Lumière du Soleil met 5 h 30 pour atteindre Pluton.

2 **1.** Pour calculer la profondeur de l'eau sous le sous-marin, on utilise la relation :

$$d = v \times t.$$

$v = 1\,500$ m · s^{-1} et $t = 150$ ms = 0,150 s.
Donc $2d = 1\,500 \times 0{,}150$ soit $d = 113$ m.
Le sous-marin est à 113 m de profondeur.

2. Pour déterminer la profondeur de l'eau en ce lieu, on procède de la même façon :

$2d = v \times t$

$v = 1\,500\ \text{m} \cdot \text{s}^{-1}$; $t = 250\ \text{ms} = 0{,}250\ \text{s}$.

Donc $2d = 1\,500 \times 0{,}250$ soit $d = 188$ m.

La profondeur de l'eau en ce lieu est de 188 m.

3 **1.** Figure

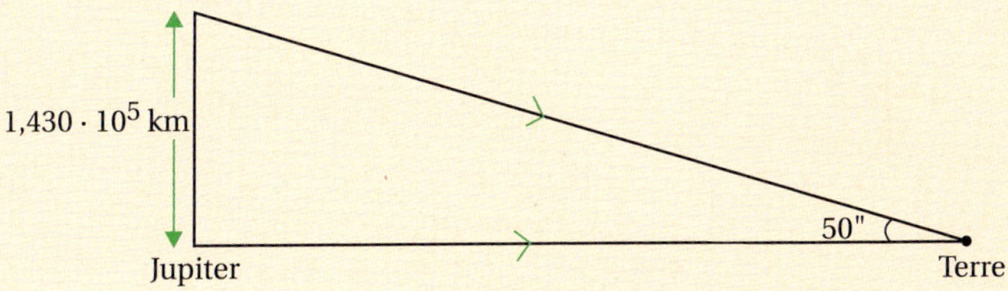

2. Distance Terre-Jupiter :

Soit D_J le diamètre de Jupiter et D la distance Soleil-Jupiter

$\tan\alpha = \dfrac{D_J}{D}$ donc $D = \dfrac{D_J}{\tan\alpha}$.

A.N. : $\alpha = 50'' = \left(\dfrac{50}{3\,600}\right)^{\circ}$

$D_J = 1{,}430 \times 10^5$ km.

Donc $D = \dfrac{1{,}430 \times 10^5}{\tan\left(\dfrac{50}{3\,600}\right)} = 5{,}90 \times 10^8\ \text{km} = 5{,}90 \times 10^{11}\ \text{m}$.

La distance Terre-Jupiter est donc $5{,}90 \times 10^{11}$ m.

4 **1.** Distance Terre-Véga en année de lumière :

$1\ \text{a.l.} = 9{,}46 \times 10^{15}$ m.

Donc $2{,}37 \times 10^{14}\ \text{km} = 2{,}37 \times 10^{17}\ \text{m} = \dfrac{2{,}37 \times 10^{17}}{9{,}46 \times 10^{15}}\ \text{a.l.}$

$2{,}37 \times 10^{14}\ \text{km} = 25{,}0\ \text{a.l.}$

2. Il faut donc 25 années à la lumière pour qu'elle nous parvienne de Véga. Un élève n'était donc pas né lorsque la lumière vue a été émise.

L'observation de l'Univers est une plongée dans le passé : ce n'est pas une observation en temps réel.

5 **1. 4.**

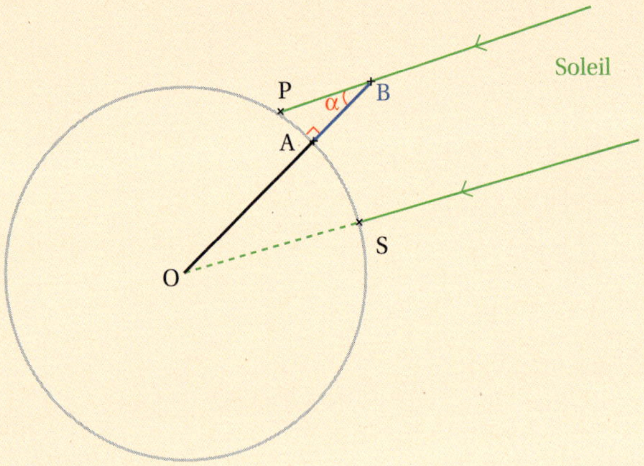

2. Puisque le Soleil est au zénith, le rayon lumineux a pour direction la verticale du lieu c'est-à-dire la droite partant du rayon terrestre.

3. Le Soleil étant une source de lumière éloignée, le rayon arrivant à Alexandrie est parallèle à celui arrivant à Syène.

5. Dans le triangle ABP rectangle en A, on peut écrire $\tan\alpha = \dfrac{AP}{AB}$.

On considérera que l'arc $\overset{\frown}{AP}$ a une longueur égale à celle du segment [AP].

L'ombre a une longueur égale à $\dfrac{1}{8}$ de la hauteur de l'obélisque donc $\dfrac{AP}{AB} = \dfrac{1}{8}$ et

$\tan\alpha = \dfrac{1}{8}$ soit $\alpha = 7°$.

6. Les angles $\widehat{PBA}$ et $\widehat{AOS}$ sont des angles alternes internes car la droite (OA) est coupée par deux droites(OS) et (PB) parallèles entre elles donc :

$$\widehat{PBA} = \widehat{AOS} = \alpha = 7°.$$

7.

Angle au centre (degré)	$\alpha = 7°$	360°
Longueur de l'arc (km)	790 km	Circonférence C

On en déduit la circonférence de la Terre : $C = \dfrac{790 \times 360}{7} = 40{,}6 \times 10^3$ km.

8. Calcul du rayon de la Terre :

$C = 2\pi R$ soit $R = \dfrac{C}{2\pi}$.

A.N. : $R = \dfrac{40{,}6 \times 10^3}{2\pi} = 6{,}47 \times 10^3$ km.

9. Incertitude relative :

$\dfrac{\Delta L}{L} = \dfrac{6{,}47 \times 10^3 - 6\,380}{6\,380} = 0{,}0141$ soit 1,4 %.

On se rend donc compte que la mesure d'Ératosthène est une très bonne approximation de la valeur du rayon terrestre (obtenue avec pour seul instrument de mesure un mètre !).

12 Réfraction – Décomposition de la lumière par un prisme

I Réfraction de la lumière

1 Expérience

Lorsque le faisceau laser passe de l'air à l'eau, il change de direction.

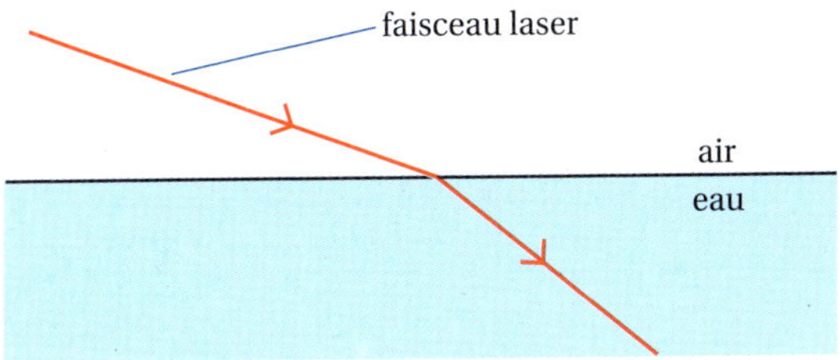

2 Définitions

Définition

On appelle **réfraction** le changement de direction subi par la lumière lorsqu'elle traverse la surface séparant deux milieux transparents différents.

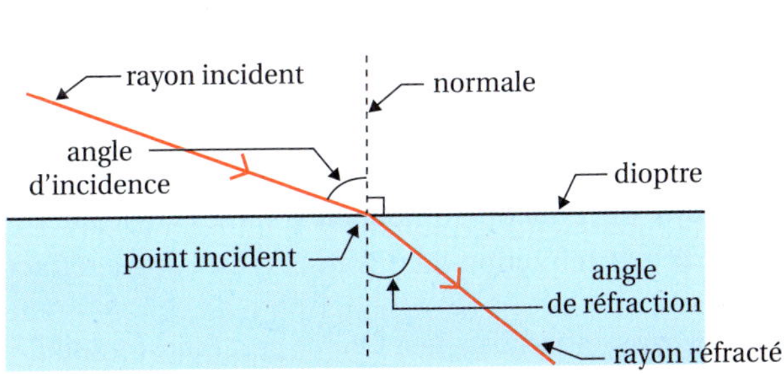

Dioptre : surface de séparation entre deux milieux transparents.
Normale : droite perpendiculaire au dioptre.
Angle d'incidence : angle compris entre le rayon incident et la normale.
Angle de réfraction : angle compris entre le rayon réfracté et la normale.

3 Indice d'un milieu transparent

■ L'indice n d'un milieu transparent est :

$$n = \frac{c}{v}$$

c vitesse de la lumière dans le vide, $c = 3{,}00 \times 10^8 \text{ m} \cdot \text{s}^{-1}$
v vitesse de la lumière dans le milieu.

EXEMPLES :

Air	Eau	Huile	Verre Crown	Verre Flint	Carbone
1,0002	1,333	1,5	1,517	1,655	2,417

• c étant une vitesse limite ne pouvant être dépassée, on a $v \leq c$ soit $\frac{c}{v} \geq 1$: l'indice est donc toujours supérieur ou égal à 1.

• L'indice de réfraction de l'air est très peu différent de 1,00 (à retenir).

4 Lois de la réfraction

• Le plan contenant le rayon incident et la normale à la surface est le **plan d'incidence**.

Première loi de Descartes : Le rayon réfracté est dans le plan d'incidence.

Deuxième loi de Descartes : Angle d'incidence et angle de réfraction sont liés par la relation :

$$n_1 \cdot \sin i_1 = n_2 \cdot \sin i_2$$

où • n_1 est l'indice de réfraction du milieu 1, i_1 est l'angle incident ;
• n_2 est l'indice de réfraction du milieu 2, i_2 est l'angle réfracté ;

• Lorsque le rayon incident est dans l'air, on peut écrire : $1 \times \sin i_1 = n_2 \cdot \sin i_2$.
• i_1 et i_2 ne sont pas proportionnels.

■ Lorsqu'on passe d'un milieu moins réfringent à un milieu plus réfringent soit $n_1 < n_2$ alors $i_1 > i_2$: le rayon se rapproche de la normale.
Lorsqu'on passe d'un milieu plus réfringent à un milieu moins réfrigent soit $n_1 > n_2$ alors $i_1 < i_2$: le rayon s'éloigne de la normale.

EXEMPLE : soit un rayon lumineux arrivant sur une surface de séparation air → eau avec un angle d'incidence de 30°. Quelle est la valeur de l'angle réfracté sachant que n(air) = 1,00 et n(eau) = 1,33.

D'après la deuxième loi de Descartes : $n_1 \cdot \sin i_1 = n_2 \cdot \sin i_2$.

Donc $\sin i_2 = \dfrac{n_1 \cdot \sin i_1}{n_2}$.

A.N. : $n_1 = n(\text{air}) = 1{,}00$
$n_2 = n(\text{eau}) = 1{,}33$
$i_1 = 30°$.

Donc $\sin i_2 = \dfrac{1{,}00 \times \sin 30}{1{,}33} = 0{,}37$.

Pour obtenir la valeur de i_2 à partir de $\sin i_2$, on utilise sur la calculatrice la fonction $\sin^{-1}$. Après avoir mis la calculatrice en mode degré, on obtient :

$$i_2 = 22°.$$

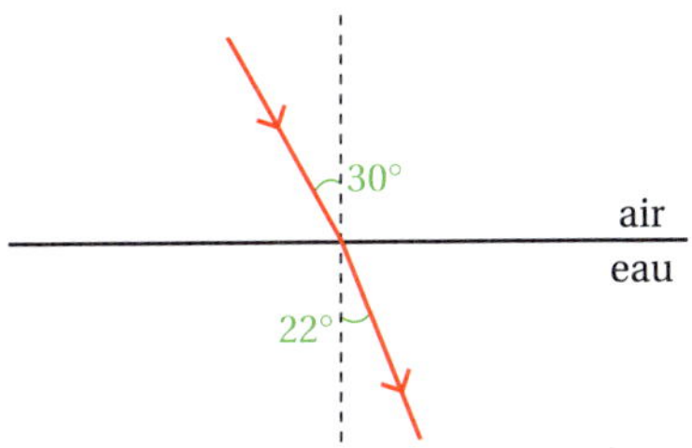

5 Réfraction limite : cas où $n_1 < n_2$

■ D'après la seconde loi de Descartes, on a $\sin i_2 = \dfrac{n_1}{n_2} \sin i_1$.

Donc, plus i_1 est grand, plus i_2 est grand (n_1 et n_2 étant fixés).

i_2 atteint une valeur maximale lorsque que $i_1 = 90°$ (incidence rasante).

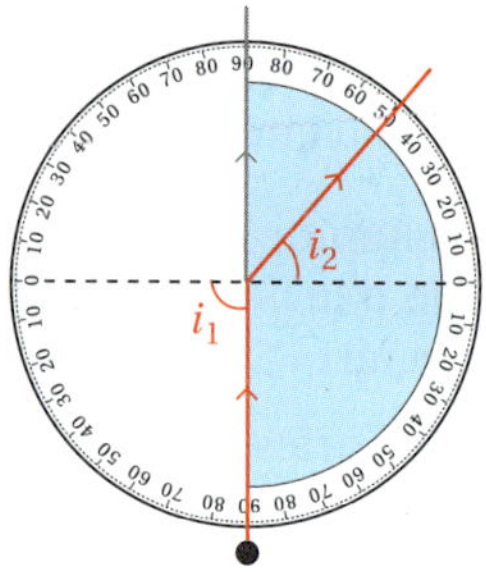

$\sin i_2 = \frac{n_1}{n_2} \sin 90° = \frac{n_1}{n_2}$ (car $\sin 90° = 1$).

D'où $i_2 = \sin^{-1}\left(\frac{n_1}{n_2}\right)$.

■ **Lors du passage de la lumière d'un milieu 1 à un milieu 2 tel que $n_1 < n_2$, alors $0 < i_2 < i_2(\text{limite}) = \sin^{-1}\left(\frac{n_1}{n_2}\right)$: l'angle limite de réfraction dépend des deux milieux traversés par la lumière.**

6 Réflexion totale : cas où $n_1 > n_2$

Dans le cas où $n_1 > n_2$ le rayon réfracté va s'éloigner de la normale.
L'angle de réfraction i_2 atteint sa valeur maximale lorsque le rayon réfracté rase le dioptre soit $i_2 = 90°$.

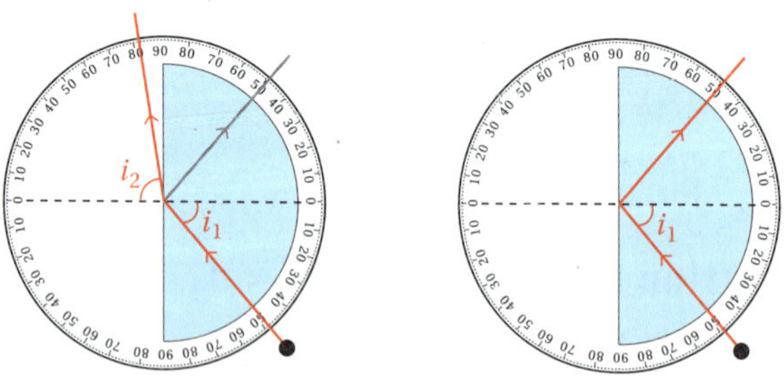

On a alors $\sin i_1 = \frac{n_2}{n_1} \sin 90° = \frac{n_2}{n_1}$.

Si l'incidence est plus importante que $\sin^{-1}\left(\frac{n_2}{n_1}\right)$, le rayon ne quitte plus le milieu 1, il est réfléchi sur la surface de séparation comme sur un miroir : c'est le phénomène de **réflexion totale**.

• **Lors du passage de la lumière d'un milieu 1 à un milieu 2 tel que $n_1 > n_2$, alors i_1 existe seulement si $0 < i_1 < \sin^{-1}\left(\frac{n_2}{n_1}\right)$.**

• **Si $i_1 > \sin^{-1}\left(\frac{n_2}{n_1}\right)$, alors le rayon réfracté n'existe plus : il y a réflexion totale.**

II Dispersion de la lumière blanche par un prisme

1 Expérience

Newton raconte comment il décompose la lumière du Soleil :

« Au début de l'année 1666, je me procurai un prisme de verre pour réaliser la célèbre expérience des couleurs. Ayant à cet effet obscurci ma chambre et fait un petit trou dans mes volets, pour laisser entrer une petite quantité convenable de rayons de soleil, je plaçai mon prisme contre ce trou, pour réfracter les rayons sur le mur opposé. Ce fut d'abord très plaisant de contempler les couleurs vives et intenses ainsi produites. »

De fil en aiguille, Newton arrive bientôt à ce qu'il appelle l'expérience cruciale : à l'aide d'un trou dans une planchette, il isole la partie bleue de la tache produite par le prisme et il envoie cette lumière bleue sur un second prisme. Elle est déviée certes mais pas étalée.

2 Interprétation

La lumière blanche est constituée de plusieurs lumières (ou radiations) colorées. On dit que c'est une lumière **polychromatique**.

La figure observée est le **spectre** de la lumière blanche.

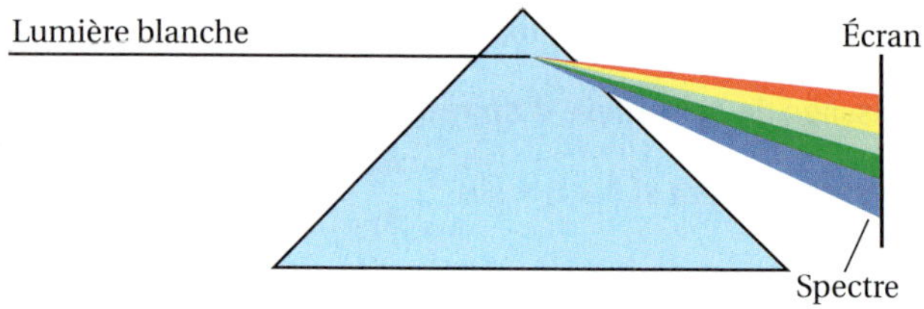

Lorsque la lumière bleue traverse un prisme, celle-ci n'est pas décomposée : c'est une lumière **monochromatique**.

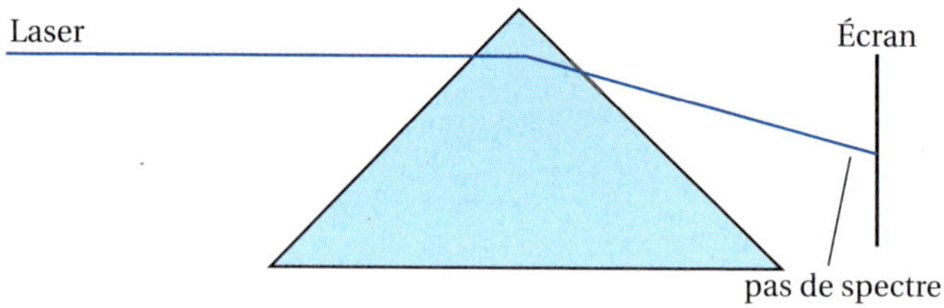

3 Longueur d'onde

De même que chaque teinte de la palette de couleur du peintre est référencée par un numéro, en physique, chaque radiation (couleur) est associée à une valeur.

Définition

Chaque radiation est caractérisée par une grandeur appelée **longueur d'onde**, notée λ, et qui s'exprime le plus souvent en nanomètre (symbole nm).

Spectre de la lumière blanche

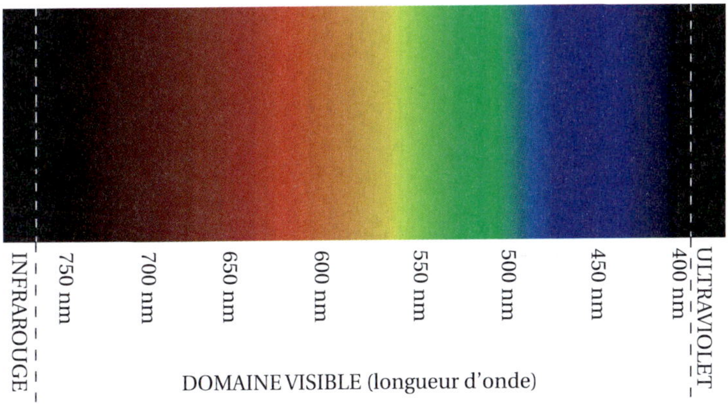

Couleur	λ (nm)
Violet	400-430
Indigo	430-450
Bleu	450-500
Vert	500-580
Jaune	580-600
Orangé	600-650
Rouge	650-800

Le domaine des radiations visibles est compris entre 400 nm et 800 nm.

Au-delà de 800 nm se trouvent les infrarouges (I.R).

En dessous de 400 nm se trouvent les ultraviolets (U.V).

➲ 1 nm = 10^{-9} m.

4 Milieu dispersif

Pourquoi le prisme décompose-t-il une lumière polychromatique ?

Étudions le trajet d'un rayon de lumière blanche arrivant avec une incidence i_1 = 45° sur la surface de séparation air-eau d'un verre.

D'après la deuxième loi de Descartes, $\boldsymbol{n_1 \cdot \sin i_1 = n_2 \cdot \sin i_2}$.

Donc $\sin i_2 = \frac{n_1}{n_2} \sin i_1$.

$i_1 = 45°$ et $n_1 = 1{,}00$ soit $\sin i_2 = \frac{\sin 45°}{n_2}$ donc i_2 ne dépend que de n_2.

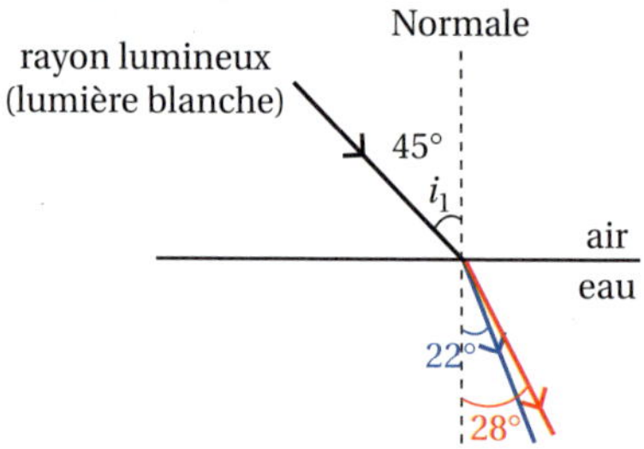

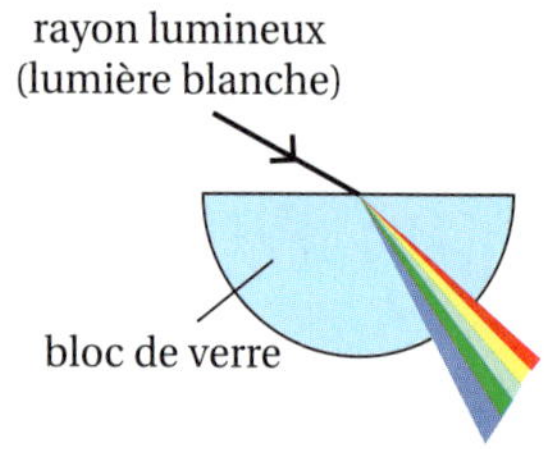

À la sortie du prisme, la lumière blanche est décomposée : chaque radiation a un angle réfracté i_2 différent.

On en déduit que l'indice du verre n_2 n'a pas la même valeur lorsque le verre est traversé par la radiation rouge que lorsqu'il est traversé par la radiation bleue.

Définition

On dit qu'un milieu est **dispersif** lorsque son indice de réfraction dépend de la radiation donc de la longueur d'onde.

EXEMPLE : le verre flint.

Couleur	Bleue	Jaune	Rouge
λ (nm)	450	500	700
Indice *n*	1,668	1,654	1,640

Étude du passage d'une lumière monochromatique à travers une vitre

ÉNONCÉ

Un faisceau de lumière monochromatique bleu se propageant dans l'air est dirigé sur une vitre (lame de verre à faces parallèles), comme l'indique le schéma ci-dessous.

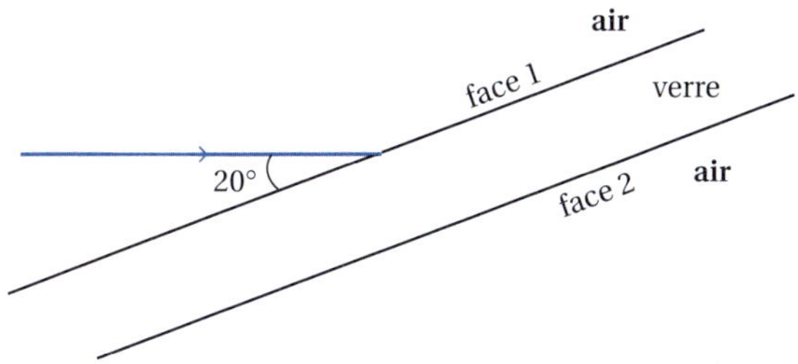

1. Quelle est la valeur de l'angle d'incidence i_1 sur la face 1. L'indiquer sur le schéma.

2. Tracer le trajet de la radiation bleue dans la lame (jusque la lame 2). Justifier le tracé. Indiquer les angles r_1 (correspondant au rayon sortant de la lame 1) et i_2 (correspondant au rayon arrivant sur la lame 2) sans faire de calculs.

3. En déduire la valeur de l'angle de réfraction r_1 lorsque la radiation bleue entre dans la lame ($n_B = 1{,}409$).

4. D'après la figure, quelle est la valeur de i_2 angle d'incidence de la radiation arrivant sur la deuxième lame.

5. Calculer la valeur de l'angle de réfraction r_2 correspondant.

6. Quelle remarque peut-on faire sur le rayon émergent de la lame de verre ?

CORRIGÉ

1. L'angle incident est compris entre le rayon incident et la normale donc 20° n'est pas l'angle incident.

Pour déterminer l'angle incident, il faut placer la normale.

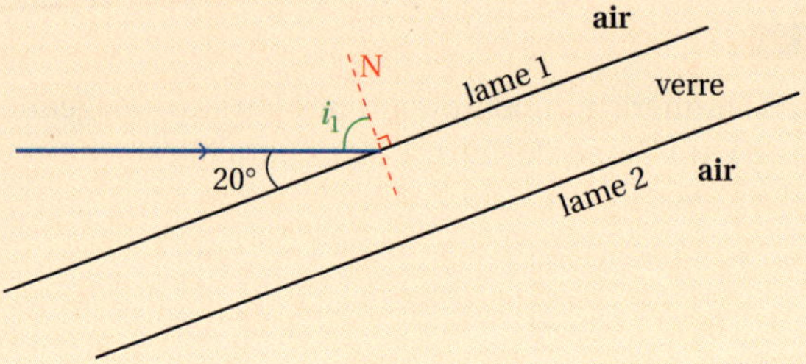

$$i_1 = 90° - 20° = 70°$$

2. Lorsque le rayon lumineux traverse la lame 1, il passe de l'air dans le verre et $n_{air} < n_V$ car $n_{air} = 1$ et $n_V = 1{,}409$.

On a donc $r_1 < i_1$ soit $r_1 < 70°$.

Le rayon réfracté se rapproche de la normale.

On trace le rayon dans la vitre tel que r_1 soit inférieur à i_1 et on le prolonge jusqu'à la lame 2.

On trace aussi la nouvelle normale notée N'.

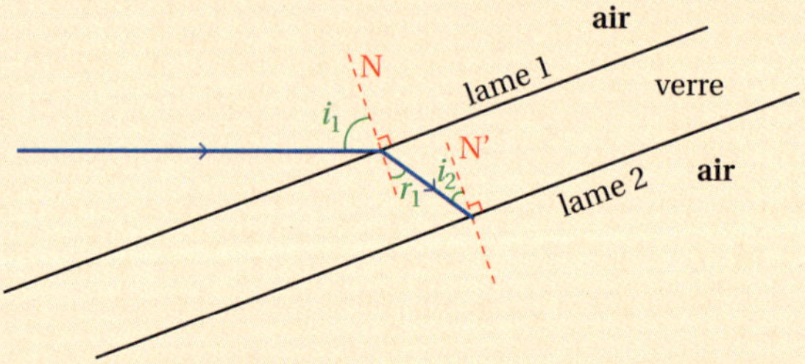

3. D'après la deuxième loi de Descartes :

$$n_{air} \cdot \sin i_1 = n_V \cdot \sin r_1$$

$$\sin r_1 = \frac{n_{air}}{n_V} \sin i_1.$$

A.N. : $$\sin r_1 = \frac{1{,}00}{1{,}409} \sin 70°$$

$$\sin r_1 = 0{,}67$$

$$r_1 = 42°.$$

4. D'après la figure, les angles r_1 et i_2 sont alternes internes car le rayon lumineux coupe les lames 1 et 2 qui sont parallèles donc :

$$r_1 = i_2 = 42°.$$

5. Lorsque le rayon lumineux traverse la lame 2, il passe du verre dans l'air et $n_V > n_{air}$ donc $r_2 < i_2$ soit $r_2 > 42°$.
Le rayon réfracté s'éloigne de la normale.
D'après la deuxième loi de Descartes :

$$n_V \sin i_2 = n_{air} \sin r_2$$

$$\sin r_2 = \frac{n_V}{n_{air}} \sin i_2.$$

A.N. :

$$\sin r_2 = \frac{1{,}409}{1{,}00} \sin 42°$$

$$\sin r_2 = 0{,}94$$

$$r_2 = 70°.$$

Cette méthode est celle à suivre pour la grande majorité des exercices sur la réfraction.

6. On remarque que $i_1 = r_2 = 70°$: le rayon sortant est parallèle au rayon incident.

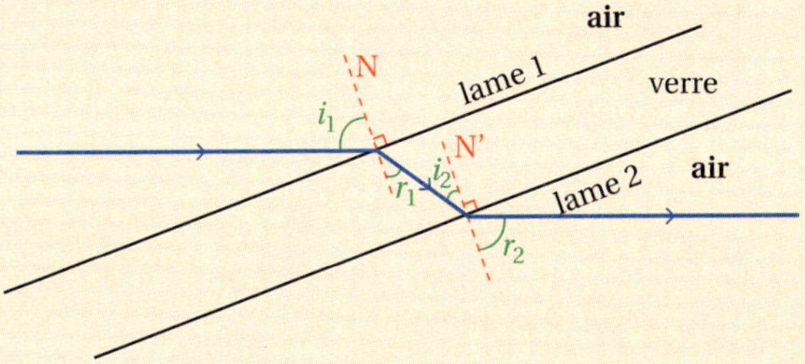

Vérifier ses connaissances

1 Indice d'un milieu et vitesse de propagation

1. L'indice de l'eau est $n = 1{,}33$. Quel est la vitesse de la lumière dans ce milieu ?

2. Un faisceau laser se déplace dans un milieu transparent inconnu à la vitesse $2{,}00 \times 10^8\ \text{m} \cdot \text{s}^{-1}$.

Quel est l'indice de ce milieu ? À l'aide du tableau suivant, identifier la nature du milieu ?

Air	Eau	Huile	Verre Crown	Verre Flint
1,0002	1,333	1,50	1,517	1,655

2 Lois de Descartes

Un faisceau lumineux arrive à la surface d'une plaque de verre avec une incidence de 35°. L'indice de ce verre est égal à 1,52.

1. Calculer la valeur de l'angle réfracté.

2. On envoie le faisceau de lumière sur un autre verre, où il se propage avec un angle de 20°. En déduire l'indice de ce verre.

S'entraîner

3 Réfraction limite-réflexion totale

Éthan désire installer au fond de sa piscine une lumière de façon à ce que le faisceau lumineux sorte de l'eau en rasant la surface.

1. Faire un schéma légendé en orientant le rayon lumineux et en indiquant l'angle incident i et l'angle réfracté r.

2. Avec quel angle doit-il orienter le spot sous l'eau ?

Données :

Indice de l'eau : $n = 1{,}33$

4 Phénomène de dispersion

On veut mettre en évidence la dispersion de la lumière par un verre. L'indice de ce verre pour la lumière rouge est $n_R = 1{,}504$; pour la lumière bleue, son indice est $n_B = 1{,}521$.

On considère une lumière blanche arrivant sur un verre avec un angle d'incidence de 30,0°.

1. Pourquoi ce verre est-il un milieu dipersif ?

2. Calculer l'angle de réfraction de la radiation rouge puis celui de la radiation bleue.

3. On appelle déviation la valeur absolue de la différence entre l'angle incident et l'angle réfracté. Calculer la déviation de la radiation rouge puis celle de la radiation bleue.

4. Faire un dessin du phénomène puis indiquer la radiation la plus déviée.

Problème

* 5 Étude expérimentale de la deuxième loi de Descartes

Lors du TP sur la réfraction, un élève désire trouver une relation entre l'angle incident et l'angle réfracté grâce au dispositif suivant :

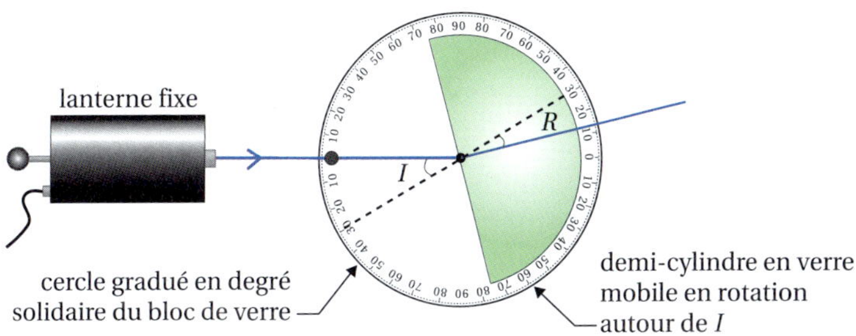

Il relève les valeurs suivantes :

I(°)	0	10	20	30	40	50	60	70
R(°)	0	7	13	20	25	31	35	39

1. Tracer la courbe repésentant I en fonction de R.

2. Les grandeurs I et R sont-elles proportionnelles ? Pourquoi ?

3. Tracer la courbe repésentant $\sin I$ en fonction de $\sin R$.

4. Les grandeurs $\sin I$ et $\sin R$ sont-elles proportionnelles ? Pourquoi ?

5. Trouver une relation simple entre $\sin I$ et $\sin R$.

6. En 1637, René Descartes propose une loi reliant I et R : $\sin I = n \times \sin R$ où n est l'indice du milieu rencontré par le rayon incident. Déterminer alors la valeur de l'indice du demi-cylindre.

7. Si l'élève place le rayon incident sur la graduation 63°, quelle sera la valeur de l'angle réfracté.

1 Indice d'un milieu et vitesse de propagation

1. Si v est la vitesse de la lumière dans le milieu considéré, $n = \frac{c}{v}$ donc $v = \frac{c}{n}$.

A.N. : $v = \frac{3{,}00 \times 10^8}{1{,}33}$

$v = 2{,}26 \times 10^8 \text{ m} \cdot \text{s}^{-1}$.

2. Indice du milieu

On utilise la même formule $n = \frac{c}{v}$.

A.N. : $n = \frac{3{,}00 \times 10^8}{2{,}00 \times 10^8}$

$n = 1{,}50$.

D'après le tableau, on en déduit que le laser traverse de l'huile.

2 Lois de Descartes

1. Soit i_2 l'angle réfracté. D'après la deuxième loi de Descartes :

$n_1 \sin i_1 = n_2 \sin i_2$

$\sin i_2 = \frac{n_1 \sin i_1}{n_2}$

$n_1 = 1{,}00$

$n_2 = 1{,}52$

$i_1 = 35°$.

Donc $\sin i_2 = \frac{1{,}00 \sin 35°}{1{,}52}$

$\sin i_2 = 0{,}38$

$i_1 = \sin^{-1}(0{,}38) = 22°$.

2. Soit n_2 l'indice du verre. D'après la deuxième loi de Descartes :

$n_1 \sin i_1 = n_2 \sin i_2$

$n_2 = \frac{n_1 \sin i_1}{\sin i_2}$

$$\begin{cases} n_1 = 1{,}00 \\ i_1 = 35° \\ i_2 = 20°. \end{cases}$$

$$n_2 = \frac{n_1 \sin i_1}{\sin i_2}$$

$$n_2 = \frac{1{,}00 \sin 35°}{\sin 20°}$$

$n_2 = 1{,}68.$

Ce verre est plus réfringent que le premier.

3 **1.** Schéma de la piscine :

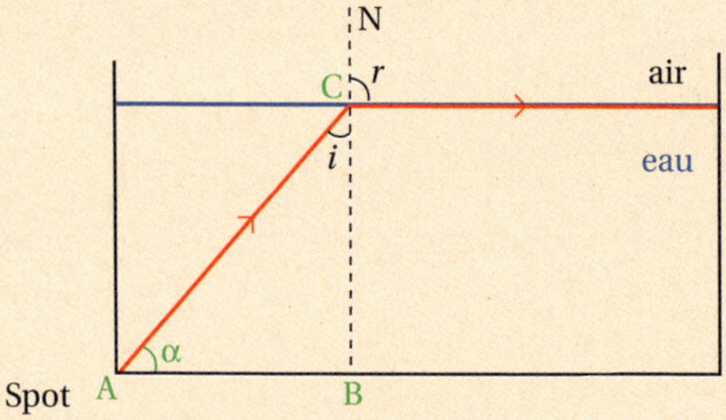

2. Calcul de l'angle α :

D'après la figure, dans le triange ABC, $i + \alpha + 90 = 180$ soit $\alpha = \mathbf{90 - \mathit{i}}$.

Le rayon lumineux passe du milieu 1 (eau) dans le milieu 2 (air).

Si i est l'angle d'incidence et r l'angle de réfraction, d'après la deuxième loi de Descartes :

$n_{air} \sin r = n_{eau} \sin i.$

D'où $\sin i = \dfrac{n_{air} \sin r}{n_{eau}}$

$n_{air} = 1$

$n_{eau} = 1{,}33$

$\sin i = \dfrac{1 \sin 90°}{1{,}33}$

$i = 49°.$

Donc $\alpha = 90 - i = 90 - 49 = 41°.$

Le spot au fond de la piscine doit être orienté de 41° avec l'horizontale.

4 **1.** Ce verre est dispersif car l'indice de ce milieu dépend de la radiation donc de la longueur d'onde.

2. Soit r(rouge) l'angle réfracté pour la radiation rouge.

$n_{air} \sin i = n_R \sin r \text{ (rouge)}$

$$\sin r(\text{rouge}) = \frac{n_{air} \sin i}{n_R}$$

$$\begin{cases} n_{air} = 1{,}00 \\ n_R = 1{,}504 \\ i = 30{,}0°. \end{cases}$$

$$\sin r(\text{rouge}) = \frac{1{,}00 \sin 30°}{1{,}504}$$

$\sin r(\text{rouge}) = 0{,}332$

$r(\text{rouge}) = 19{,}4°.$

La radiation rouge traverse la lame de verre avec un angle de 19,4°.

De même :

$$\sin r(\text{bleue}) = \frac{n_{air} \sin i}{n_B}$$

$$\sin r(\text{bleue}) = \frac{1{,}00 \sin 30°}{1{,}521}$$

$\sin r(\text{bleue}) = 0{,}329$

$r(\text{bleue}) = 19{,}2°.$

La radiation bleue traverse la lame de verre avec un angle de 19,2°.

3.

$D(\text{rouge}) = | i - r(\text{rouge}) | = | 30{,}0 - 19{,}4 | = 10{,}6°$

$D(\text{bleue}) = | i - r(\text{bleue}) | = | 30{,}0 - 19{,}2 | = 10{,}8°.$

4. C'est donc la radiation rouge qui a été la plus déviée.

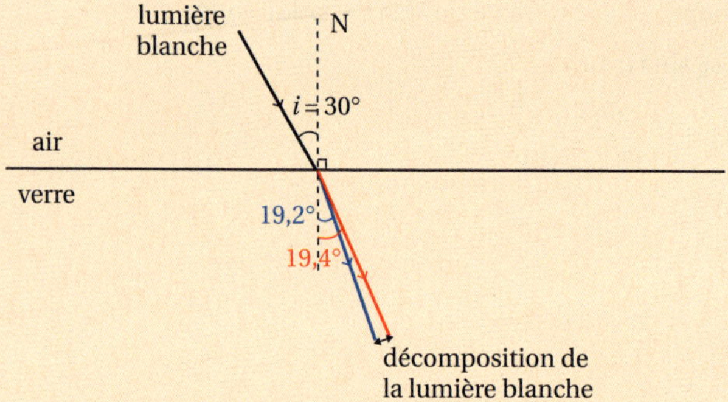

5 **1.** Courbe $I = f(R)$

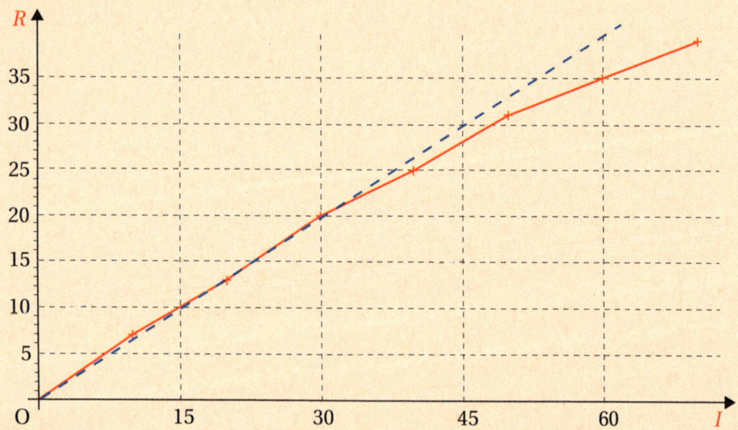

2. On remarque que la courbe $I = f(R)$ n'est pas une droite passant par O donc I et R ne sont pas proportionnelles.

3. Courbe représentative de f telle que $\sin I = f(\sin R)$

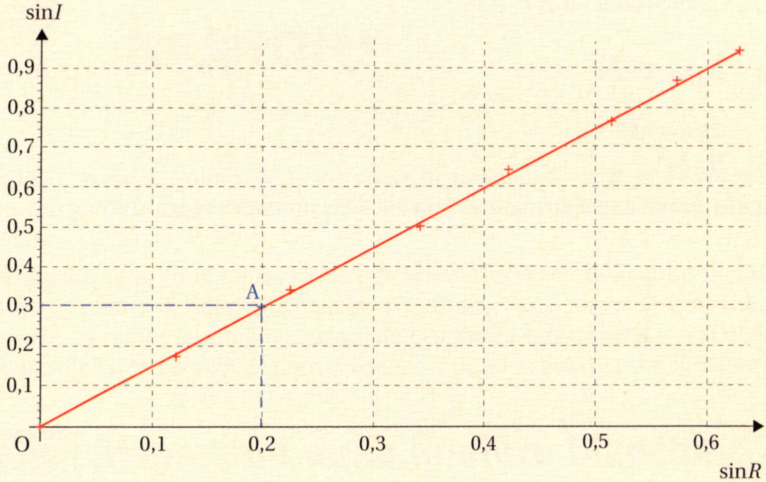

4. La courbe représentative de f telle que $\sin I = f(\sin R)$ est une droite passant par O donc $\sin I$ et $\sin R$ sont proportionnels : on peut donc écrire $\sin I = k \sin R$ avec k coefficient de proportionnalité.

5. On peut déterminer k graphiquement : c'est le coefficient directeur de la droite.

On prend un point (non expérimental) sur la droite : par exemple le point A de coordonnées $\sin I = 0{,}3$ et $\sin R = 0{,}2$.

On a alors $k = \dfrac{\sin I}{\sin R} = \dfrac{0{,}3}{0{,}2} = 1{,}5$.

On peut alors écrire :

$$\sin I = 1{,}5 \sin R.$$

6. D'après la deuxième loi de Descartes :

$$\sin I = n \sin R,$$

donc par identification avec la relation précédente l'indice du demi-cylindre en verre est :

$$n = 1{,}5.$$

Lorsqu'on remplace le prisme par un réseau, on observe plusieurs spectres symétriques de part et d'autre d'une ligne blanche brillante.

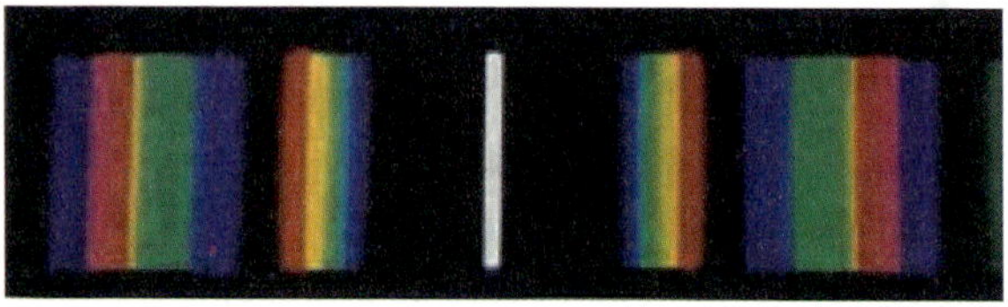

Définition

Un spectre de lumière est l'ensemble des radiations monochromatiques résultant de la décomposition de la lumière dans un milieu dispersif (prisme ou réseau).

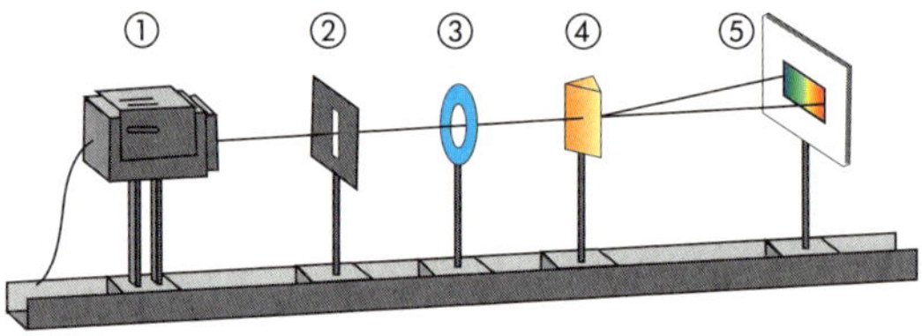

① Source de lumière
② Fente
③ Lentille
④ Prisme ou réseau
⑤ Écran

II Évolution d'un spectre continu avec la température

■ Observons l'évolution du spectre de la lumière d'une lampe à incandescence (lumière blanche) lorsqu'on fait varier son éclat.

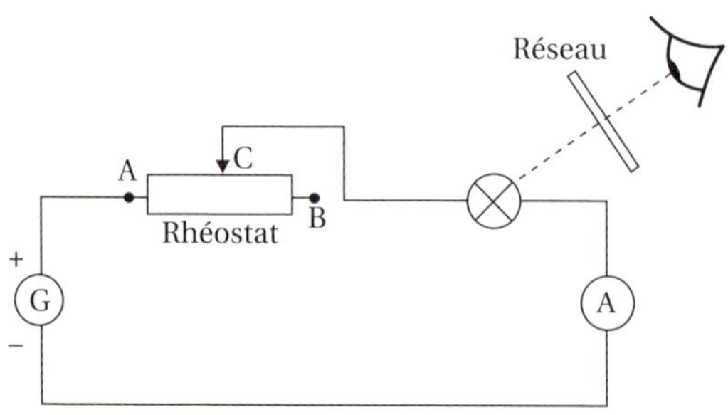

Corps chauffé	Couleur du filament de la lampe	Spectre obtenu
faiblement	rouge	
moyennement	jaune	
fortement	blanc	

Lorsque la température du filament de la lampe augmente (c'est-à-dire lorsque l'intensité lumineuse de la lampe augmente), on voit apparaître progressivement la couleur bleue, puis le violet, c'est-à-dire que le spectre s'enrichit vers les faibles longueurs d'onde comme le montre le graphique ci-dessous.

Échelle de longueurs d'onde

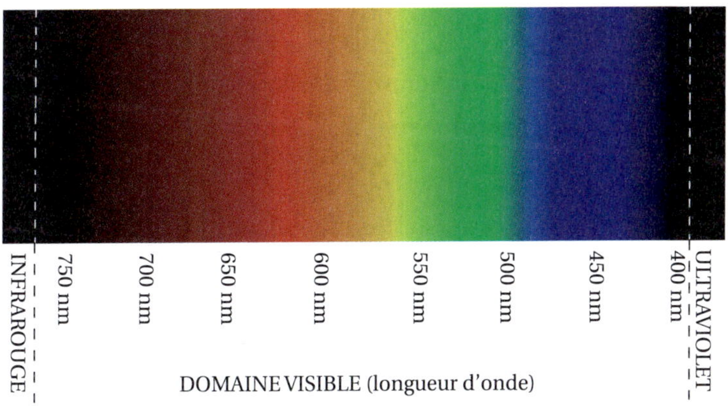

Définition

Tout corps solide porté à haute température (gaz au centre du Soleil ou filament d'une lampe) émet un **spectre continu d'émission**.

Plus la température est élevée, plus le rayonnement s'enrichit en radiations de courtes longueurs d'onde.

III Spectres d'émission

■ Observons les spectres de deux lampes à vapeur (sodium et mercure) à travers le spectroscope.

Le spectroscope est un tube aux extrémités duquel se trouve une fente et un réseau : il permet d'observer les spectres en plaçant son œil à la sortie du réseau.

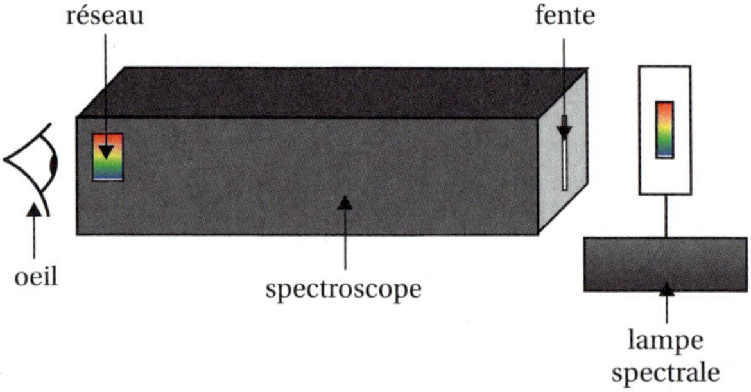

Spectre de la lampe à vapeur de sodium

Spectre de la lampe à vapeur de mercure

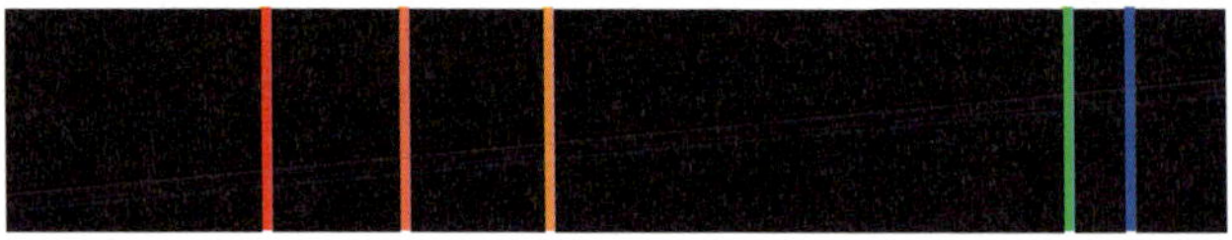

On observe des raies colorées sur un fond noir.

Définition

À faible pression, un gaz porté à haute température émet une lumière dont le spectre est discontinu : c'est un **spectre d'émission de raies.** L'ensemble des radiations est caractéristique de l'élément chimique.

IV Spectres d'absorption

■ Reprenons le montage du début et interposant sur le trajet de la lumière des solutions colorées.

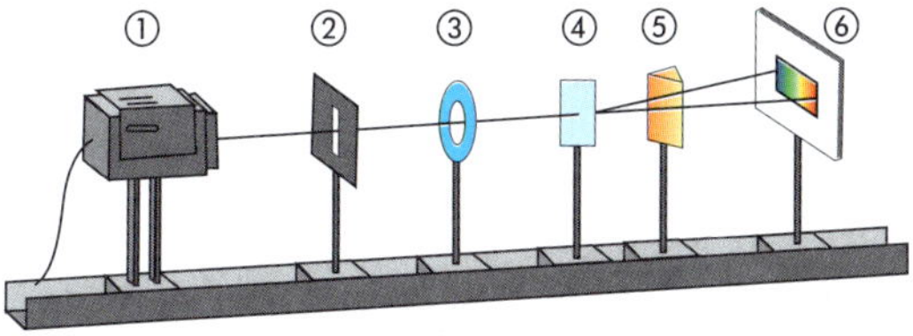

① Lumière blanche
② Fente
③ Lentille
④ Cuve
⑤ Prisme
⑥ Écran

Pas de solution colorée

Colorant bleu

Colorant vert

Solution de permanganate de potassium (violet)

On remarque qu'une ou plusieurs parties du spectre de la lumière blanche ont été absorbées.

Définition

Lors du passage de la lumière blanche à travers un milieu transparent, certaines parties du spectre continu sont absorbées : c'est un **spectre de bandes d'absorption**.

Les radiations absorbées dépendent de la nature des espèces chimiques présentes en solution.

V Application à l'astrophysique : l'analyse spectrale

1 Composition d'une étoile

En 1814, Fraunhofer, à l'aide de son spectroscope, découvre dans le spectre solaire 500 raies sombres.

Quelle est la signification des raies noires sur le spectres de la lumière blanche ?

On reconnaît un spectre d'absorption : ces milliers de raies sont la « marque » ou signature des éléments se trouvant autour du Soleil, dans la chromosphère.

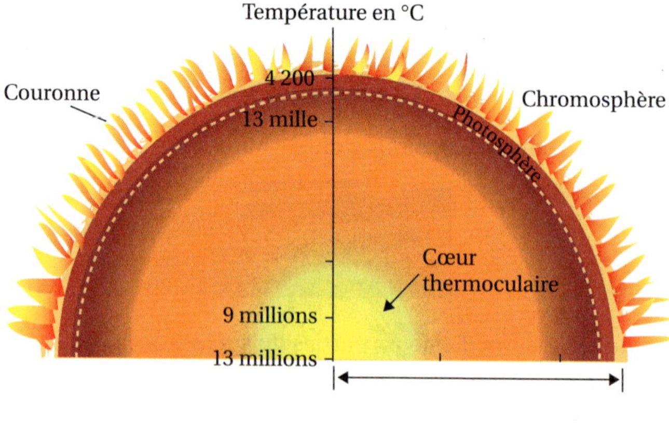

En effet, ces éléments, sur le trajet de la lumière, ont absorbé une partie des radiations du centre du Soleil.

En superposant les spectres d'émission d'élément référencés, on identifie les deux pricipaux éléments, l'hydrogène (H) (78,4 % en masse) et l'hélium (He) (19,6 % en masse).

Les raies noires présentes sur le spectre d'absorption d'une étoile, renseignent sur la composition de son enveloppe.

2 Température d'un astre

Nous avons vu que le spectre d'une étoile (gaz chaud) s'enrichit des radiations bleues violettes.

Le physicien Wien a établi une loi reliant la longueur d'onde du rayonnement le plus intensément émis à la température du corps qui l'émet.

Les étoiles les plus froides sont rouges et ont une température de l'ordre de 3 000 kelvins.

Les plus chaudes sont bleues et atteignent 50 000 kelvins.

Luminosité et température des étoiles

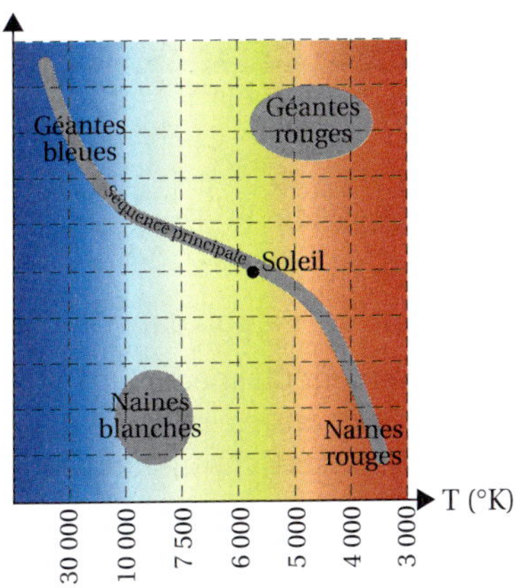

➲ La température calculée est celle qui règne dans les couches superficielles de l'étoile, puisque c'est de là que provient le rayonnement que nous pouvons analyser. La température à l'intérieur de l'étoile n'est, quant à elle, pas directement mesurable.

La couleur d'une étoile ainsi que son spectre d'émission renseignent sur la température de l'enveloppe stellaire.

Composition de la chromosphère (atmosphère du soleil)

ÉNONCÉ

Voici deux spectres obtenus avec le même spectroscope et dans les mêmes conditions expérimentales :

- le spectre **a)** est le spectre d'émission de l'argon ;
- le spectre **b)** est le spectre du Soleil.

Ces spectres ont été reproduits à l'échelle $\frac{1}{2}$.

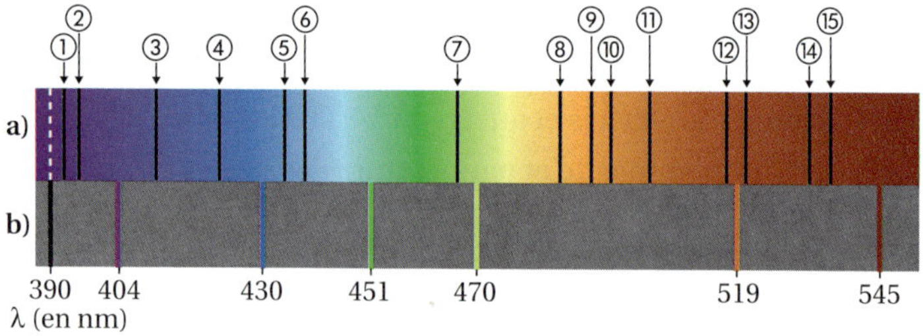

1. Identifier le spectre d'émission de l'argon **a)** ou **b)** en justifiant votre réponse.

2. Quel est le rôle du spectre de l'argon dans l'étude du spectre du Soleil.

3. Mesurer sur l'enregistrement du spectre de l'argon, la distance L séparant la raie $\lambda_0 = 390$ nm des autres raies dont la longueur d'onde est précisée. Regroupez les résultats dans un tableau.

4. Tracer le graphique représentant λ en fonction de L.

5. Déterminer la relation entre λ (nm) et L (cm).

6. Pourquoi le spectre du Soleil comporte-t-il des raies noires sur le spectre de la lumière blanche ?

7. Déterminer les longueurs d'onde des raies d'absorption du Soleil.

➲ Dans les spectres d'émission, certaines raies n'apparaissent pas toujours (manque d'intensité ou hors domaine visible).

8. À partir des données figurant dans le tableau ci-dessous, associer à chaque raie d'absorption l'élément chimique présent dans l'atmosphère du Soleil.

Élément chimique	Longueurs d'onde λ en nm de certaines raies caractéristiques						
H	410,3	434,2	484,1	556,3			
Na	589,0	589,6					
Mg	470,3	516,7					
Ca	396,8	422,7	458,2	526,2	527,0		
Fe	438,3	489,1	491,9	495,7	532,8	537,1	539,7
Ti	466,8	469,1	498,2				

CORRIGÉ

1. Par définition, un spectre d'émission d'un atome ou ion est composé de raies colorées sur fond noir : il s'agit donc du spectre **b)**.

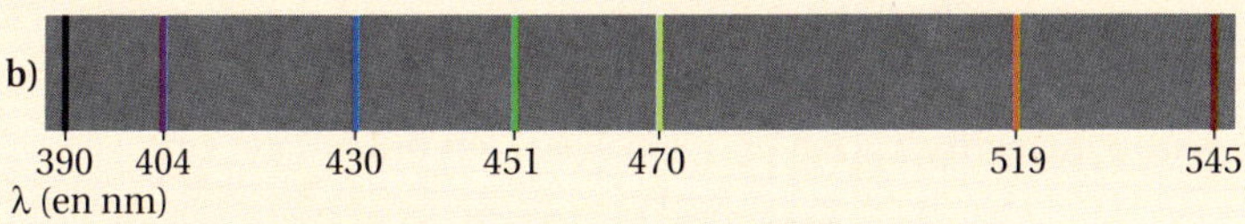

2. Ce spectre est appelé spectre de référence et permet, grâce au longueurs d'onde connues de l'argon, de déterminer lors de la même expérience les longueurs d'onde d'un spectre inconnu.

3. Tableau de valeurs :

λ (nm)	390	404	430	451	470	519	545
***L* (cm)**	0	1,4	4,4	6,7	8,9	14,3	17,3

Par exemple, entre 390 nm et 404 nm, on mesure 0,7 cm soit $0{,}7 \times 2 = 1{,}4$ cm en réalité car l'échelle est égale à $\frac{1}{2}$.

4.

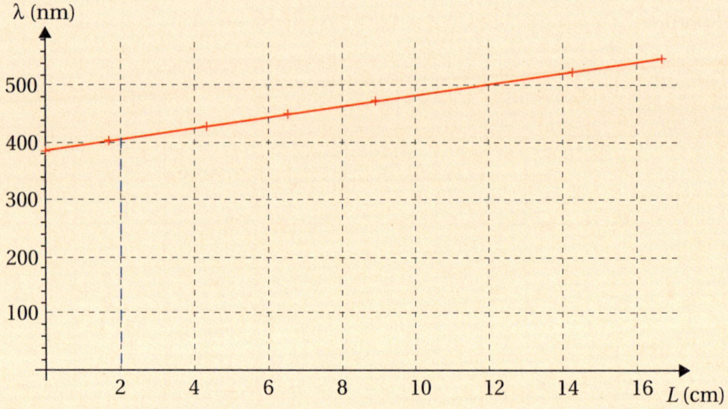

5. λ est une fonction affine de L de la forme $\lambda = a \times L + b$, où a est le coefficient directeur de la droite et b l'ordonnée à l'origine.

b se détermine graphiquement puisque c'est l'ordonnée du point appartenant à la droite et à l'axe vertical soit $b = 390$ nm.

Pour déterminer a prenons deux points A et B sur la droite :

A(2,0 ; 408,8) et B(12,0 ; 497,2).

$$a = \frac{\lambda_B - \lambda_A}{L_B - L_A} = \frac{497{,}2 - 408{,}8}{12{,}0 - 2{,}0} = 8{,}84.$$

On peut donc écrire $\lambda = 8{,}84\ L + 390$ avec λ en nm et L en cm.

6. Les raies noires observées sur le spectre de la lumière blanche sont les raies d'absorption des éléments chimiques présents dans l'enveloppe externe du soleil.

7. On mesure la distance L séparant chaque raie de l'étoile avec la raie $\lambda_0 = 404{,}4$ nm et on utilise la formule $\lambda = 8{,}84\ L + 390$ pour déterminer chaque longueur d'onde.

Les résultats sont regroupés dans le tableau :

Raie n°	1	2	3	4	5	6	7	8	9	10	11	12	13	14	15
L (cm)	0,3	0,65	2,2	3,5	4,9	5,3	8,5	10,65	11,3	11,7	12,5	14,1	14,5	15,85	16,3
λ (nm)	393	397	410	422	435	438	467	486	492	495	497	517	520	532	536

8. Voici les longueurs d'onde identifiées dans le spectre du Soleil :

Élément chimique	Longueurs d'onde λ en nm de certaines raies caractéristiques						
H	410,3	434,2	484,1	556,3			
Na	589,0	589,6					
Mg	470,3	516,7					
Ca	396,8	422,7	458,2	526,2	527,0		
Fe	438,3	489,1	491,9	495,7	532,8	537,1	539,7
Ti	466,8	469,1	498,2				

La chromosphère est constituée principalement de l'élément hydrogène, mais aussi de calcium, de fer, de magnésium et de titane.

Vérifier ses connaissances

1 Caractériser un spectre

Compléter entre autres avec les termes suivants :

spectre d'émission continu ; spectre d'émission de raies ; spectre d'absorption de bandes ; spectre d'absorption de raies.

1. On appelle ...., le spectre émis par de nombreux .... à faible pression et portés à haute température. Il ne comprend que quelques radiations qui dépendent de la .... du gaz.

2. On appelle ...., le spectre que l'on observe lorsqu'une lumière blanche traverse un gaz. C'est un spectre continu entrecoupé de ....

3. On appelle ...., le spectre d'une lumière colorée obtenu lors du passage d'une lumière blanche à travers un milieu transparent et coloré. Ce spectre présente des .... sombres qui correspondent aux radiations absorbées par le milieu. La couleur du milieu dépend des ....

4. On appelle ...., le spectre émis par tout corps .... porté à haute température. Plus la température est élevée, plus la lumière est .... et plus le spectre s'enrichit en radiations de .... longueur d'onde.

2 Spectres et longueurs d'onde

Voici les longueurs d'onde des raies, en nm, du spectre d'une lampe à vapeur de mercure :

435,8 – 496 – 546,1 – 579,1 – 623,4 – 690,7

1. Qu'appelle-t-on spectre de raies d'émission d'une lumière ?

2. En vous aidant des données de l'exercice, donner les couleurs de chacune des raies du spectre du mercure.

3. On désire obtenir le spectre d'absorption d'un sirop de menthe. Faire un montage légendé en utilisant un écran, une lentille, un prisme, une source de lumière blanche et une fente.

4. Le spectre d'absoption d'un sirop de menthe comporte deux bandes d'absorption dans le visible : la première entre 400 et 420 nm et la deuxième entre 560 et 800 nm. Dessiner ce que l'on voit sur l'écran.

5. On éclaire maintenant le sirop de menthe avec une lampe à vapeur de mercure. Dessiner ce que l'on voit sur l'écran.

Données : Les longueurs d'ondes limites, en nm, des couleurs du spectre d'une lumière blanche sont les suivantes :

violet	bleu	vert	jaune	orange	rouge
400-424	424-491	491-575	575-585	585-647	647-700

S'entraîner

3 Spectre et température

Le physicien allemand Wilhelm Wien a établi une relation entre la température d'un corps chaud et la longueur d'onde λ_{maxi} pour laquelle le rayonnement est le plus intense.

Cette loi porte son nom et s'écrit $\lambda_{maxi} \times T = A$ avec A une constante égale à $2{,}9 \times 10^{-3}$ dans le système internationale (SI).

1. En quelle unité faut-il exprimer λ_{maxi} longueur (d'onde) dans le système international ?

2. Sachant que pour passer des degrés Celsius en kelvin (unité de température dans le système international) on utilise la relation $T(\text{K}) = 273 + \theta(°\text{C})$, exprimer 2 700 °C en kelvin.

3. En fonctionnement normal, la température T du filament en tungstène d'une lampe à incandescence est de 2 700 °C. Calculer la longueur d'onde λ_{maxi} correspondante en mètres puis en nanomètres.

4. Quel est le domaine du spectre associé à cette radiation ?

5. La longueur d'onde la plus intense provenant du Soleil est 460 nm. Quelle est la température à la surface du soleil ?

6. Dans quel intervalle de températures, un corps émet-il des radiations dont les longueurs d'onde maximales λ_{maxi} appartiennent au domaine visible ?

Problème

* 4 Composition d'une étoile

Des astrophysiciens ont obtenu dans les mêmes conditions le spectre d'absorption de l'étoile Markab et le spectre d'émission du fer.

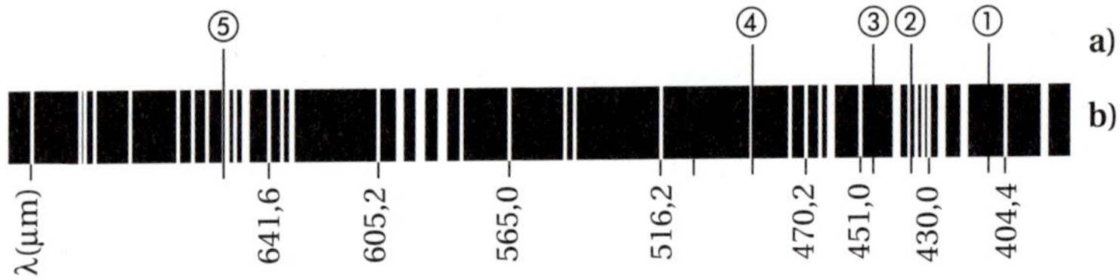

a) spectre d'absorption de l'étoile (raies numérotées de 1 à 5)
b) spectre d'émission du fer (les longueurs d'ondes des 8 raies sont indiquées)

Ces spectres ont été reproduits à l'échelle $\frac{1}{2}$.

1. Étude du spectre d'émission du fer

a. Quel rôle joue le spectre d'émission du fer dans l'étude de l'étoile Markab ?

b. Mesurer sur l'enregistrement du spectre fourni, la distance L séparant la raie $\lambda_0 = 404,4$ nm des autres raies dont la longueur d'onde est précisée. Regrouper les résultats dans un tableau.

c. Tracer le graphique représentant λ en fonction de L.

d. Déterminer la relation entre λ (nm) et L (cm).

2. Étude du spectre de l'étoile de Markab

a. Quelles sont les longueurs d'onde des raies d'absorption de l'étoile ?

b. Sachant qu'un gaz peut absorber les radiations qu'il est capable d'émettre, déterminer les entités chimiques présentes dans cette étoile.

Tableau des raies d'émission de différents ions

He^+	587,6 nm	501,6 nm	447,3 nm	414,4 nm	404,6 nm
H	656,3 nm	486,1 nm	434,0 nm	410,2 nm	398,4 nm
Mg^{2+}	518,4 nm	516,7 nm	383,2 nm		

1 **1.** On appelle spectre d'émission de raies le spectre émis par de nombreux gaz à faible pression et portés à haute température. Il ne comprend que quelques radiations qui dépendent de la nature du gaz.

2. On appelle spectre d'absorption de raies, le spectre que l'on observe lorsqu'une lumière blanche traverse un gaz. C'est un spectre continu entrecoupé de raies noires.

3. On appelle spectre d'absorption de bandes, le spectre d'une lumière colorée obtenu lors du passage d'une lumière blanche à travers un milieu transparent et coloré. Ce spectre présente des bandes sombres qui correspondent aux radiations absorbées par le milieu. La couleur du milieu dépend des espèces chimiques présentes.

4. On appelle spectre d'émission continu, le spectre émis par tout corps solide porté à haute température. Plus la température est élevée, plus la lumière est intense et plus le spectre s'enrichit en radiations de courtes longueur d'onde.

2 **1.** À faible pression, un gaz porté à haute température émet une lumière dont le spectre est discontinu : c'est un spectre d'émission de raies, discontinu.

2. Voici les couleurs de chacune des raies du spectre du mercure.

435,8 nm	→	bleu
496 nm	→	vert
579,1 nm	→	jaune
623,4 nm	→	orange
690,7 nm	→	rouge

D'où le spectre obtenu :

3. Pour obtenir le spectre d'absorption d'un sirop de menthe on réalise le montage suivant :

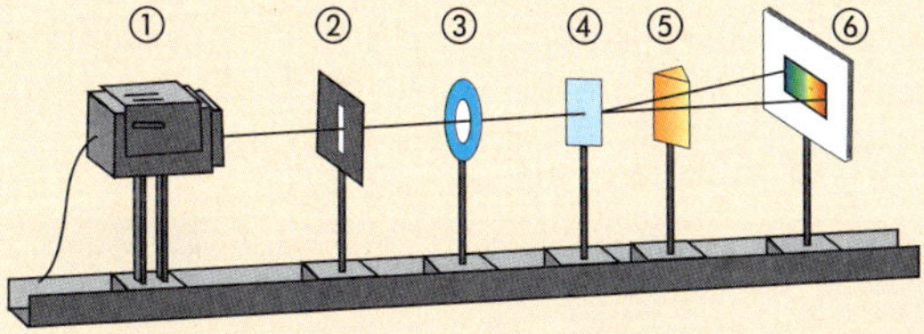

① lumière blanche ; ② fente ; ③ lentille ; ④ cuve contenant le sirop de menthe ; ⑤ prisme ; ⑥ écran

4. Spectre d'absoption du sirop de menthe

5. Pour déterminer le spectre obtenu avec une lampe à vapeur de mercure, on superpose le spectre d'émission du mercure et le spectre d'absorption du sirop de menthe :

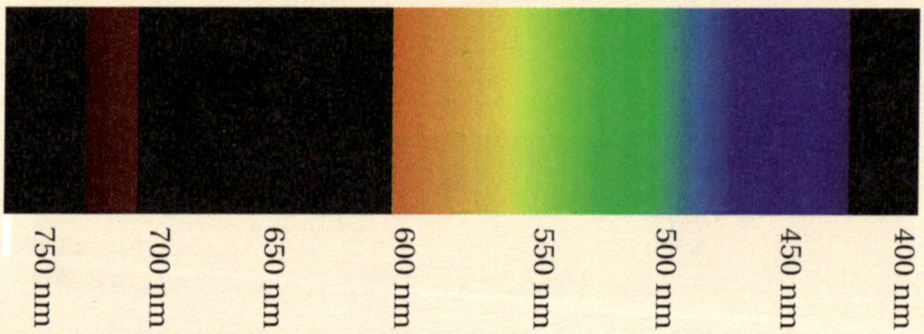

Puisque le sirop de menthe absorbe toutes les radiations comprises entre 560 et 800 nm et celles comprises entre 400 et 420 nm, seules les radiations bleues et vertes atteindront l'écran et on observera le spectre suivant :

3 **1.** Le mètre est l'unité de longueur dans le système international donc dans la loi de Wien on exprimera λ_{maxi} en mètres.

2. Convertissons 2 700 °C en kelvin :

$T(K) = 273 + \theta(°C)$

$T(K) = 273 + 2\,700 = 2\,973$ K.

3. Calcul de la longueur d'onde maximale d'une lampe à incandescence :

$\lambda_{maxi} T = A$

$\lambda_{maxi} = \dfrac{A}{T}$.

A.N. : $\lambda_{maxi} = \dfrac{2{,}9 \times 10^{-3}}{2\,973}$

$\lambda_{maxi} = 9{,}8 \times 10^{-7}$ m soit 98×10 nm.

4. Domaine du spectre associé à cette radiation :

$\lambda_{maxi} = 98 \times 10$ nm > 800 nm donc cette radiation appartient au domaine des infrarouges.

5. Température à la surface du soleil :

$\lambda_{maxi} T = A$ donc :

$T = \dfrac{A}{\lambda_{maxi}}$.

A.N. : $T = \dfrac{2{,}9 \times 10^{-3}}{460 \times 10^{-9}}$

$T = 6{,}3 \times 10^{3}$ K soit $6{,}3 \times 10^{-3} - 273 = 6{,}03 \times 10^{3}$ °C.

La température à la surface du Soleil avoisine les 6 000 °C.

6. L'intervalle de longueur d'onde du domaine visible est :

400 nm $< \lambda <$ 800 nm.

Or d'après la loi de Wien $T = \dfrac{A}{\lambda}$, donc :

$$\frac{A}{800 \times 10^{-9}} < T < \frac{A}{400 \times 10^{-9}}$$

$$\frac{2{,}9 \times 10^{-3}}{800 \times 10^{-9}} < T < \frac{2{,}9 \times 10^{-3}}{400 \times 10^{-9}}$$

$3{,}6 \times 10^{3}$ K $< T < 7{,}3 \times 10^{3}$ K.

Un corps émet des radiations dans le visible pour des températures comprises entre 3 600 K et 7 300 K.

4 **1.** Étude du spectre d'émission du fer

a. Le spectre d'émission du fer est un spectre de référence : connaissant les valeurs des longueurs d'onde des raies de ce spectre, on pourra déterminer celle du spectre d'une étoile observée dans les mêmes conditions.

b. Tableau de valeurs

λ (nm)	404,4	430,0	451,0	470,2	516,2	565,0	605,2	641,6
***L* (cm)**	0	1,4	2,6	3,6	6,25	9,0	11,3	13,35

c. Courbe représentative de la fonction f telle que $\lambda = f(L)$

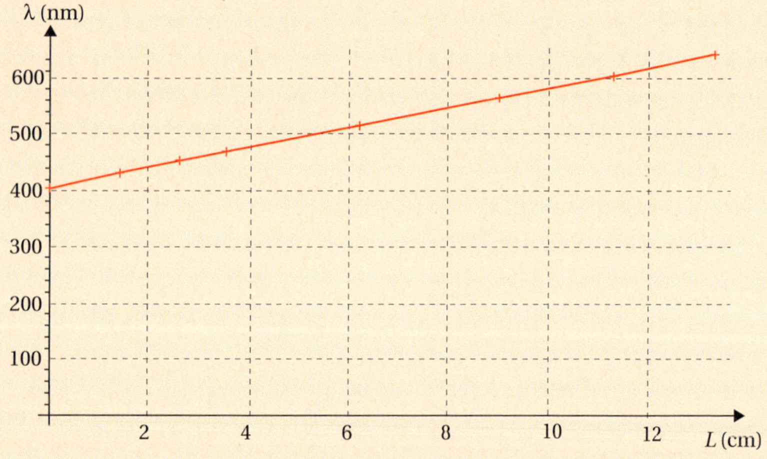

d. La représentation graphique de la fonction f telle que $\lambda = f(L)$ est une droite.

f est donc une fonction affine soit $\lambda = aL + b$.

Déterminons a et b :

b se trouve graphiquement puisque c'est l'ordonnée du point d'intersection de la droite avec l'axe des ordonnées soit $b = 404{,}4$ nm.

On détermine a en prenant deux points A et B sur la droite :

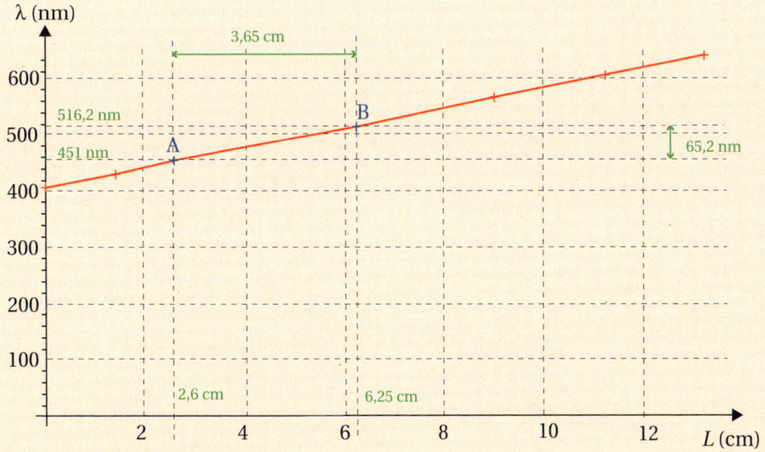

A(2,6 ; 451) et B(6,25 ; 516,2)

Donc $a = \dfrac{\lambda_B - \lambda_A}{L_B - L_A}$

$a = \dfrac{65{,}2}{3{,}65}$

$a = 18$

On peut donc écrire $\lambda = 18\ L + 404{,}4$, avec λ en nm et L en cm.

2. Étude du spectre de l'étoile de Markab

a. Longueurs d'onde des raies d'absorption du lithium :

On mesure la distance L séparant chaque raie de l'étoile avec la raie de longueur d'onde $\lambda_0 = 404{,}4$ nm et on utilise la formule $\lambda = 18\ L + 404{,}4$ pour déterminer chaque longueur d'onde. On peut aussi lire la valeur de λ correspondante sur le graphe.

Les résultats sont regroupés dans le tableau :

Raie n°	1	2	3	4	5
L (cm)	0,3	1,7	2,4	4,6	14,2
λ (nm)	409,8	435	447,6	487,2	660,0

b. La raie 1 qui a pour longueur d'onde 409,8 nm correspond à celle de l'hydrogène (410,2 nm).

La raie 2 (435 nm) correspond à celle de l'hydrogène (434 nm).

La raie 3 (447,6 nm) correspond à celle de l'ion hélium (447,3 nm).

La raie 4 (487,2 nm) correspond à celle de l'hydrogène (486,2 nm).

La raie 5 (660,0 nm) correspond à celle de l'hydrogène (656,3 nm).

On a donc 4 raies de l'étoile Markab qui correspondent à des raies de l'hydrogène donc l'hydrogène est présent dans cette étoile et 1 raie de cette étoile correspond à une raie de l'ion hélium donc l'ion hélium est aussi présent dans cette étoile.

14 Mouvements et forces Principe d'inertie

I Le mouvement

1 Relativité du mouvement

Un voyageur assis dans un bus (le passager vert) pense être immobile ; pourtant le passager marron, debout sur le trottoir le voit en mouvement.

Le passager vert est immobile par rapport au bus, mais il est en mouvement par rapport au trottoir.

Pour décrire le mouvement d'un mobile (objet en mouvement), il faut définir un référentiel d'étude.

Définition

Un référentiel est l'association de deux repères :
- un repère d'espace qui permet de déterminer la position du mobile par ses coordonnées ;
- un repère de temps qui permet de mesurer l'instant t_0 de l'étude ou l'intervalle Δt de sa durée.

2 Différents référentiels

Pour étudier le mouvement d'un mobile il faut choisir le référentiel le mieux adapté.

• **Le référentiel terrestre** est constitué d'un solide rigide et lié à la Terre (le sol, un immeuble, une table...) : il permet l'étude des mouvements à la surface de la Terre (mouvement d'un vélo).

• **Le référentiel géocentrique** a pour origine le centre de la Terre et ses trois axes sont dirigés vers trois étoiles assez éloignées pour être considérées comme fixes : il permet l'étude des mouvements au voisinage de la Terre (mouvement d'un satellite).

• **Le référentiel héliocentrique** a pour origine le centre du Soleil et ses trois axes sont dirigés vers trois étoiles assez éloignées pour être considérées comme fixes : il permet l'étude des mouvements du système solaire (mouvement d'une sonde spatiale).

3 La vitesse

Définition

On appelle vitesse moyenne le quotient de la distance d parcourue par la durée Δt du trajet :

$$v_{moy} = \frac{d}{\Delta t}$$

d en mètres (m)

Δt en secondes (s)

Lorsqu'un automobiliste met 8 heures pour aller de Paris à Lyon, villes distantes de 500 km, sa vitesse moyenne est :

$$v_{moy} = \frac{500}{8} = 62{,}5 \text{ km} \cdot \text{h}^{-1}.$$

A-t-il dépassé la vitesse autorisée (90 km · h^{-1}) ?

Cette grandeur ne nous permet pas de le savoir.

On utilise alors la vitesse instantanée, donnée par le compteur de vitesse d'une voiture.

Définition

On appelle vitesse instantanée $v(t_2)$ d'un mobile à l'instant t_2, le quotient de la distance M_1M_3 par la durée $\Delta t = t_3 - t_1$ avec Δt très petit.

$$v = \frac{\overset{\frown}{M_1M_3}}{t_3 - t_1}$$

Voici l'enregistrement des positions successives d'un mobile :

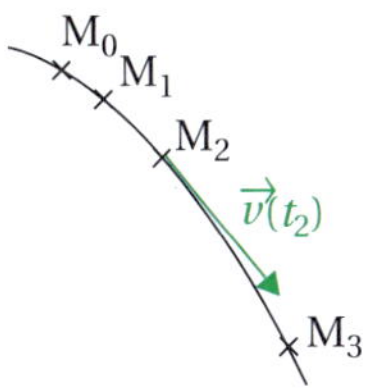

Échelle des vitesses
1 cm ↔ 0,2 m · s^{-1}

$$v(t_2) = \frac{M_1M_3}{t_3 - t_1}$$

La longueur de l'arc $\overset{\frown}{M_1M_3}$ peut être confondue avec la longueur du segment $[M_1M_3]$ soit $M_1M_3 = 2$ cm.

$t_3 - t_1 = 2 \times 40$ ms.

D'où $v(t_2) = \dfrac{2 \times 10^{-2}}{80 \times 10^{-3}} = 0{,}25\ \text{m} \cdot \text{s}^{-1}$.

Une vitesse n'est pas seulement une valeur, il faut définir son sens et sa direction.

Le vecteur vitesse $\vec{v}$ d'un mobile à l'instant t a pour caractéristiques :

- **sa direction : la tangente à la trajectoire ;**
- **son sens : celui du mouvement ;**
- **sa norme : valeur de la vitesse à cette instant.**

- On confondra souvent la longueur de l'arc $\widehat{M_1M_3}$ et la longueur du segment $[M_1M_3]$ pour un Δt très petit.
- Passage de $km \cdot h^{-1}$ à $m \cdot s^{-1}$:

$$km \cdot h^{-1} \xrightarrow{:\,3{,}6} m \cdot s^{-1} \qquad m \cdot s^{-1} \xrightarrow{\times\,3{,}6} km \cdot h^{-1}$$

4 Différents types de mouvements

Lors du déplacement d'un mobile, chacun de ses points décrit une courbe appelée trajectoire.

Définition

La **trajectoire** est l'ensemble des positions occupées par un mobile lors de son mouvement.

■ Lorsque la trajectoire est une **droite**, le mouvement est **rectiligne** (un train le long d'un rail).
Lorsque la trajectoire est un **arc de cercle**, le mouvement est **circulaire** (la Lune autour de la Terre).
Lorsque la trajectoire est une **courbe**, le mouvement est **curviligne** (les montagnes russes).

■ Lorsque la valeur de la **vitesse ne varie pas** au cours du déplacement, le mouvement est **uniforme**.
Lorsque la valeur de la **vitesse augmente** au cours du déplacement, le mouvement est **accéléré**.
Lorsque la valeur de la **vitesse diminue** au cours du déplacement, le mouvement est **ralenti**.

II Actions mécaniques et forces

1 Actions mécaniques

Lancer une balle, couper du pain ou simplement marcher sont des actions mécaniques :
- de contact ou à distance ;
- réparties ou localisées.

2 Modélisation

On matérialise une action mécanique par un vecteur appelé vecteur force noté $\vec{F}$ ayant quatre caractéristiques :

- **son point d'application ;**
- **sa direction ;**
- **son sens ;**
- **sa norme, exprimée en Newton.**

EXEMPLE 1 : force exercée sur un ressort :

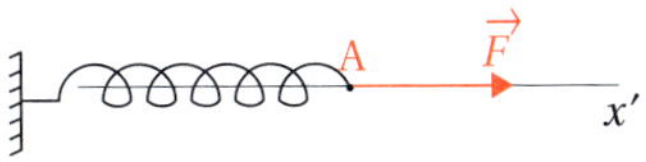

- Point d'application : A(point de contact entre la main et le ressort).
- Direction : droite (xx').
- Sens : de x vers x'.
- Norme : valeur mesurée à l'aide d'un dynamomètre.

EXEMPLE 2 : force exercée sur sur une bille en chute libre, poids de la bille :

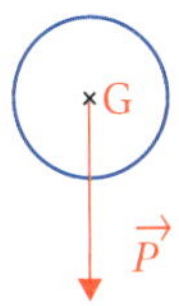

- Point d'application : G(centre de gravité de la bille).
- Direction : verticale du lieu.
- Sens : vers le bas.
- Norme : $P = m \times g$ avec $g = 9{,}8\ \text{N} \cdot \text{kg}^{-1}$ et m(en kg) masse de la bille.

III Principe d'inertie

1 Effets d'une force sur le mouvement d'un corps

Une force exercée sur un objet peut :

- le mettre en mouvement ;
- modifier la valeur de sa vitesse ;
- modifier sa direction, son sens ;
- le déformer.

L'effet d'une force est d'autant plus important que la masse du corps est petite.

2 Solide soumis à plusieurs forces

Lorsqu'un objet est soumis à plusieurs forces, les effets s'additionnent. C'est comme si une force unique était appliquée au solide.

La somme des forces exercées sur un solide s'écrit $\Sigma\overrightarrow{F_i}$ où $\Sigma\overrightarrow{F_i} = \overrightarrow{F_1} + \overrightarrow{F_2} + \overrightarrow{F_3} + \ldots$

Il est donc équivalent de dire : « Un corps est soumis à des forces qui se compensent » et « Un corps n'est soumis à aucune force ».

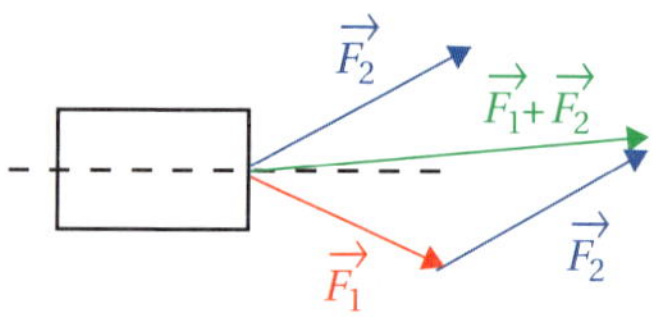

Traineau soumis à la force de deux chiens

3 Enoncé du principe d'inertie

■ C'est Isaac Newton en 1687 qui énonça la première loi du mouvement : « ***Tout corps persévère dans l'état de repos ou de mouvement rectiligne uniforme tant que les forces s'exerçant sur lui se compensent (et inversement)*** ».

Ou encore, $\overrightarrow{V_G}$ étant le vecteur vitesse du centre de gravité G du mobile :

Si $\overrightarrow{V_G}$ est un vecteur constant alors $\Sigma\overrightarrow{F_i} = \vec{0}$;

si $\Sigma\overrightarrow{F_i} = \vec{0}$ alors $\overrightarrow{V_G}$ est un vecteur constant.

➲ « $\overrightarrow{V_G}$ est un vecteur constant » peut signifier que le vecteur vitesse est constamment égal à zéro et dans ce cas, le mobile est au repos.

■ Il ne faut pas confondre vitesse constante et vecteur vitesse constant.

EXEMPLE : la Lune a un mouvement circulaire uniforme autour de la Terre :

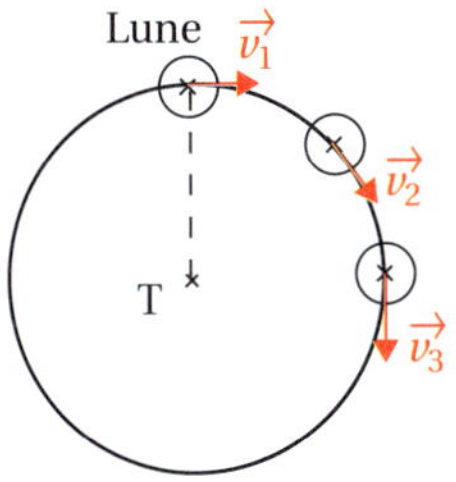

$$\begin{cases} v_1 = v_2 = v_3 \\ \overrightarrow{v_1} \neq \overrightarrow{v_2} \neq \overrightarrow{v_3} \end{cases}$$

■ Le principe d'inertie ne s'applique qu'au centre de gravité G du solide.

EXEMPLE : lorsqu'on étudie le mouvement de la roue d'un vélo (soumise à des forces qui se compensent) roulant à vitesse constante, on observe les trajectoires suivantes :

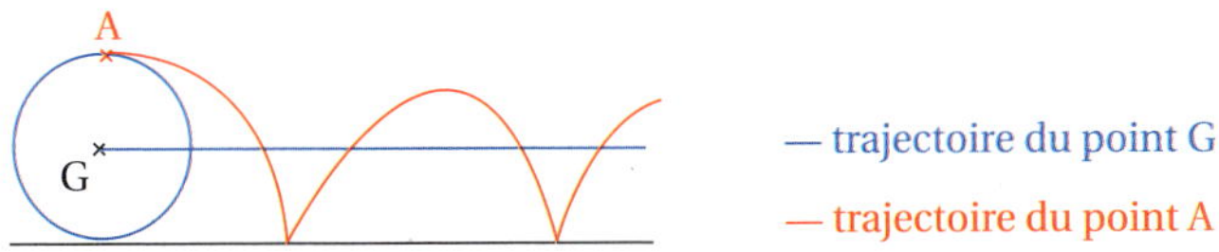

Seul le centre de gravité G a un mouvement rectiligne uniforme.

4 Applications du principe d'inertie

■ Détermination des caractéristiques d'une force

EXEMPLE : un palet de hockey de masse $m = 500$ g glisse sur une patinoire avec un mouvement rectiligne uniforme.

Déterminons les caractéristiques de la réaction $\overrightarrow{R}$ du plan.

Le palet est soumis à deux forces :

- son poids $\vec{P}$ (action de la Terre sur le palet) d'intensité $P = mg$;
- la réaction du plan $\vec{R}$ (action de la patinoire sur le palet).

Le palet a un mouvement rectiligne uniforme : $\overrightarrow{V_G}$ est un vecteur constant.

Donc d'après le principe d'inertie $\Sigma\vec{F_i} = \vec{0}$.

Or ici, $\Sigma\vec{F_i} = \vec{P} + \vec{R}$.

Donc $\vec{P} + \vec{R} = \vec{0}$ soit $\vec{R} = -\vec{P}$.

On en déduit les caractéristiques de $\vec{R}$:

Les vecteurs $\vec{P}$ et $\vec{R}$ ont même direction et des sens opposés.
Ils ont la même norme :
$P = R = mg$ soit :
$R = 0{,}500 \times 9{,}8 = 4{,}9$ N.

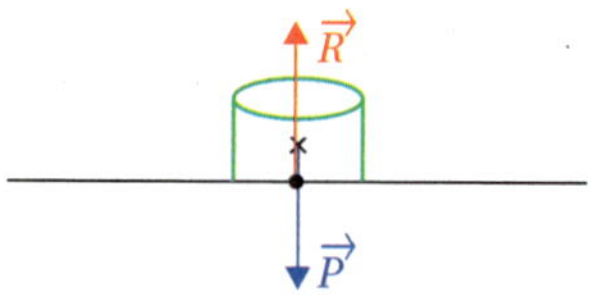

➲ La réaction du plan notée $\vec{R}$ est perpendiculaire au support s'il n'y a pas de frottements entre le mobile et le support (ex. : patinoire, sol verglacé, table à coussin d'air…).

Lorsque des frottements existent, $\vec{R}$ s'oppose à la mise en mouvement du solide et a aussi une composante horizontale.

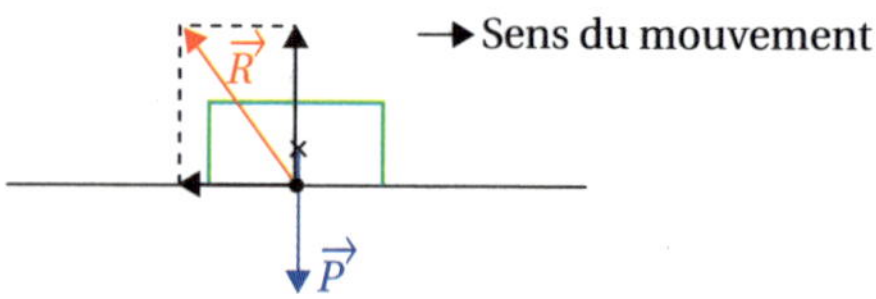

Détermination du mouvement d'un solide

EXEMPLE : un enfant lache sa luge le long d'une pente verglacée (sans frottement).

La luge est alors soumise à deux forces :

- son poids $\vec{P}$ ($P = 100$ N) ;
- la réaction du plan $\vec{R}$ ($R = 100$ N).

Que peut-on dire du mouvement de la luge ?

Faisons un schéma représentant ces deux forces.

Échelle 1 cm ↔ 50 N

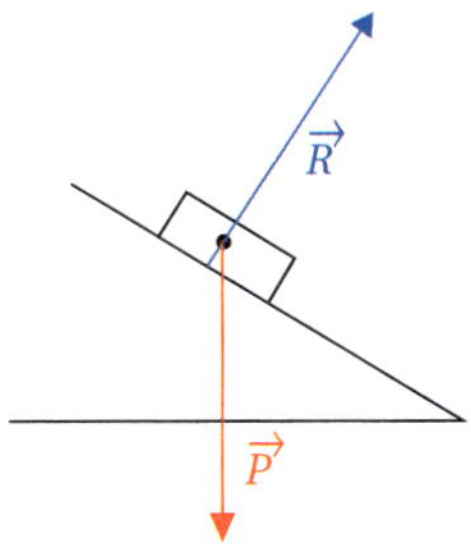

On constate que la somme vectorielle $\vec{P} + \vec{R}$ est non nulle.

D'après le principe d'inertie on en déduit que la luge n'est ni au repos ni en mouvement rectiligne uniforme.

Malheureusement, le principe d'inertie, appelé aussi 1re loi de Newton, ne nous apporte pas d'informations supplémentaires. Nous savons cependant par expérience que la luge sera animée d'un mouvement rectiligne accéléré.

Bilan de forces et principe d'inertie

ÉNONCÉ

Voici la chronophotographie d'une bille (de masse $m = 51$ g) se déplaçant sur un plan incliné puis sur un plan horizontal.

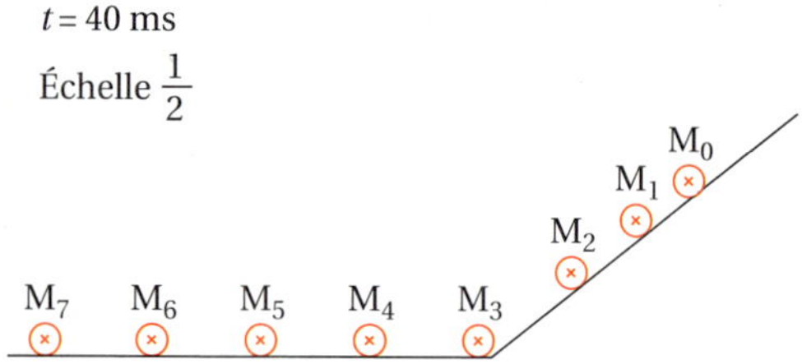

1. a. Quel est le système d'étude ?

b. Quel est le référentiel d'étude choisi ?

c. À quelles forces est soumise la bille ?

2. Calculer l'intensité du poids de la bille.

3. Calculer les valeurs des vitesses instantanées $v(t_1)$ et $v(t_5)$ en $cm \cdot s^{-1}$.

4. Quel est le mouvement du centre de la bille sur le plan incliné ? Les forces se compensent-elles ?

5. Quel est le mouvement du centre de la bille sur le plan horizontal ? Les forces se compensent-elles ?

6. Représenter les forces s'exerçant sur la bille lorsqu'elle se trouve sur le plan horizontal.

MÉTHODE

Il est important de définir certains paramètres dans un éxercice de mécanique (même si cela n'est pas demandé). Les questions **a.**, **b.** et **c.** sont indispensables pour commencer n'importe quel problème de mécanique.

Système d'étude : {......}

Référentiel d'étude choisi : ....

Inventaire des forces : ....

CORRIGÉ

1. a. Le système d'étude est la bille noté {la bille}.

b. Le référentiel d'étude choisi est le référentiel terrestre car on étudie le mouvement d'un objet à la surface de la Terre.

c. Inventaires des forces :

- Poids $\vec{P}$ (avec $P = mg$).
- Réaction du plan sur la bille notée $\vec{R}$.

2. Intensité du poids de la bille :

$P = mg$.

A.N. : g intensité de la pesanteur : $g = 9{,}81\ \text{N} \cdot \text{kg}^{-1}$.
m masse de la bille : $m = 51 \times 10^{-3}$ kg.

Donc $P = 51 \cdot 10^{-3} \times 9{,}8 = 0{,}50$ N.

3. Valeur de la vitesse instantanée $v(t_1)$:

$$v(t_1) = \frac{M_0M_2}{t_2 - t_0}.$$

$t_2 - t_0 = 2\tau = 2 \times 40\ \text{ms} = 80 \times 10^{-3}$ s ;

$M_0M_2 = 1{,}2 \times 2 = 2{,}4$ cm.

Donc $v(t_1) = \dfrac{2{,}4}{80 \times 10^{-3}} = 30\ \text{cm} \cdot \text{s}^{-1}$.

Valeur de la vitesse instantanée $v(t_5)$:

$$v(t_5) = \frac{M_4M_6}{t_6 - t_4}.$$

$t_6 - t_4 = 2\tau = 2 \times 40\ \text{ms} = 80 \times 10^{-3}$ s ;

$M_4M_6 = 1{,}8 \times 2 = 3{,}6$ cm.

Donc $v(t_5) = \dfrac{3{,}6}{80 \times 10^{-3}} = 45\ \text{cm} \cdot \text{s}^{-1}$.

4. Sur le plan incliné, les positions successives de la billes sont de plus en plus espacées donc le mouvement est rectiligne accéléré donc le vecteur $\overrightarrow{V_G}$ n'est pas constant. D'après le principe d'inertie les forces ne se compensent donc pas soit $\vec{P} + \vec{R} \neq 0$.

5. Sur le plan horizontal, les positions successives de la billes sont équidistantes donc le mouvement est rectiligne uniforme donc $\overrightarrow{V_G}$ = vecteur constant. D'après le principe d'inertie les forces se compensent donc soit $\vec{P} + \vec{R} = 0$.

6. Schéma des forces :

on sait que sur le plan horizontal $\vec{P} + \vec{R} = 0$ donc $\vec{P} = -\vec{R}$.
Ces 2 forces ont donc même direction et des sens opposés mais la même intensité.

Donc $P = R = mg = 0{,}50$ N.

Choisissons une échelle pour représenter ces forces : 1 cm $\leftrightarrow$ 0,5 N.
Chaque force sera donc représentée par un vecteur de longueur 1 cm.

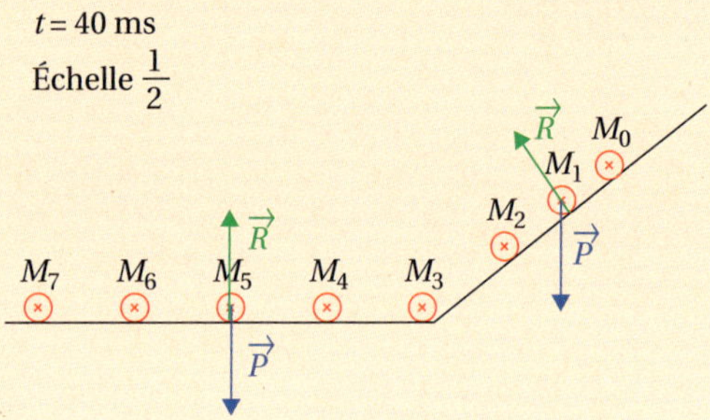

Vérifier ses connaissances

1 Vitesse d'une balle

Au tennis, la balle de service d'un joueur a été mesurée à une vitesse de 228 km · h^{-1}.

1. Exprimer cette vitesse en m · s^{-1}.

2. Au bout de combien de temps la balle, après avoir touché la raquette, a-t-elle touché le sol lors d'un trajet rectiligne de 24 m ?

3. Sachant que le temps de réaction d'un bon joueur est de 0,2 s, que peut-on conclure ?

4. Voici les différentes positions prises par une balle lancée en M_0 avec une vitesse initiale $\overrightarrow{v_0}$ horizontale. La durée Δt séparant deux positions successives est égale à 40 ms.

L'échelle est $\frac{1}{100}$.

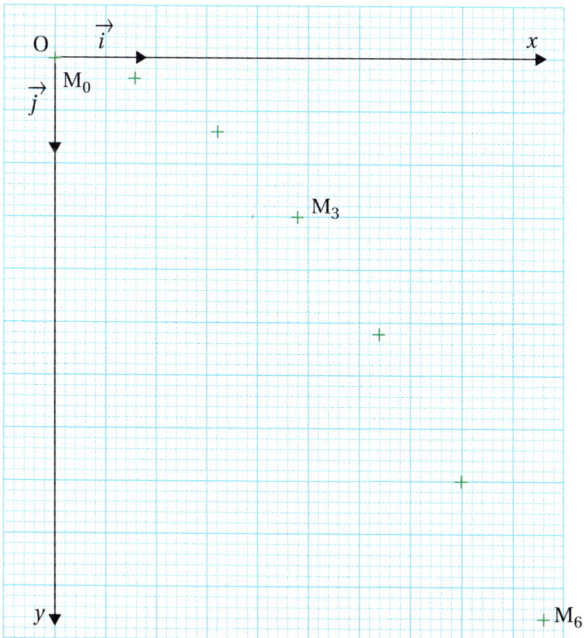

a. Calculer la norme du vecteur vitesse $\overrightarrow{v_4}$ au point M_4 en $m \cdot s^{-1}$.

b. Tracer ce vecteur en choisissant une échelle de vitesse.

* 2 Forces et principe d'inertie

Une bille d'acier de masse $m = 20$ g suspendu à un fil est immobile.

1. Faire l'inventaire des forces s'exerçant sur cette bille. Donner les caractéristiques de chacune d'entre elles.

2. Énoncer le principe d'inertie.

3. En déduire la valeur de ces forces.

4. Faire un schéma des forces en indiquant l'échelle des forces choisie.

S'entraîner

3 Vitesse et représentation graphique

Une bille est lâchée sans vitesse initiale et photographiée toutes les 40 ms.

1. D'après la chronophotographie quelle est l'échelle utilisée ?

2. D'après la chronophotographie quelle est la nature du mouvement de la bille ? Justifier.

3. Compléter le tableau à partir de la chronophotographie :

Temps t (en ms)	0	40	80	120	160	200	240	280	320	360	400	440	480	520
Distance d réelle parcourue en cm	0													

4. Tracer la courbe $d = f(t)$ en précisant l'échelle utilisée.

5. La bille est lâchée à 1,25 m du sol. Au bout de combien de temps touchera-t-elle le sol ?

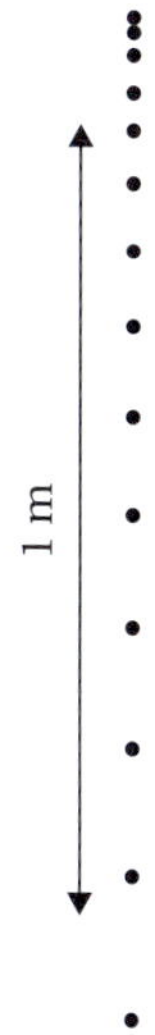

4 Notion de référentiel

Sacha roule sur une route plane et horizontale à la vitesse constante de $4{,}0\ \text{m} \cdot \text{s}^{-1}$. Chaque roue a un diamètre de 64 cm.

1. Dans le référentiel « cadre du vélo » :

a. Le centre C d'une roue est-il en mouvement ?

b. Calculer la valeur de l'angle de rotation du point P situé sur le pourtour d'un pneu en 0,10 seconde.

c. En faisant un schéma à l'échelle $\frac{1}{10}$, représenter les six premières positions du point P à intervalles de temps égaux à 0,10 s.

d. Quelle est la nature du mouvement de P ?

2. Dans le référentiel terrestre :

a. Calculer la distance parcourue par le centre C de la roue pendant 0,10 s.

b. Quelle est la nature du mouvement du point C ?

c. En faisant un schéma à l'échelle $\frac{1}{20}$, représenter les six premières positions de P à intervalles de temps égaux à 0,10 s. (On pourra découper un disque de rayon 1,6 cm qui représentera la roue en mouvement).

Problème

* **5**

I. EXPÉRIENCE

On étudie le mouvement du centre de gravité G d'un mobile sur une table à coussin d'air.

Le mobile S est relié par un fil inextensible passant dans la gorge d'une poulie à une masse M = 200 g.

La masse M descend en entraînant le solide S et s'arrête en touchant le sol pendant que S continue sa course avant de tomber.

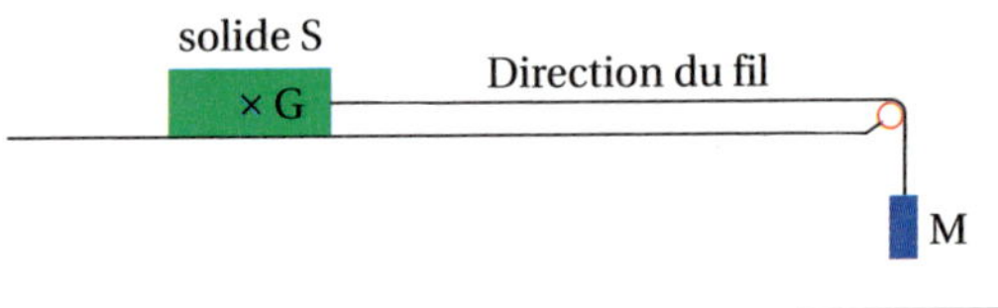

II. ÉTUDE DU SOLIDE S AU REPOS

1. Lorsque S est immobile, à quelles forces est-il soumis (donner les caractéristiques de chacune d'entre elles) ?

2. Déduire du principe d'inertie les valeurs de ces forces.

III. LE SOLIDE EST EN MOUVEMENT

À $t = 0$ s on lâche la masse M et on enregistre le mouvement du centre de gravité G du solide S sur tout le plan horizontal (avant qu'il n'en tombe).

On obtient l'enregistrement à l'échelle $\frac{1}{2}$ et $t = 40$ ms :

1. Calculer les valeurs des vitesses instantanées $\overrightarrow{V_2}$, $\overrightarrow{V_4}$, $\overrightarrow{V_6}$ et $\overrightarrow{V_7}$.

2. Représenter ces vecteurs vitesse sur le document après avoir précisé :

échelle : 1 cm ↔ ……cm · s^{-1}.

3. Montrer, à partir de cet enregistrement que le mouvement du centre de gravité de S est composé de deux phases.

4. Quelles sont les forces exercées sur S lorsqu'il est tiré par M.

5. Quelles sont les forces exercées sur S lorsque la masse M touche le sol ?

6. Faire un schéma des forces dans les deux phases.

7. Ces observations sont-elles en accord avec le principe d'inertie ? Justifier votre réponse.

8. Au bout de combien de temps la masse M touche-t-elle le sol ?

1 **1.** La vitesse de la balle est 228 km · h^{-1}.

$v = \frac{228}{3,6} = 63,3 \text{ m} \cdot \text{s}^{-1}$.

2. $v = \frac{d}{\Delta t}$ d'où $\Delta t = \frac{d}{v}$.

A.N. : $d = 24$ m

$v = 63,3 \text{ m} \cdot \text{s}^{-1}$

$\Delta t = \frac{24}{63,3} = 0,38$ s.

La balle touche le sol environ 0,4 s après avoir été frappée.

3. Le temps de réaction d'un bon joueur étant de 0,2 s, il doit préparer sa raquette et anticiper le mouvement de la balle pratiquement au moment où le joueur adverse sert.

4. a. Calculons la norme du vecteur vitesse $\vec{v_4}$ au point M_4 :

$$v_4 = \frac{M_3M_5}{(t_5 - t_3)}.$$

On confond $\overset{\frown}{M_3M_5}$ (l'arc) avec le segment $[M_3M_5]$.

On mesure et on trouve $M_3M_5 = 4,1$ cm.

En tenant compte de l'échelle, on obtient :

$M_3M_5 = 4,1 \times 100 = 410$ cm soit 4,1 m.

$t_5 - t_3 = 2\tau = 2 \times 40 \text{ ms} = 2 \times 40 \cdot 10^{-3} \text{ s} = 80 \cdot 10^{-3}$ s.

On a alors $v_4 = \frac{4,1}{80 \times 10^{-3}} = 51 \text{ m} \cdot \text{s}^{-1}$.

b. Pour représenter ce vecteur sur le graphique, on prendra comme échelle de vitesse :

1 cm (sur le graphique) ↔ 20 m · s^{-1} (en réalité).

Le vecteur $\vec{v_4}$:

- a pour point d'application le point M_4 ;
- est tangent à la trajectoire ;
- a pour sens celui du mouvement (de haut en bas ici) ;
- a pour norme 51 m · s^{-1}.

Sur le graphique le vecteur $\overrightarrow{v_4}$ a donc pour longueur 2,6 cm.

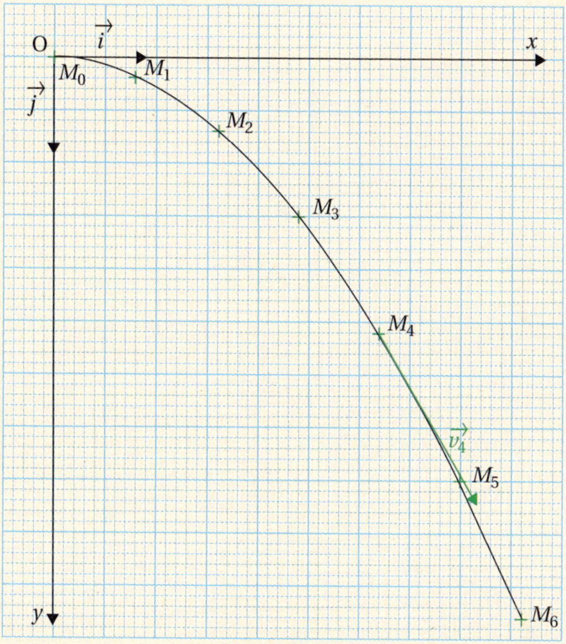

2 Le système d'étude est : {la bille}.

Le référentiel d'étude est le référentiel terrestre.

1. Inventaire des forces s'exerçant sur cette bille.

La bille est soumise à deux forces :

- son poids $\overrightarrow{P}$ appliqué au point G, vertical et vers le bas ;
- la tension du fil $\overrightarrow{T}$ appliqué au point d'attache C le long du fil et vers le haut.

2. Énoncé du principe d'inertie :

Tout corps persévère dans son état de repos ou de mouvement rectiligne unforme si les forces qui s'exercent sur lui se compensent (et inversement).

3. Puisque la bille est immobile alors $\Sigma\overrightarrow{F} = \overrightarrow{0}$ soit $\overrightarrow{P} + \overrightarrow{T} = \overrightarrow{0}$.

On en déduit donc que $\overrightarrow{P}$ et $\overrightarrow{T}$ ont des sens opposés mais la même norme.

$P = m \times g$ donc $P = 0{,}020 \times 9{,}8 = 0{,}20$ N.
On en déduit que $P = T = 0{,}20$ N.

4. Schéma des forces
On choisit comme échelle des forces 1 cm ↔ 0,1 N.
Les deux forces sont alors représentées par deux vecteurs de longueur 2,0 cm.

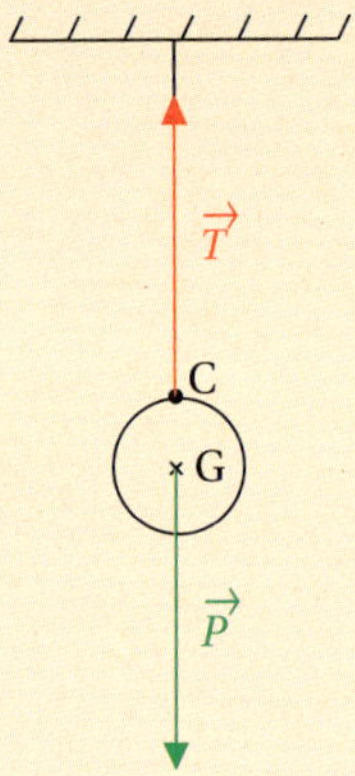

3 Le système d'étude est : {la bille}.
Le référentiel d'étude est le référentiel terrestre.
1. On constate que 5 cm sur le schéma représentent 1 m soit 100 cm réellement.
1 cm sur le schéma représente donc 20 cm réellement. L'échelle est donc $\frac{1}{20}$.
2. D'après la chronophotographie, on constate que les points sont alignés et de plus en plus éloignés. On en déduit que le mouvement est rectiligne accéléré.
3. Mesurons la distance séparant chaque point du premier G_0 en multipliant par l'échelle (× 20).

Temps *t* (en ms)	0	40	80	120	160	200	240	280	320	360	400	440	480	520
Distance *d* réelle parcourue en cm	0	2	5	10	15	22	31	41	53	66	81	97	114	133

4. Traçons la courbe $d = f(t)$

Échelle : 1 cm ↔ 50 ms en abscisse
1 cm ↔ 10 cm en ordonnée

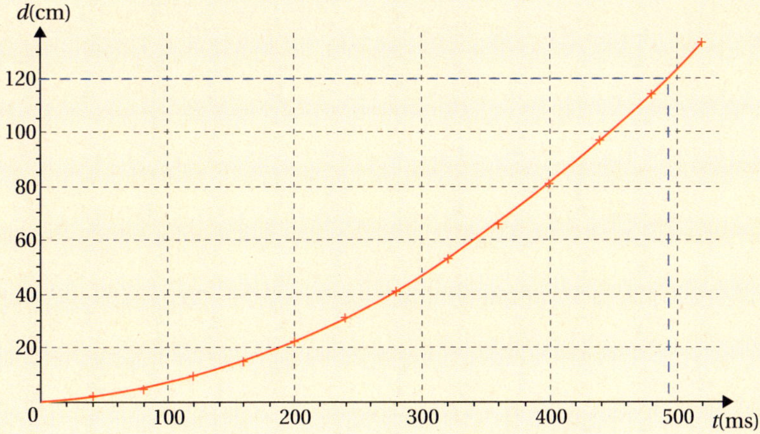

5. On reporte sur le graphique $d = 1{,}20$ m soit 120 cm. L'abscisse correspondant à $d = 120$ cm sur la courbe est $t = 495$ ms soit presque 1/2 seconde.

4

1. a. Le point C est attaché au référentiel « cadre vélo » donc le point C est immobile par rapport au référentiel « cadre vélo ».

b. Le périmètre de la roue est égal à :

$$2\pi R = 2\pi \times 32 \cdot 10^{-2} = 2 \text{ m}$$

car $R = \dfrac{D}{2} = \dfrac{64}{2} = 32$.

La roue fait donc 2 tours ($2 \times 360°$) par seconde (car $v = 4 \text{ m} \cdot \text{s}^{-1}$).

Temps	1 s	0,10 s
Angle	$2 \times 360°$	?

On en déduit qu'en 0,10 s, la roue tourne de :

$$2 \times 360 \times 0{,}1 = 72°.$$

c. À l'échelle $\frac{1}{10}$ on trace un cercle de rayon 3,2 cm et on place les 5 points tels que $\widehat{P_iP_{i+1}} = 72°$.

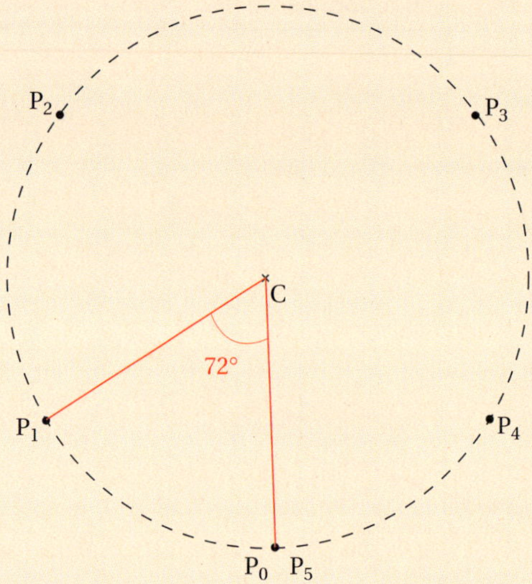

d. Dans ce référentiel, la trajectoire est un cercle et les points sont équidistants. P a donc un mouvement circulaire (la trajectoire est un cercle) uniforme (la valeur de la vitesse est constante).

2. a. Distance parcourue par le centre C de la roue en $\frac{1}{10}$ s :
$d = v \times t = 4 \times 0{,}1 = 0{,}4$ m.

b. Dans le référentiel terrestre, C a un mouvement rectiligne (la trajectoire est une droite) uniforme (la valeur de la vitesse est constante).

c. On pointe P_0, on fait tourner la roue, et à chaque fois que C parcourt 2 cm (ce qui correspond à $2 \times 20 = 40$ cm $= 0{,}4$ m), on note la nouvelle position de P, P_1, P_2 et ainsi de suite jusqu'à P_5.

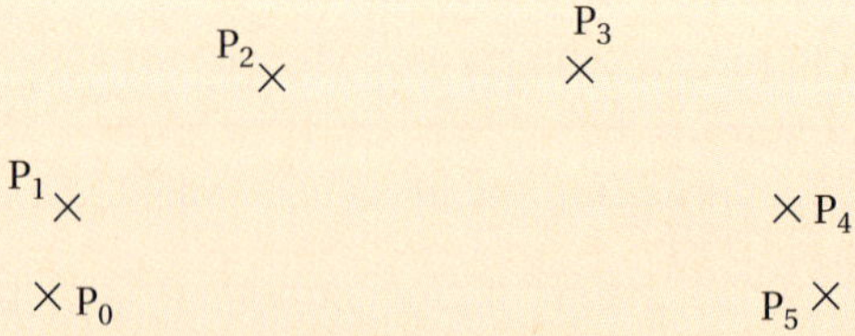

La trajectoire de P dans le référentiel terrestre est une cycloïde.

5 Partie II

1. Le système d'étude est : {le solide S}.

Le référentiel d'étude choisi est le référentiel terrestre.

Inventaire des forces :

- Poids $\vec{P}$:
  - point d'application G ;
  - direction : verticale du lieu ;
  - sens : vers le bas (centre de la Terre) ;
  - norme $P = m \times g = 200 \cdot 10^{-3} \times 9{,}8 = 2{,}0$ N.
- Réaction du plan $\vec{R}$:
  - point d'application : point de contact entre S et le sol ;
  - direction : verticale car les frottements sont négligeables sur une table à coussin d'air ;
  - sens vers le haut ;
  - norme R (dépend de P).

2. Le solide S est immobile donc d'après le principe d'inertie, $\Sigma\vec{F} = 0$.

Or $\Sigma\vec{F} = \vec{P} + \vec{R}$ donc $\vec{P} + \vec{R} = \vec{0}$.

$\vec{P}$ et $\vec{R}$ ont donc des sens opposés mais la même norme.

On en déduit que $P = R = 2{,}0$ N.

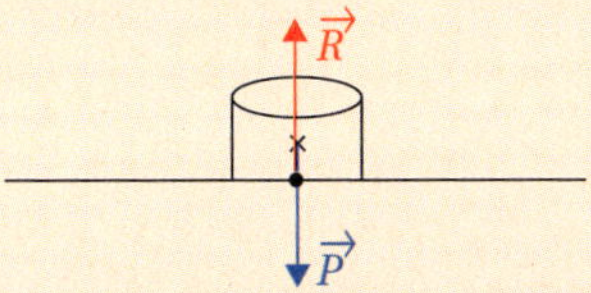

Partie III

1. Norme de $\vec{V_2}$:

$$V_2 = \frac{G_1G_3}{2\tau}$$

$$V_2 = \frac{2 \times 1{,}5}{2 \times 40 \times 10^{-3}} = 38 \text{ cm} \cdot \text{s}^{-1}.$$

Norme de $\overrightarrow{V_4}$:

$$V_4 = \frac{G_3G_5}{2\tau}$$

$$V_4 = \frac{2 \times 2{,}6}{2 \times 40 \times 10^{-3}} = 65\ \text{cm} \cdot \text{s}^{-1}.$$

Norme de $\overrightarrow{V_6}$:

$$V_6 = \frac{G_5G_7}{2\tau}$$

$$V_6 = \frac{3{,}2 \times 2}{2 \times 40 \times 10^{-3}} = 80\ \text{cm} \cdot \text{s}^{-1}.$$

Norme de $\overrightarrow{V_7}$:

$$V_7 = \frac{G_6G_8}{2\tau}$$

$$V_7 = \frac{3{,}2 \times 2}{2 \times 40 \times 10^{-3}} = 80\ \text{cm} \cdot \text{s}^{-1}.$$

2. Échelle des vitesses : 1 cm $\leftrightarrow$ 40 cm · s^{-1}.

3. On remarque que :

• de G_1 à G_5, les points sont de plus en plus éloignés donc le mouvement est rectiligne accéléré (1re phase) ;

• de G_5 à G_8, les points sont équidistants donc le mouvement est rectiligne uniforme (2e phase).

4. Forces exercées sur S lorsqu'il est tiré par M.

S est alors soumis à 3 forces :

• son poids $\overrightarrow{P}$;

• la réaction du plan $\overrightarrow{R}$;

• la tension du fil $\overrightarrow{T}$.

5. Forces exercées sur S lorsque la masse M touche le sol.

La masse étant au sol, elle n'exerce plus de force de traction sur le solide S. Le solide n'est donc plus soumis qu'à son poids et à la réaction du plan.

6. Sur une table à coussin d'air, on néglige les frottements du plan donc $\vec{R}$ est perpendiculaire au plan.

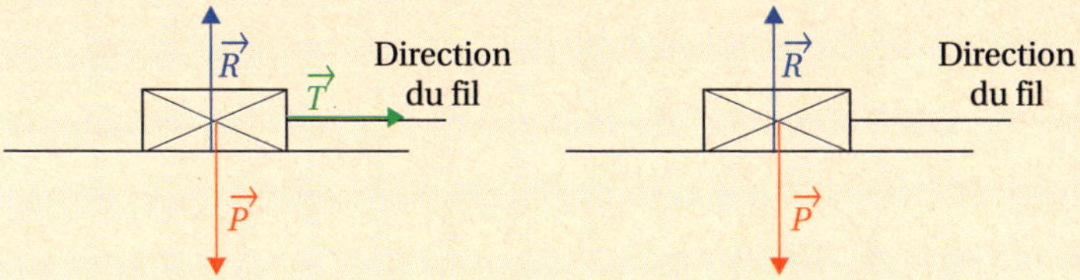

7. Ces observations sont en accord avec le principe d'inertie car :

- dans la 1re phase, $\Sigma\vec{F} \neq \vec{0}$ et le mouvement n'est pas rectiligne uniforme (il est accéléré) ;
- dans la 2e phase, $\Sigma\vec{F} = \vec{0}$ et le mouvement est bien rectiligne uniforme.

8. Dès que le mouvement devient rectiligne uniforme, le solide n'est plus soumis à la force $\vec{T}$. Donc la masse M touche le sol au point G_5.

On en déduit que le temps au bout duquel la masse M touche le sol est :

$\Delta t = t_5 - t_1 = 4\tau = 4 \times 40$

$\Delta t = 160$ ms.

15 La gravitation universelle

I L'interaction gravitationnelle

1 L'interaction gravitationnelle entre deux corps

■ Dans les *Principes mathématiques*, Newton écrit en 1686 : « L'intensité de la force de gravitation entre deux corps A et B de masse m_A et m_B, séparés par une distance d, est proportionnelle au produit des masses et inversement proportionnelle au carré de la distance. »

Cette loi est la **loi de la gravitation universelle de Newton**.

Définition

L'**interaction gravitationnelle** entre deux corps ponctuels de masses respectives m_A et m_B, distants de d, résulte d'une force d'intensité telle que :

$$F_{A/B} = F_{B/A} = \frac{\mathcal{G}\, m_A \times m_B}{d^2}$$

d en m

m_A et m_B en kg

$\mathcal{G} = 6{,}67 \times 10^{-11}$ en $N \cdot m^2 \cdot kg^{-2}$ (unités S.I.)

$F_{A/B}$ est l'intensité de la force gravitationnelle exercée par A sur B.

$F_{B/A}$ est l'intensité de la force gravitationnelle exercée par B sur A.

➲ Si on double la masse d'un corps, l'intensité de la force $F_{A/B}$ est elle aussi doublée.
Si on double la distance séparant les deux corps, l'intensité de la force $F_{A/B}$ est divisée par 4.

La Terre, la Lune, les planètes et les étoiles dont le Soleil sont des corps à répartition sphérique de masse. Ils se comportent pour l'interaction gravitationnelle **comme des corps ponctuels de même masse située au centre de la sphère**.

2 Caractéristiques vectorielles et représentation

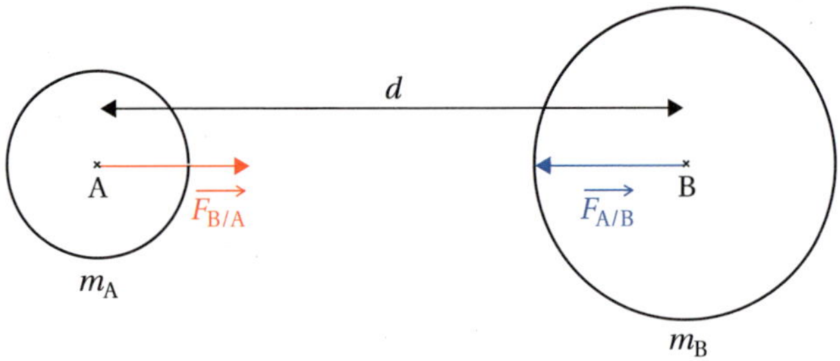

■ Le corps A exerce sur le corps B la force $\overrightarrow{F_{A/B}}$ définie par :
- son point d'application, B ;
- sa direction, la droite (AB) ;
- son sens, de B vers A ;
- sa norme, $F_{A/B} = \dfrac{\mathcal{G}\, m_A \times m_B}{d^2}$.

■ Le corps B exerce sur le corps A la force $\overrightarrow{F_{B/A}}$ définie par :
- son point d'application, A ;
- sa direction, la droite (AB) ;
- son sens, de A vers B ;
- sa norme, $F_{B/A} = \dfrac{\mathcal{G}\, m_A \times m_B}{d^2}$.

Ces deux forces ont même direction, même intensité et des sens opposés : on parle alors d'interaction.

$$\boldsymbol{F_{A/B} = F_{B/A}} \textbf{ mais } \overrightarrow{\boldsymbol{F_{A/B}}} = -\overrightarrow{\boldsymbol{F_{B/A}}}.$$

➲ • L'effet de ces forces est différent, car les masses m_A et m_B sont souvent très différentes.
• La force de gravitation est une force attractive.

EXEMPLE

Déterminons la valeur des forces d'attraction de la Terre sur Lune et de la Lune sur la Terre.

On donne :

- la masse de la Terre, $M_T = 5{,}98 \times 10^{24}$ kg ;
- la masse de la Lune, $M_L = 7{,}34 \times 10^{22}$ kg ;
- la distance entre le centre de la Terre et le centre de la Lune, $d = 384\,000$ km.

De la loi de Newton on déduit :

$$F_{\text{Terre/Lune}} = F_{\text{Lune/Terre}} = \frac{\mathcal{G}\, M_T \times M_L}{d^2}.$$

A.N. : $$F_{\text{Terre/Lune}} = F_{\text{Lune/Terre}} = \frac{6{,}67 \times 10^{-11} \times 5{,}98 \times 10^{24} \times 7{,}34 \times 10^{22}}{(384\,000 \times 10^3)^2}$$

$$F_{\text{Terre/Lune}} = F_{\text{Lune/Terre}} = 1{,}99 \times 10^{20}\ \text{N}.$$

Pour représenter ces forces, on choisit une échelle appropriée : $1\ \text{cm} = 1{,}00 \times 10^{20}$ N.

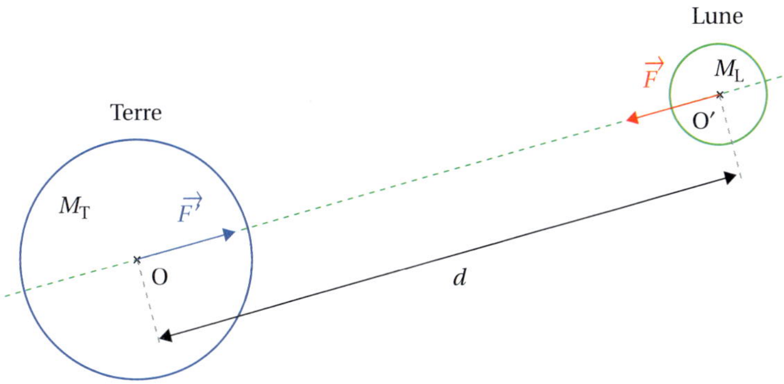

3 La pesanteur et l'attraction terrestre

■ Les propriétés de l'interaction gravitationnelle s'appliquent au cas particulier d'un objet de masse m situé à l'altitude h de la Terre. Cet objet subit une force $\vec{F}$ dirigée vers le centre de la Terre dont l'intensité est :

$$F = \frac{\mathcal{G}\, m\, M_T}{(R_T + h)^2}$$

où R_T est le rayon de la Terre et M_T est la masse de la Terre.
$\mathcal{G} = 6{,}67 \times 10^{-11}$ S.I.

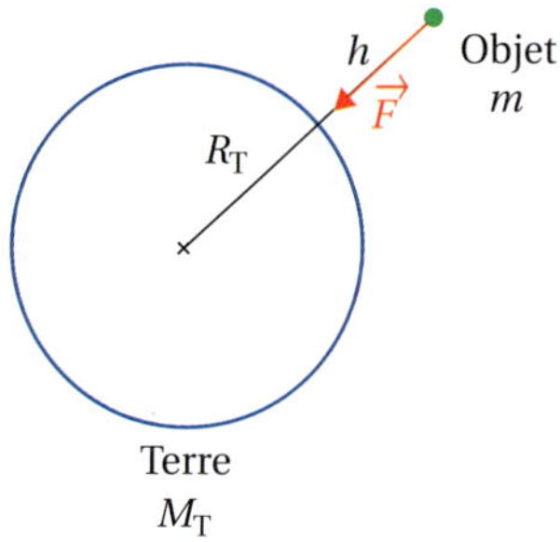

➲ La loi de Newton s'applique car la Terre est considérée comme à un corps à répartition sphérique de masse.

■ En négligeant la rotation de la Terre sur elle-même (temps d'étude assez court) la force exercée par la Terre sur un corps au voisinage de la Terre est égale au poids de ce corps.
On peut alors écrire $F = P$, c'est-à-dire :

$$m\left(\frac{\mathcal{G}\, M_T}{(R_T + h)^2}\right) = m\, g.$$

On en déduit l'expression de g :

$$g = \frac{\mathcal{G}\, M_T}{(R_T + h)^2}.$$

Pour un objet à la surface de la Terre ($h = 0$) on obtient :

$$g = \frac{\mathcal{G}\, M_T\, m}{{R_T}^2}.$$

A.N. : $g = \frac{6{,}67 \times 10^{-11} \times 5{,}98 \times 10^{24}}{(6\,380 \times 10^{3})^{2}}$

$g = 9{,}80.$

On retrouve la valeur de g : $g = 9{,}8\ \text{N} \cdot \text{kg}^{-1}$.

■ Sur la Terre, l'intensité de pesanteur, g, appelé aussi champ de pesanteur, dépend du lieu :

	g (N · kg^{-1})
Paris	9,81
Équateur	9,78
Pôles	9,83

➲ Ne pas confondre l'intensité de pesanteur g et la constante universelle de gravitation $\mathcal{G}$.

■ L'intensité de pesanteur g peut aussi être calculée pour d'autres astres. À la surface de la Lune elle vaut :

$$g_L = \frac{\mathcal{G} M_L}{R_L^{\ 2}} = 1{,}60\ \text{N} \cdot \text{kg}^{-1}.$$

Le poids d'un corps sur la Lune est 6 fois plus faible que sur la Terre. En effet, $\frac{g_T}{g_L} = \frac{9{,}80}{1{,}60} = 6$.

➲ Un objet a une masse m invariable tandis que l'intensité de son poids P dépend du lieu où il se trouve.

II Mouvement d'un projectile

1 Influence de la vitesse

Définition

On appelle **projectile** tout corps qui n'est soumis qu'à son poids.

➲ Dans l'étude du mouvement d'un projectile, on néglige en particulier les frottements de l'air.

■ On étudie le mouvement d'un projectile (par exemple une balle) lancé avec une vitesse initiale $\overrightarrow{V_0}$.

Le système est constitué du projectile.

Le référentiel dans lequel on étudie le mouvement est le référentiel terrestre.

Le projectile est soumis à une seule force extérieure, son poids.

Trois cas sont à considérer :

① le projectile est lancé vers le haut avec une vitesse $\overrightarrow{V_0}$, le mouvement est rectiligne ralenti ;

② le projectile est lâché, $\overrightarrow{V_0} = 0$, le mouvement est rectiligne accéléré ;

③ le projectile est lancé avec une vitesse $\overrightarrow{V_0}$ horitontale, le mouvement est parabolique.

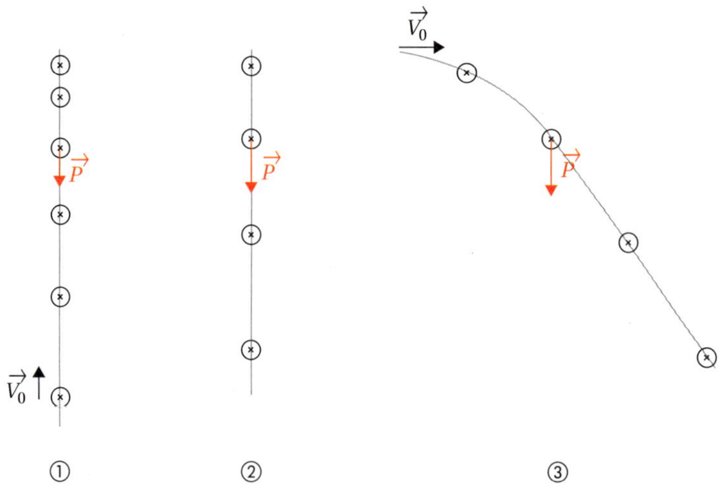

Plus généralement, la trajectoire d'un projectile dépend de sa vitesse initiale.

■ Dans le 3e cas de l'exemple précédent, projetons sur deux axes la trajectoire parabolique de la balle :

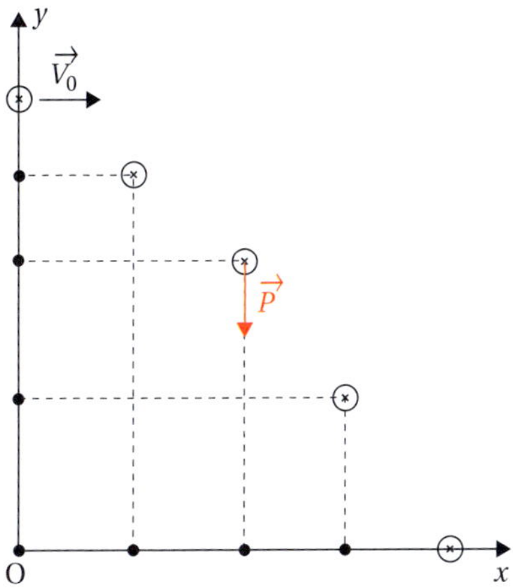

Sur l'axe (Ox) le mouvement est rectiligne uniforme.

Sur l'axe (Oy) le mouvement est rectiligne accéléré.

De plus, la seule force à laquelle est soumise la balle est son poids $\vec{P}$, force verticale, dirigée suivant (Oy).

Plus généralement, lorsqu'un corps évolue en restant soumis à des forces constantes, sa vitesse est modifiée dans la direction de la résultante de ces forces $\Sigma\vec{F_i}$.

2 Du projectile au satellite

■ Selon Newton, « *[...] plus elle [la pierre ou le projectile] sera projetée avec une grande vitesse, plus elle ira loin avant de retomber sur la Terre [...] jusqu'au moment où, dépassant les limites de la Terre, elle poursuivra son parcours sans avoir touché le sol* ».

Chute verticale et mouvement orbital sont des mouvements de même nature. Mais si la vitesse initiale d'un projectile est horizontale et non nulle, celui-ci décrit une trajectoire curviligne.

■ Il existe une valeur de la vitesse initiale V_0 pour laquelle le projectile se met en orbite autour de la Terre (c'est le cas de la Lune) :

① si $V_{initiale} < V_0$ le projectile retombe sur terre ;

② si $V_{initiale} = V_0$ le projectile est en orbite autour de la Terre ;

③ si $V_{initiale} > V_0$ le projectile part avec un mouvement rectiligne uniforme hors de la gravitation terrestre.

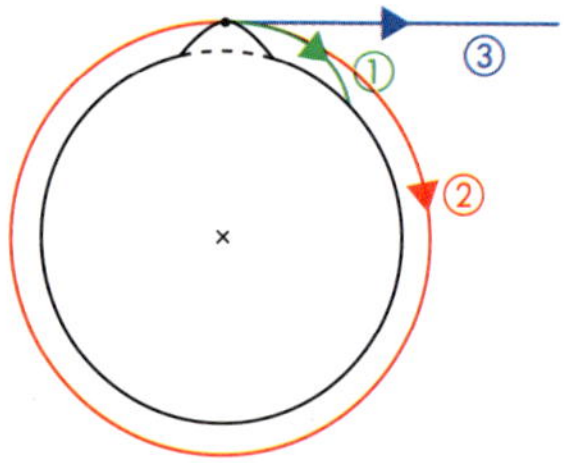

■ Lorsque Newton formula l'hypothèse étonnante selon laquelle la Lune « tombe » sur la Terre de la même manière que la pomme tombe de l'arbre, il vit juste. En effet la Lune tombe ! Sinon, elle s'éloignerait de la Terre à tout jamais, emportée par sa vitesse.

À chaque instant, soumise à l'attraction terrestre $\vec{F}$ (force dirigée vers le centre de la Terre) la Lune adopte un mouvement circulaire uniforme autour de la Terre.

Détermination et comparaison des forces de gravitation

ÉNONCÉ

Éthan (17 kg) est assis à côté de son petit frère Sacha (10 kg) distant de 2 m. Ils sont seuls au monde.

1. À quelles forces est soumis Éthan ?

2. Faire un schéma des forces sans se soucier de l'échelle.

3. Calculer l'intensité F_1 de la force de gravitation exercée par la Terre sur Éthan. Comment appelle-t-on aussi cette force ?

4. Calculer l'intensité F_2 de la force de gravitation exercée par Sacha sur son frère.

5. Comparer F_1 et F_2 puis expliquer pourquoi ces deux enfants ne sont pas attirés comme des aimants l'un vers l'autre.

Données : Masse de la Terre $M_T = 5{,}98 \times 10^{24}$ kg.
Rayon terrestre $R_T = 6\,380$ km.
$\mathcal{G} = 6{,}67 \times 10^{-11}$ S.I.

CORRIGÉ

1. Système { Éthan }
Référentiel : terrestre.
Bilan des forces agissant sur le système :
– le poids d'Éthan $\overrightarrow{P}$;
– la réaction du sol $\overrightarrow{R}$;
– la force gravitationnelle exercée par Sacha sur Éthan $\overrightarrow{F_{S/E}}$.

2. Schéma des forces :

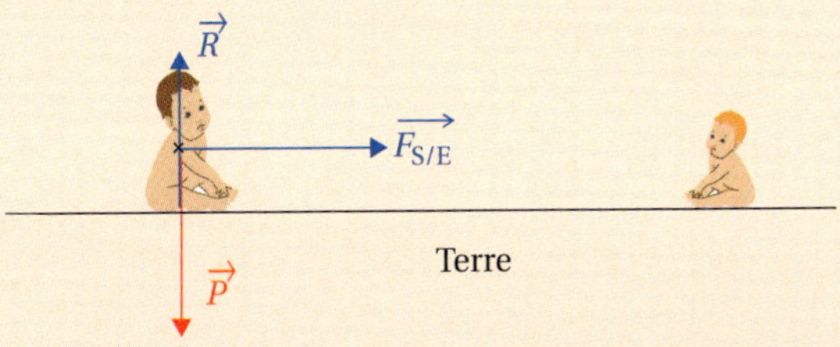

3. La force $\overrightarrow{F_1}$ exercée par la Terre sur Éthan peut être assimilée au poids de l'enfant en négligeant le mouvement de la Terre sur elle-même. Son intensité est donc :

$$F_1 = P = m \times g = 17 \times 9{,}8 = 17 \times 10^1 \text{ N}.$$

4. La force de gravitation $\overrightarrow{F_2}$ exercée par Sacha sur son frère a pour intensité :

$$F_2 = \frac{\mathcal{G} \times M_E \times M_S}{d^2}.$$

A.N. : $F_2 = \dfrac{6{,}67 \times 10^{-11} \times 17 \times 10}{2^2} = 3 \times 10^{-9} \text{ N}.$

5. En physique, comparer deux valeurs, c'est :

- calculer leur différence si elles sont du même ordre de grandeur ;
- calculer leur rapport si elles ne sont pas du même ordre de grandeur (la plus grande sur la plus petite).

Ici on a $F_1 = 17 \times 10^1$ N et $F_2 = 3 \times 10^{-9}$ N.
Ces deux forces ne sont pas du même ordre de grandeur.

Calculons le rapport $\dfrac{F_1}{F_2}$:

$$\frac{F_1}{F_2} = \frac{17 \times 10^1}{3 \times 10^{-9}} = 6 \times 10^{10}.$$

On en déduit que F_1 est 60 milliards de fois plus grande que F_2.
F_2 est donc négligeable devant F_1 : Éthan ne subit donc pas la force attractive exercée par son frère.

Vérifier ses connaissances

1 Représentation de la force de gravitation

La sonde spatiale *Voyager II* s'approche à 81 593 kilomètres de la planète Uranus. Ses observations donnent des informations précieuses sur l'étonnante diversité de ses satellites ainsi que sur les neuf anneaux qui entourent la planète. Partie en 1977, *Voyager II* a d'abord atteint Saturne en août 1981, puis s'est dirigée vers Uranus. Le 25 août 1989, elle est parvenue jusqu'à Neptune. Elle sortira du système solaire pour continuer à circuler dans l'espace jusqu'en 2017, année où son réacteur nucléaire devrait cesser de fonctionner.

Données : masse de la sonde : 808 kg ;
masse d'Uranus : $9{,}66 \times 10^{25}$ kg.

1. Calculer l'intensité de la force d'attraction de la planète Uranus sur la sonde lors qu'elle la survole.

2. Représenter sur un schéma cette force avec pour échelle : 1 cm $\leftrightarrow$ 500 N.

2 Attraction de la Terre

1. Calculer l'intensité de la force de gravitation exercée par la Terre sur la Lune. Représenter cette force en choisissant une échelle.

2. Calculer l'intensité de la force de gravitation exercée par la Terre sur une personne de masse $m = 60$ kg, à la surface de la Terre.

Données : masse de la Lune, $M_L = 7{,}34 \times 10^{22}$ kg ;
masse de la Terre, $M_T = 5{,}98 \times 10^{24}$ kg ;
rayon de la Terre, $R_T = 6\,400$ km ;
distance Terre-Lune, $D_{T\text{-}L} = 3{,}844 \times 10^{5}$ km.

S'entraîner

3 Force de gravitation et principe d'inertie

On considère un satellite qui tourne autour de la Terre sur une orbite circulaire à une altitude de 400 km. Il effectue un tour de la Terre en 1 h 33 min.

1. En utilisant le principe de l'inertie, montrer que le satellite est soumis à une force. Qui exerce cette force sur le satellite ?

2. Calculer sa valeur.

3. Faire un schéma et représenter cette force.

4. Quel est le meilleur référentiel pour étudier le mouvement du satellite ?

5. Déterminer la vitesse du satellite (en km · h^{-1}) dans ce référentiel.

Données : masse de la Terre, $M_T = 5{,}98 \times 10^{24}$ kg ;
rayon de la Terre, $R_T = 6\,400$ km ;
masse du satellite, $M_s = 1\,060$ kg.

4 Intensité de pesanteur de quelques planètes

	Vénus	Terre	Mars
Distance du soleil (UA) (1 ua = 1,5 · 10^8 km)	0,723	1	1,524
Masse ($M_T = 6 \cdot 10^{24}$ kg)	0,82 M_T	M_T	…
Rayon de la planète ($R_T = 6\,400$ km)	0,95 R_T	R_T	0,53 R_T
Champ à la surface (N · kg^{-1})	…	9,8	3,7

1. Quelle est l'expression de l'intensité de pesanteur g_T à la surface de la Terre ?

2. Par analogie, en déduire l'expression de g_V, intensité de pesanteur à la surface de Vénus.

3. En déduire une relation entre g_V et g_T puis calculer g_V.

4. Quelle est la valeur du poids d'une sonde de masse 2,0 tonnes (1 tonne = 1 000 kg) sur la Terre ?

5. Quelle est la valeur du poids de cette même sonde sur Vénus ? Conclure.

6. Déduire du tableau ci-dessus la masse de la planète Mars.

Problème

5 Interaction gravitationnelle et interaction électrostatique

Un atome d'hydrogène est constitué de deux particules, un proton et un électron, distantes de 53,0 pm.

1. Calculer la valeur de la force gravitationnelle $\vec{F}$ s'exerçant sur l'électron.

2. L'électron est aussi soumis à une force $\vec{F'}$ due à sa charge négative appelée force électrostatique, dont l'intensité est proportionnelle à chacune des charges q et q' et inversement proportionnelle au carré de la distance d qui sépare les particules. Le coefficient de proportionnalité k est égal à $9{,}00 \times 10^9$ S.I. dans le vide.

Exprimer l'intensité de cette force F' en fonction de k, q, q' et d.

3. Les deux charges sont de signe opposé, l'interaction est-elle attractive ou répulsive ?

4. Déterminer l'intensité de F'.

5. Faire un schéma de ces deux forces exercées sur l'électron sans se soucier de l'échelle.

6. Comparer F' et F puis conclure.

Données :

	Charge	Masse
Proton	$q_p = e \approx 1{,}6 \times 10^{-19}$ C	$m_p = 1{,}673 \times 10^{-27}$ kg
Électron	$q_e = -e \approx -1{,}6 \times 10^{-19}$ C	$m_e \approx 9{,}109 \times 10^{-31}$ kg

1 **1.** Force d'attraction de la planète Uranus sur la sonde distante de 81 593 km :

$$F = \frac{\mathcal{G}\, M_{\text{Uranus}}\, M_{\text{Sonde}}}{d^2}$$

A.N. :

$$F = \frac{6{,}67 \times 10^{-11} \times 9{,}66 \times 10^{25} \times 808}{(81\,593 \times 10^3)^2}$$

$F = 782$ N.

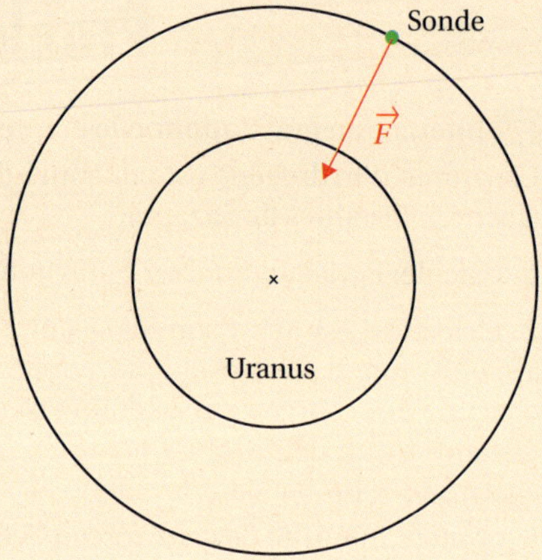

2. À l'échelle choisie (1 cm ↔ 500 N), la force est représentée par un segment de longueur 1,6 cm $\left(\frac{782}{500}\right)$.

2 **1.** Intensité de la force de gravitation exercée par la Terre sur la Lune :

$$F_{T/L} = \frac{\mathcal{G}\, \mathfrak{M}_T \times M_L}{{D_{T-L}}^2}.$$

A.N. : $$F_{T/L} = \frac{6{,}67 \times 10^{-11} \times 5{,}98 \times 10^{24} \times 7{,}36 \times 10^{22}}{(3{,}844 \times 10^8)^2}$$

$F_{T/L} = 1{,}98 \times 10^{20}$ N.

Choisissons l'échelle 1 cm ↔ 10^{20} N pour représenter cette force.

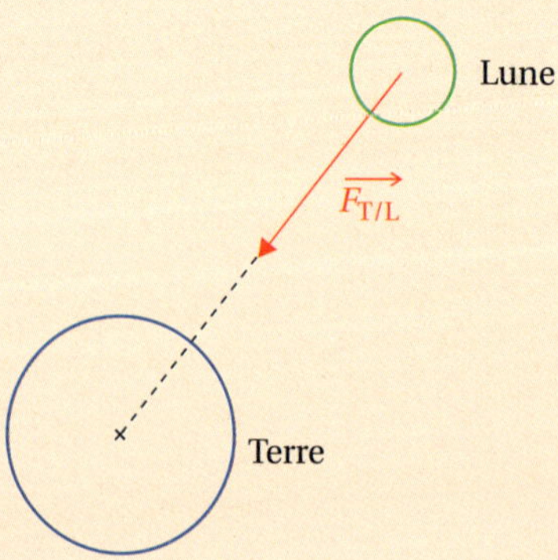

2. Intensité de la force de gravitation exercée par la Terre sur une personne de masse m, à la surface de la Terre :

$$F_{T/m} = \frac{\mathcal{G}\, M_T \times m}{{R_T}^2}$$

A.N. : $m = 60$ kg.

$$F_{T/m} = \frac{6{,}67 \times 10^{-11} \times 5{,}98 \times 10^{24} \times 60}{(6\,400 \times 10^3)^2}$$

$$F_{T/m} = 5{,}8 \times 10^2 \text{ N.}$$

3 **1.** Le satellite a un mouvement circulaire uniforme, donc d'après le principe de l'inertie, il n'est pas soumis à des forces qui se compensent. Il est donc soumis à une seule force (la force de gravitation est non nulle).

C'est la Terre qui exerce une force gravitationnelle sur le satellite.

2. Calculons l'intensité de cette force. D'après la loi de Newton :

$$F_{Terre/satellite} = \frac{\mathcal{G}\, M_T \times M_S}{d^2}.$$

Puisque le satellite est en orbite à l'altitude h, $d = (R_T + h)$ et :

$$F_{Terre/satellite} = \frac{\mathcal{G}\, M_T \times M_S}{(R_T + h)^2}.$$

A.N. : $h = 400$ km $= 400 \times 10^3$ m.

$$F_{Terre/satellite} = \frac{6{,}67 \times 10^{-11} \times 5{,}98 \times 10^{24} \times 1\,060}{(6\,400 \times 10^3 + 400 \times 10^3)^2}$$

$$F_{Terre/satellite} = 9{,}14 \times 10^3 \text{ N.}$$

3. Si on choisit comme échelle : 1 cm $\leftrightarrow$ 4 000 N, le vecteur représentant $\overrightarrow{F_{T/S}}$ a pour longueur $\frac{9{,}14 \times 10^3}{4\,000}$ soit 2,3 cm.

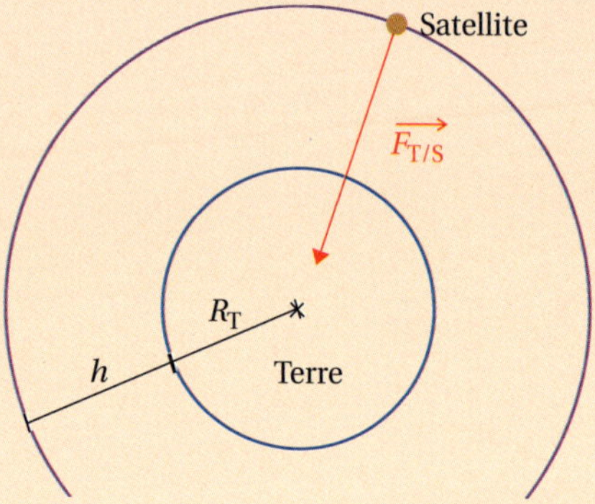

4. Le meilleur référentiel pour étudier le mouvement du satellite (mouvement au voisinage de la Terre) est le référentiel géocentrique.

5. La vitesse est le rapport de la distance d parcourue par la durée Δt de parcours, soit :

$$v = \frac{d}{\Delta t}.$$

A.N. : d est le périmètre de l'orbite du satellite de rayon $R = R_T + h$ soit $d = 2\pi R = 2\pi\,(R_T + h)$.

$$\Delta t = 1\text{ h }33\text{ min} = 1 + \frac{33}{60} = 1{,}55\text{ h}.$$

On obtient donc :

$$v = \frac{2\pi(6\,400 + 400)}{1{,}55}$$

$v = 2{,}7 \times 10^4\ \text{km}\cdot\text{h}^{-1}$.

4 **1.** D'après le cours, le poids d'un corps à la surface de la Terre est quasiment égal à la force de gravitation s'exerçant sur lui.

On peut donc écrire :

$$F = P$$

soit :

$$m\,\frac{\mathcal{G}\,M_T}{(R_T + h)^2} = mg.$$

On en déduit l'expression de g à la surface de la Terre :

$$g_T = \frac{\mathcal{G}\,M_T}{{R_T}^2}.$$

2. Par analogie, on peut écrire que l'intensité de pesanteur à la surface de Vénus s'écrit :

$$g_V = \frac{\mathcal{G} M_V}{{R_V}^2}.$$

3. D'après les données du tableau : $M_V = 0{,}82\ M_T$ et $R_V = 0{,}95\ R_T$.
On remplace alors dans l'expression de g_V :

$$g_V = \frac{\mathcal{G} \times 0{,}82\ M_T}{(0{,}95\ R_T)^2}$$

$$g_V = \left(\frac{\mathcal{G} M_T}{{R_T}^2}\right) \times \left(\frac{0{,}82}{0{,}95^2}\right).$$

On reconnaît l'expression : $g_T = \dfrac{\mathcal{G} M_T}{{R_T}^2}$.

On peut alors exprimer g_V en fonction de g_T :

$$g_V = \left(\frac{0{,}82}{0{,}95^2}\right) \times g_T$$

soit :

$$g_V = 0{,}91 \times g_T.$$

A.N. : $g_V = 0{,}91 \times 9{,}8 = 8{,}9\ \text{N} \cdot \text{kg}^{-1}$.

4. Le poids d'une sonde à la surface de la Terre est $P_T = m \times g_T$.

A.N. : $m = 2{,}0 \times 10^3$ kg
$P_T = 2{,}0 \times 10^3 \times 9{,}8 = 2{,}0 \times 10^4$ N.

5. Le poids d'une sonde à la surface de Vénus est $P_V = m \times g_V$.

A.N. : $m = 2 \times 10^3$ kg
$P_V = 2 \times 10^3 \times 8{,}9 = 1{,}8 \times 10^4$ N.

On remarque que la valeur du poids d'un objet sur la Terre est sensiblement égal à celle du poids sur Vénus car ces deux planètes ont des masses et des rayons très semblables.

6. L'intensité de pesanteur à la surface de Mars est :

$$g_M = \frac{\mathcal{G} M_M}{{R_M}^2}.$$

D'où :

$$M_M = \frac{g_M \times {R_M}^2}{\mathcal{G}}.$$

A.N. : D'après le tableau des données :
$R_M = 0{,}53\ R_T = 0{,}53 \times 6\,400 \times 10^3$ m
$g_M = 3{,}7\ \text{N} \cdot \text{kg}^{-1}$.

D'où :

$$M_M = \frac{3{,}7 \times (0{,}53 \times 6\,400 \times 10^3)^2}{6{,}67 \times 10^{-11}}.$$

$M_{Mars} = 6{,}38 \times 10^{23}$ kg.

5 **1.** La valeur de la force gravitationnelle $\overrightarrow{F}$ s'exerçant sur l'électron est :

$$F = \frac{\mathcal{G}\, m_e \times m_p}{d^2}.$$

A.N. : $F = \dfrac{6{,}67 \times 10^{-11} \times 1{,}673 \times 10^{-27} \times 9{,}109 \times 10^{-31}}{(53{,}0 \times 10^{-12})^2}$

$F = 3{,}62 \times 10^{-47}$ N.

Cette force est attractive.

2. Puisque la force électrostatique $\overrightarrow{F'}$ est proportionnelle à chacune des charges q_e et q_p elle est donc proportionnelle à $q_p \times q_e$.
Puisqu'elle est inversement proportionnelle au carré de la distance d qui les sépare, elle est proportionnelle à $\dfrac{1}{d^2}$.
On peut donc écrire :

$$F' = \frac{k \times q_p \times q_e}{d^2}.$$

3. La charge de l'électron est l'opposée de celle du proton puisque $q_e = -1{,}6 \times 10^{-19}$ C et $q_p = +1{,}6 \times 10^{-19}$ C. Le produit $q_p \times q_e$ est donc négatif : la force électrostatique entre l'électron et le proton est donc une force attractive (deux charges opposées s'attirent).

4. La force électrostatique exercée par le proton sur l'électron s'écrit :

$$F' = \frac{k \times q_p \times q_e}{d^2}.$$

A.N. : $F' = \frac{9{,}00 \times 10^9 \times (1{,}6 \times 10^{-19}) \times (1{,}6 \times 10^{-19})}{(53{,}0 \times 10^{-12})^2}$

$F' = 8{,}2 \times 10^{-8}$ N.

5. Schéma des forces exercée sur l'électron :

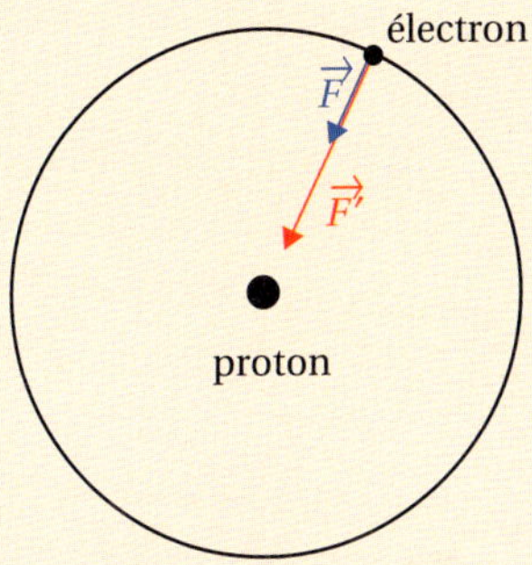

6. Les intensités F et F' n'étant pas du même ordre, on calcule leur rapport :

$$\frac{F'}{F} = \frac{8{,}2 \times 10^{-8}}{3{,}62 \times 10^{-47}} = 2{,}2 \times 10^{39}.$$

La force de gravitation est négligeable devant la force électrostatique.

16 Le temps et sa mesure

Comme l'attestent de nombreux textes anciens, les hommes ont eu très tôt conscience que le Soleil et la Lune n'avaient pas pour seule utilité d'éclairer notre planète. Ces astres permettaient aussi de rythmer leur vie, et leur mouvement régulier a longtemps fourni notre principale mesure du temps.

Puis, au cours des siècles, du cadran solaire à l'horloge atomique actuelle, les dispositifs de mesure du temps sont devenus de plus en plus précis.

I Phénomènes astronomiques

■ Pour mesurer le temps, il faut se fonder sur l'observation d'un phénomène périodique servant de référence pour définir une unité de temps.

Plus le phénomène périodique choisi se répète à intervalles de temps réguliers (ou presque), plus on peut définir l'unité de temps de façon précise.

➲ L'unité de temps du système international est la seconde.

■ On rappelle que la période, notée *T*, est la durée au bout de laquelle un phénomène se répète identique à lui-même. Cette grandeur s'exprime en seconde.

De même, la fréquence, notée *f*, est le nombre de périodes par seconde. Elle s'exprime en hertz.

Elle est égale à l'inverse de la période soit :

$$f = \frac{1}{T}$$

T en s
f en Hz

1 D'un jour à l'autre

On a longtemps cru que le Soleil était en mouvement autour de la Terre. En fait, c'est la Terre qui tourne autour du Soleil :

• 24 heures (plus précisément en 23 h 59 min 4 s) lui sont nécessaires pour faire un tour par rapport au Soleil : c'est le **jour solaire**.

• 23 h 56 min 4 secondes lui sont nécessaires pour se retrouver face à une même étoile fixe dans le ciel : c'est le **jour sidéral**.

Le jour solaire est donc plus long que le jour sidéral à cause du mouvement de la Terre autour du Soleil.

On retiendra que :

1 jour solaire = 24 heures.

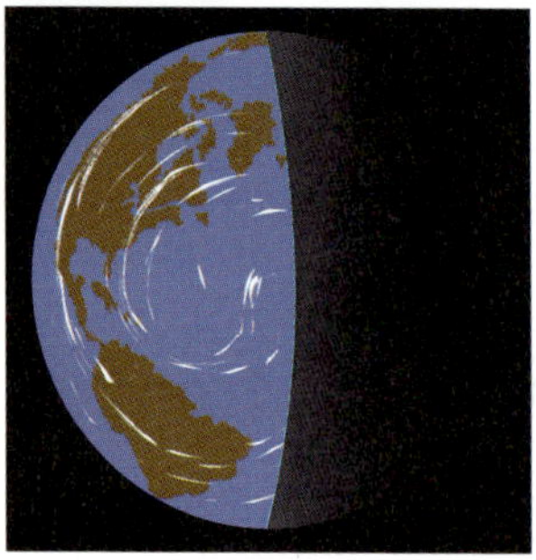

La Terre vue de l'espace

2 D'un mois à l'autre

On peut remarquer que le mouvement de notre satellite naturel, la Lune, est assez régulier ce qui permet de regrouper les jours en « mois lunaires » : les lunaisons.

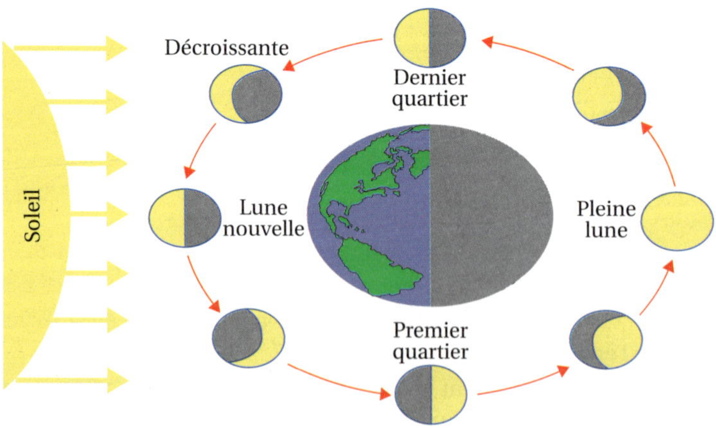

Suivant sa position par rapport à la Terre et au Soleil, la Lune est éclairée par le Soleil de différentes façons. Elle retrouve le même aspect tous les 29,5 jours. Elle présente donc des aspects variables appelés phases : nouvelle Lune, premier quartier, pleine Lune, dernier quartier.

On retiendra que :

1 mois = 1 lunaison ≈ 29,5 jours.

3 D'une saison à l'autre

La Terre tourne sur elle-même autour d'un axe incliné d'environ 23 degrés par rapport à la verticale. Cette inclinaison fait varier sans cesse la durée du jour et de la nuit et est à l'origine des saisons.

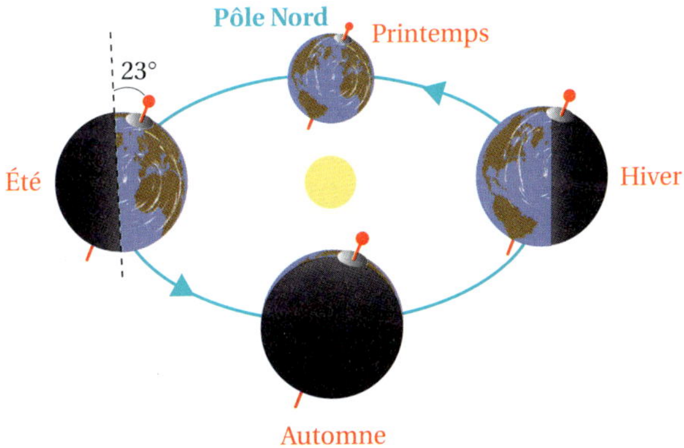

■ Entre l'été et l'hiver, on observe des différences de la position du soleil dans le ciel, des températures contrastées et des variations de la longueur du jour et de la nuit.

Suivant la position du Soleil, la même quantité de chaleur est répartie en hiver sur une plus grande surface qu'en été : chaque partie éclairée de la Terre reçoit moins de chaleur en hiver qu'en été, ce qui explique pourquoi il fait beaucoup plus froid en hiver (dans l'hémisphère nord).

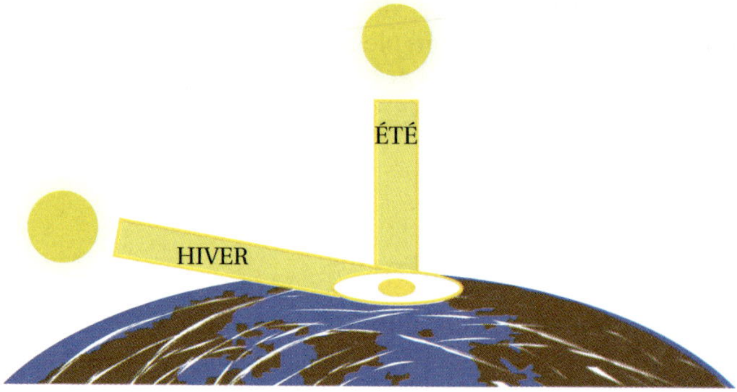

4 D'une année à l'autre

■ En plus de tourner sur elle-même, la Terre tourne également autour du Soleil en suivant une orbite elliptique. Elle se déplace à environ 30 km/s (plus de 100 000 km/h !). Il lui faut 365 jours 5 heures 48 minutes et 46 secondes, soit un an, pour en faire le tour.

On retiendra que :

1 année = 365,24 jours.

Ce cycle annuel était connu des Égyptiens, des Mayas, des Chinois et des Grecs et il a donné naissance aux premiers calendriers, employés principalement pour savoir quand il fallait semer et faire les récoltes, mais aussi pour fêter les anniversaires et célébrer les fêtes religieuses.

5 Les calendriers

■ Dès l'Antiquité, la simple observation de la nature a mis en relief trois phénomènes astronomiques périodiques pouvant être utilisés pour la mesure du temps et donnant naissance à trois unités :

- le **jour**, fondé sur l'alternance du jour et de la nuit ;
- le **mois**, déterminé par la succession des phases de la Lune ;
- l'**année**, à partir du cycle des saisons.

■ Chaque civilisation a constitué son propre système de mesure du temps, en fonction de ses besoins. Les premiers calendriers qui ont vu le jour étaient basés sur le cycle régulier de la Lune. Tel était le cas du calendrier chaldéen qui suivait les phases de la Lune.

Mais ce cycle n'est pas régulier (une année ne comporte pas un nombre entier de lunaisons) et les saisons se retrouvaient décalées d'année en année.

■ Pour enrayer cette dérive, certains ont préféré se baser sur le cycle des saisons, c'est-à-dire sur une année de 365 jours : c'est le calendrier solaire.

La Terre effectue en réalité un tour autour du Soleil en 365,2422 jours : tous les quatre ans (année bissextile), il faut donc rajouter un 366e jour, le 29 février, pour rattraper le retard.

Il faut cependant savoir qu'aucun calendrier n'est parfait. L'emploi de tel ou tel calendrier est avant tout un choix culturel. Cependant, que ce soit grâce au Soleil ou à la Lune, ou aux deux, le ciel est réellement à l'origine de notre façon de compter le temps.

II Dispositifs construits par l'homme

Nous avons vu que les phénomènes astronomiques ont permis à l'homme un premier repérage. Puis, l'élaboration de dispositifs ingénieux et performants lui a permis d'accéder à des mesures de durée de plus en plus précises.

1 Les horloges à ombre : le cadran solaire

Dès l'Antiquité, les hommes utilisent le gnomon, un bâton planté dans le sol, pour mesurer le temps ou tout au moins pour repérer le milieu de la journée (l'ombre du bâton atteint un minimum lorsque le soleil est au zénith).

Lorsque le bâton est incliné suivant l'axe pôle Nord-pôle Sud, l'intersection de l'ombre et du cadran gradué donne l'heure.

Ce système pourtant très imprécis fait longtemps office d'unique « horloge ».

➲ Les obélisques égyptiens sont de gigantesques gnomons, par exemple celui de la place de la Concorde à Paris.

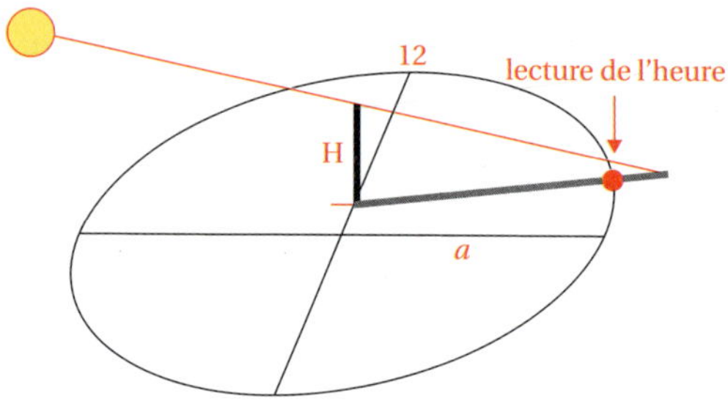

2 Les premières horloges à eau ou clepsydres

■ Pour pouvoir aussi se repérer dans le temps, le soir ou par temps nuageux, on utilisait les clepsydres. Ce mot vient du latin *clespydra* qui signifie « qui vole l'eau ».

Son principe est simple : un récipient évasé, rempli d'eau, est percé d'un orifice. L'eau s'écoule lentement et régulièrement, et son niveau, en baissant, indique le temps écoulé.

Ces horloges à eau étaient utilisées dans les monastères pour déclencher une sonnerie aux heures de prière. Les Grecs et les Romains l'employaient aussi pour limiter le temps de parole dans les tribunaux.

Principe de la clepsydre

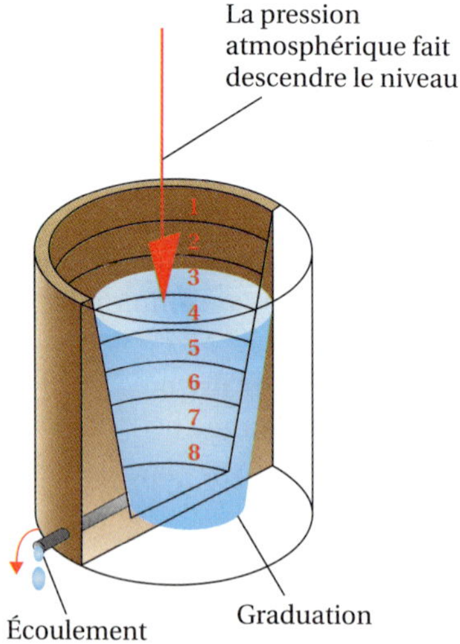

■ De nombreuses autres horloges ont vu le jour : les horloges à encens, les horloges-bougies utilisées en France au Moyen Âge, ou encore les sabliers.

3 Les horloges à pendule

Au XVIIe siècle, Galilée, en observant les lents balancements des lustres de son église, remarqua le premier que leurs oscillations étaient régulières.

Il établit alors une relation entre la période T et la longueur l du pendule :

$$T = 2\pi\sqrt{\frac{l}{g}}$$

l en m
g en $N \cdot kg^{-1}$
T en s

En 1658, le mathématicien Huygens, mit au point la première horloge à pendule. Celle-ci n'avait qu'une seule aiguille qui faisait le tour du cadran en 24 heures. Mais il fallait souvent la remettre à l'heure et elle était très encombrante.

4 Les premières montres

■ Les premières montres furent mises au point au XVIe siècle, mais elles n'étaient employées que par des personnes riches. La première horloge électrique a été mise au point en 1840 par l'anglais Alexandre Bain. Quant à la première montre électrique, elle ne date que de 1952 (le temps de trouver le moyen de miniaturiser les piles).

■ Puis vint l'horloge à quartz en 1933, la montre à quartz en 1968 et enfin l'horloge atomique. Cette dernière constitue l'instrument de « mesure » du temps le plus précis. Elle sert à définir la seconde, unité du système international. En effet, une seconde est définie comme la durée de 9 192 631 770 oscillations de l'isotope de césium 133.

L'horloge atomique est d'une très grande précision puisqu'elle retarde de 1 seconde tous les trois milliards d'années. Elle trouve en outre ses applications dans les technologies de positionnement géographique (satellites, GPS, etc.).

Interprétation d'un texte historique

ÉNONCÉ

Voici un texte de Galilée tiré des *Discours concernant deux sciences nouvelles* en 1638. Il décrit une de ses premières expériences sur l'étude des oscillations pendulaires :

> « J'ai pris deux boules, l'une de plomb et l'autre de liège, celle-là au moins cent fois plus lourde que celle-ci, puis j'ai attaché chacune d'elles à deux fils très fins, longs tous deux de quatre coudées ; les écartant alors de la position perpendiculaire, je les lâchais en même temps (...) ; une bonne centaine d'allées et venues, accomplies par les boules elles-mêmes, m'ont clairement montré qu'entre la période du corps pesant, et celle du corps léger, la coïncidence est telle que sur mille vibrations comme sur cent, le premier n'acquiert sur le second aucune avance, fût-ce la plus minime, mais que tous deux ont un rythme de mouvement rigoureusement identique. On observe également l'action du milieu qui, en gênant le mouvement, ralentit bien davantage les vibrations du liège que celles du plomb, sans toutefois modifier leur fréquence ; même si les arcs décrits par le liège n'ont plus que cinq ou six degrés, contre cinquante ou soixante pour le plomb, ils sont en effet traversés en des temps égaux. »

1. Quelle est la nature du mouvement du pendule élaboré par Galilée ?

2. Quelle grandeur caractéristique est-il intéressant de mesurer ici ? Comment Galilée la nomme-t-elle dans le texte ?

3. Pourquoi Galilée prend-t-il différents matériaux pour les boules servant à l'expérience ?

4. Pourquoi est-il important de conserver la même longueur de fil pour toutes les expérimentations ?

5. La masse des boules influe-t-elle sur la durée des allers-retours ?

CORRIGÉ

1. Le pendule élaboré par Galilée a un mouvement oscillatoire périodique.

2. Il est intéressant de mesurer la durée d'un aller-retour appelée période du pendule.

Galilée la nomme « allée et venue ».

3. Galilée prend différents matériaux pour les boules afin de savoir si la masse des boules influe sur la valeur de la période.

4. Lorsqu'on étudie l'influence d'une grandeur (ici la masse) sur une autre (ici la période), il est important de conserver les autres variables fixes (ici la longueur de fil).

5. Galilée dit : « Entre la période du corps pesant, et celle du corps léger, la coïncidence est telle que sur mille vibrations comme sur cent, le premier n'acquiert sur le second aucune avance ». La période du pendule ne dépend donc pas de la masse suspendue.

Étalonnage d'un instrument de mesure du temps

On veut étudier l'influence de la longueur L du pendule sur sa période T afin de compléter l'étude de Galilée. Les résultat sont donnés ci-dessous :

ℓ(m)	0,20	0,30	0,35	0,40	0,45	0,50	0,55	0,60	0,80	1,10	1,30
T(s)	0,90	1,10	1,19	1,27	1,35	1,42	1,49	1,55	1,79	2,10	2,28

1. Tracer la courbe représentant la période en fonction de la longueur.

2. La période est-elle proportionnelle à la longueur du pendule ?

3. L'expérimentateur désire concevoir un pendule qui « batte » la seconde, c'est-à-dire tel que le pendule change de sens exactement chaque seconde. Utiliser la courbe précédente pour déterminer la longueur de ce pendule.

4. Finalement le pendule fabriqué par l'expérimentateur retarde. Faut il réduire ou augmenter la longueur du pendule ? Justifier la réponse.

CORRIGÉ

1. **Courbe d'étalonnage $T = f(\ell)$**

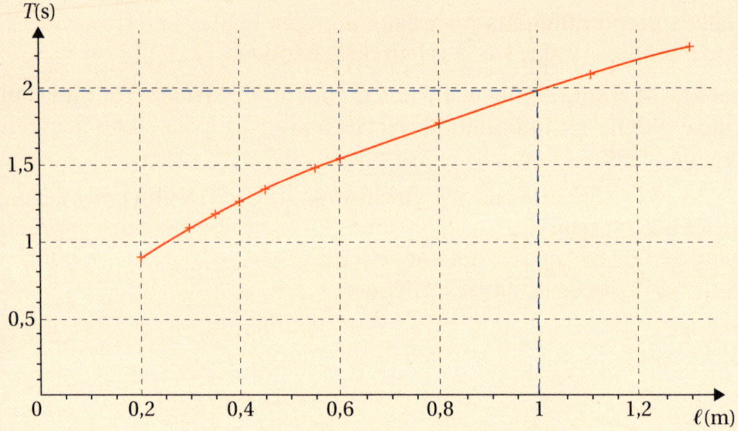

2. On constate que la courbe représentant la fonction f telle que $T = f(\ell)$ n'est pas une droite passant par O.
La période T et la longueur du fil ℓ ne sont donc pas proportionnelles.

3. Un pendule battant la seconde a une période de 2 s.
D'après la courbe d'étalonnage, la longueur de fil correspondant à $T = 2$ s est $\ell = 1{,}00$ m.

4. D'après la courbe (et le tableau de valeurs), on remarque que lorsque la longueur ℓ du fil augmente alors la période augmente aussi. Puisque le pendule retarde alors cela signifie que la période est trop longue ; il faut donc diminuer la période du pendule donc diminuer la longueur du fil.

Vérifier ses connaissances

1 La mesure du temps

Complète les phrases suivantes :

1. Le ...., unité de base de nos calendriers, correspond au temps que met la Terre pour faire un tour ....-.......................

2. Le ...., lui, a pour origine la lunaison : c'est la durée de révolution de la .... autour de la Terre.

3. L'année, elle, correspond à la période de révolution de la .... autour du Soleil ; elle dure ...., ... jours.

4. Les saisons sont dues à l'...................... de l'axe des pôles de la Terre. Lors de la révolution de la Terre autour du Soleil, certaines parties du globe terrestre sont davantage ...., il y fait donc plus .... : c'est l'été.

2 Périodes et fréquences

1. Déterminer la période et la fréquence (en unités du système international) des événements suivants :

a. la rotation de l'aiguille « des secondes » d'une montre ;

b. la rotation de l'aiguille « des minutes » d'une montre ;

c. la parution d'un journal quotidien ;

d. la révolution de la Terre autour du Soleil.

2. Exprimer ces fréquences en adoptant une unité de fréquence plus « parlante » (nombre de fois par minute, ou par heure, ou ...).

3. Si la fréquence d'horloge d'un ordinateur est de 600 MHz, calculer sa période en ns (1 nanoseconde = 10^{-9} s).

S'entraîner

3 L'horloge à eau

Des élèves ont réalisé une clepsydre à l'aide d'une bouteille en matière plastique dont le bouchon a été percé. Afin de tracer la courbe d'étalonnage ils ont mesuré la hauteur h d'eau restante en fonction de la durée t de l'écoulement :

h(cm)	20	18	16	14	12	10
t(s)	0	23	47	73	101	131

1. Quel est le principe de la clepsydre ?

2. Tracer la courbe d'étalonnage $h = f(t)$.

On prendra pour unités, 1 cm en abscisse pour 10 s et 1 cm en ordonnée pour 1 cm.

3. La hauteur h d'eau restante est-elle proportionnelle au temps écoulé ?

4. Si l'on utilise ce dispositif pour mesurer le temps de cuisson des œufs à la coque (3 min) quelle devra être la hauteur h d'eau restant en fin de cuisson ?

4 Le pendule

Un pendule simple « bat la seconde » c'est-à-dire que sa période T vaut 2 s. Il est constitué d'un fil auquel est accroché un petit objet de masse $m = 100$ g, le tout de longueur ℓ. Il a été écarté initialement de sa position d'équilibre d'un angle $\theta_m = 15°$.

On donne $g = 9{,}8\ \text{N} \cdot \text{kg}^{-1}$.

1. Sachant que $T = 2\pi \times \sqrt{\frac{\ell}{g}}$ (avec ℓ exprimé en mètres), calculer la longueur ℓ du pendule. (Expression littérale, calcul, résultat).

2. Calculer T pour $\ell = 25$ cm.

3. Comment varie la période du pendule pour $\theta_m = 10°$?

4. Comment varie la période du pendule pour $m = 50$ g ?

En 1671, Richer, un astronome français, part pour Cayenne en Guyane et fait une découverte inattendue : en réglant ses horloges, il constate que le même pendule bat plus lentement à Cayenne qu'à Paris.

5. Quelle grandeur physique peut expliquer cette observation ?

Problème

5 Un peu d'histoire

L'histoire raconte qu'au XVIIe siècle, Galilée, en observant les lents balancements des lustres de son église, s'est s'aperçu que leur longueur influençait la durée d'un aller et retour de leur balancement (appelé période et notée *T*). Il a également noté que la masse des lustres n'intervenait pas (à longueur égale) sur la période des oscillations.

Il a alors déterminé la relation entre la période *T* des oscillations d'un pendule et sa longueur ℓ.

Voici les résultats d'un groupe d'élèves ayant étudié l'influence de la longueur ℓ d'un pendule sur sa période *T*.

ℓ (m)	0,050	0,100	0,150	0,200	0,250	0,300	0,350	0,40	0,500
T (s)	0,45	0,62	0,77	0,88	0,99	1,09	1,17	1,27	1,42

1. D'après les données du tableau, montrer que *T* n'est pas proportionnel à ℓ.

2. Tracer la courbe de la fonction *f* telle que $T^2 = f(\ell)$ puis en déduire que T^2 est proportionnel à ℓ.

3. Déterminer graphiquement le coefficient de proportionnalité. En déduire la relation entre T^2 et ℓ.

4. Sachant que la formule donnant la période d'un pendule simple sur Terre (dans le cas des petites oscillations) est $T = 2\pi \times \sqrt{\frac{\ell}{g}}$ où *g* est l'intensité de pesanteur de la Terre, retrouver la valeur de *g*.

5. Sachant de plus que *g* est aussi égale à $\frac{\mathcal{G} M_T}{R_T^2}$ (voir chapitre 15), en déduire la masse de la Terre.

R_T est le rayon terrestre : $R_T \approx 6{,}378 \times 10^6$ m ;

$\mathcal{G}$ une constante universelle : $\mathcal{G} = 6{,}67 \times 10^{-11}$ S.I.

1 **1.** Le **jour**, unité de base de nos calendriers, correspond au temps que met la Terre pour faire un tour **sur elle-même**.

2. Le **mois**, lui, a pour origine la lunaison : c'est la durée de révolution de la **Lune** autour de la Terre.

3. L'année, elle, correspond à la période de révolution de la **Terre** autour du Soleil ; elle dure **365,25** jours.

4. Les saisons sont dues à l'**inclinaison** de l'axe des pôles de la Terre. Lors de la révolution de la Terre autour du Soleil, certaines parties du globe terrestre sont davantage **éclairées**, il y fait donc plus **chaud** : c'est l'été.

2 **1.** Période et fréquence (en unités légales) des événements suivants :

a. Rotation de l'aiguille « des secondes » d'une montre :

période $T = 60$ s ; fréquence $f = \frac{1}{T} = \frac{1}{60} = 0{,}017$ Hz.

b. Rotation de l'aiguille « des minutes » d'une montre :

période $T = 1$ h $= 3\,600$ s ; fréquence $f = \frac{1}{3\,600} = 2{,}778 \times 10^{-4}$ Hz.

c. Parution d'un journal quotidien :

période $T = 1$ jour $= 86\,400$ s ; fréquence $f = \frac{1}{86\,400} = 1{,}1574 \times 10^{-5}$ Hz.

d. Révolution de la Terre autour du Soleil :

période $T = 365{,}25$ jours $= 3{,}1558 \times 10^{7}$ s ;

fréquence $f = \frac{1}{3{,}1558 \times 10^{7}} = 3{,}1690 \times 10^{-8}$ Hz.

2. Rotation de l'aiguille des secondes d'une montre : 1 fois par minute.

Rotation de l'aiguille des minutes d'une montre : 1 fois par heure.

Parution d'un journal quotidien : 1 fois par jour.

Révolution de la Terre autour du Soleil : 1 fois par an.

3. La période T de l'horloge d'un ordinateur est reliée à sa fréquence f par la formule :

$$\mathrm{T} = \frac{1}{f}.$$

A.N. : $f = 600$ MHz $= 600 \times 10^{6}$ Hz.

$T = \frac{1}{6 \times 10^{8}} = 1{,}66 \times 10^{9}$ s $= 1{,}66$ ns.

3 **1.** Une clepsydre ou « voleuse d'eau » est une horloge antique à eau utilisée par les Grecs et les Égyptiens. C'est un vase contenant de l'eau, il est percé et laisse s'écouler l'eau dans un vase gradué.

2. **Courbe d'étalonnage $h = f(t)$**

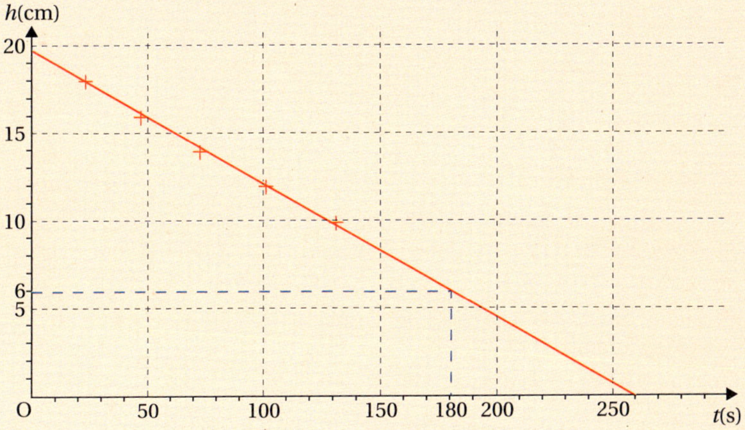

3. On remarque que la courbe $h = f(t)$ n'est pas une droite passant par O donc les 2 grandeurs h et t ne sont pas proportionnelles.

4. Pour déterminer le temps de cuisson des œufs à la coque on utilise la courbe ci-dessus.

3 min = 3 × 60 s = 180 s.

On reporte sur le graphe le point d'abscisse $t = 180$ s : il correspond à une hauteur $h = 6$ cm.

4 **1.** $T = 2\pi \times \sqrt{\frac{\ell}{g}}$ (ℓ en mètres).

En élevant au carré cette égalité, on obtient :

$$T^2 = \frac{4\pi^2 \ell}{g}$$

$$\ell = \frac{g T^2}{4\pi^2}.$$

A.N. : $T = 2$ s ; $g = 9{,}8$ N · kg^{-1} ;

$$\ell = \frac{2^2 \times 9{,}8}{4\pi^2} = 1.$$

Le pendule a donc une longueur égale à 1 m.

2. $T = 2\pi \times \sqrt{\frac{\ell}{g}}$

A.N. : $\ell = 25$ cm $= 0{,}25$ m ;

$$T = 2\pi \times \sqrt{\frac{0{,}25}{9{,}8}} = 1.$$

La période du pendule est donc de 1,0 seconde pour une longueur de 25 cm.

3. On remarque que dans la formule donnant la période d'un pendule simple, l'écartement initial n'intervient pas : donc pour $\theta_m = 10°$ la période vaut aussi 1,0 s.

4. De même que l'écartement initial, la masse du pendule n'influe pas sur la valeur de la période.

Donc pour $m = 50$ g, $T = 1{,}0$ s.

5. L'intensité de pesanteur g dépend du lieu. Elle fait donc varier la valeur de la période T du pendule de Paris à Cayenne.

5

ℓ (m)	0,050	0,100	0,150	0,200	0,250	0,300	0,350	0,40	0,500
T (s)	0,45	0,62	0,77	0,88	0,99	1,09	1,17	1,27	1,42

1. Prenons deux couples de points du tableau de valeurs, par exemple :
A(0,100 m ; 0,62 s) et B(0,350 m ; 1,17 s)

$$\frac{1{,}100}{0{,}62} \neq \frac{0{,}350}{1{,}17}$$

donc ℓ et T ne sont pas proportionnelles.

2. Courbe $T^2 = f(\ell)$

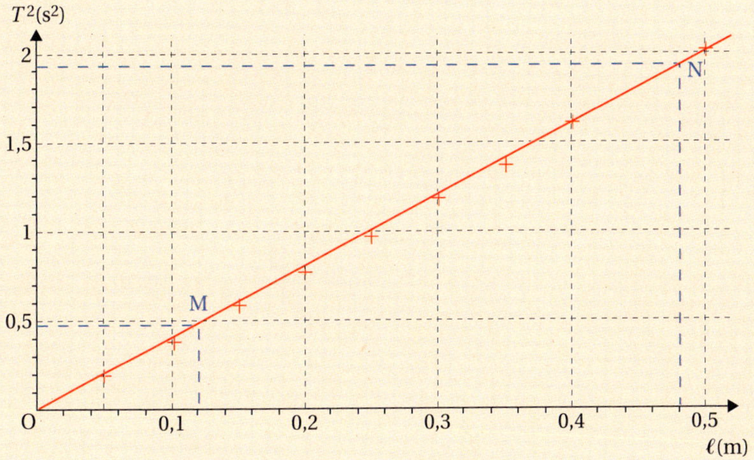

La courbe $T^2 = f(\ell)$ est une droite passant par O donc T^2 est proportionnel à ℓ.

3. On peut alors écrire $T^2 = a\ell$ où a est le coefficient directeur de la droite.
Pour déterminer la valeur de a on choisit deux points sur la droite, par exemple : M(0,12 m ; 0,47 s^2) et N(0,48 m ; 1,9 s^2).

$$a = \frac{T_M^2 - T_N^2}{\ell_M - \ell_N} = \frac{0{,}47 - 1{,}9}{0{,}12 - 0{,}48} \approx 4{,}0\ \text{s}^2 \cdot \text{m}^{-1}.$$

On peut donc alors écrire $T^2 = 4{,}0 \times \ell$.

4. Puisque $T = 2\pi \times \sqrt{\frac{\ell}{g}}$ alors $T^2 = 4\pi^2 \times \frac{\ell}{g}$.

On identifie cette relation avec celle trouvée précédemment :

$T^2 = 4\pi^2 \times \frac{\ell}{g}$ et $T^2 = 4{,}0 \times \ell$.

Et on en déduit : $4\pi^2 \times \frac{\ell}{g} = 4{,}0 \times \ell$.

$4\pi^2 \times \ell = 4{,}0 \times \ell \times g$

$\pi^2 = g = 9{,}8\ \text{N} \cdot \text{kg}^{-1}$.

On retrouve la valeur de l'intensité de pesanteur.

5. $g = \dfrac{\mathcal{G} \times M_T}{{R_T}^2}$ d'où $M_T = \dfrac{g \times {R_T}^2}{\mathcal{G}}$.

A.N. : $R_T = 6{,}378 \times 10^6$ m

$g = 9{,}8 \text{ N} \cdot \text{kg}^{-1}$

$\mathcal{G} = 6{,}67 \times 10^{-11}$

$$M_T = \frac{9{,}8 \times (6{,}378 \times 10^6)^2}{6{,}67 \times 10^{-11}}$$

$M_T = 6 \times 10^{24}$ kg.

Par cette méthode, on trouve que la masse de la Terre est égale à $6{,}0 \times 10^{24}$ kg.

17 Les gaz

I Description d'un gaz à l'échelle microscopique

On met en présence deux gaz : un gaz roux, le dioxyde d'azote et un gaz incolore, l'air.

Les deux gaz se mélangent progressivement sans que l'effet de pesanteur soit responsable.

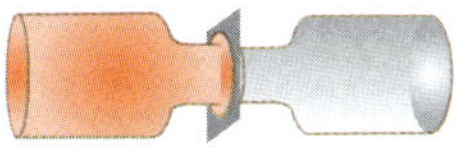

avant

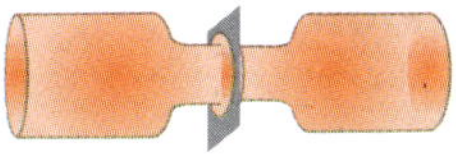

après

En effet, un gaz est constitué de molécules éloignées les unes des autres. Ces molécules sont en perpétuel mouvement, et ce mouvement s'effectue en ligne droite. Elles rebondissent sur les parois du récipient ou s'entrechoquent.

C'est le **mouvement brownien**.

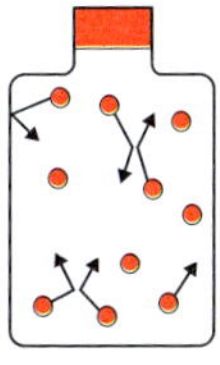

II Description d'un gaz à l'échelle macroscopique

1 Nécessité d'une description macroscopique

Un gaz est constitué d'un très grand nombre de molécules dont il est difficile et parfois inutile de connaître toutes les caractéristiques (masse, position, vitesse, etc.).

Pour décrire l'état du gaz, on utilise plutôt des **grandeurs macroscopiques** facilement accessibles à la mesure :

- la pression P ;
- la température T ;
- le volume V ;
- la quantité de matière de gaz n.

On appelle ces grandeurs macroscopiques des **variables d'état**.

2 Pression P

Expérience

On place un ballon de baudruche contenant très peu d'air sous une cloche à vide (**a**).
On fait le vide sous la cloche(**b**) et on observe alors que le ballon se gonfle.

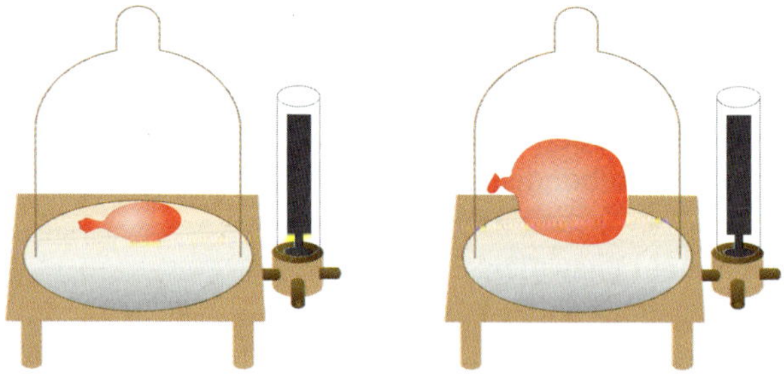

(a) (b)

Interprétation

Dans la partie (**a**) de l'expérience, les faces interne et externe du ballon sont soumises à un bombardement incessant par les molécules des gaz constituant l'air (O_2 et N_2 essentiellement).

Dans la partie (**b**) de l'expérience, il n'y a plus d'air à l'extérieur, seule la face interne du ballon est soumise au bombardement par les molécules enfermées dans le ballon.

Le ballon se déforme : son volume augmente.

On dit que les gaz exercent une **force pressante** sur la face interne du ballon.

Relation entre la force pressante et la pression

Un alpiniste s'enfonce davantage dans la neige en chaussures qu'en raquette. Pourtant il exerce la même force $\vec{F}$ sur la neige (son poids) mais la surface de contact avec la neige est plus faible.

À force égale, la pression d'un solide est d'autant plus grande que la surface de contact S est petite.

La relation entre la valeur de la force pressante F et la pression P est :

$$P = \frac{F}{S}$$

P en Pascal (Pa)
F en Newton (N)
S en m^2

La force pressante est orthogonale à la surface sur laquelle elle s'exerce.

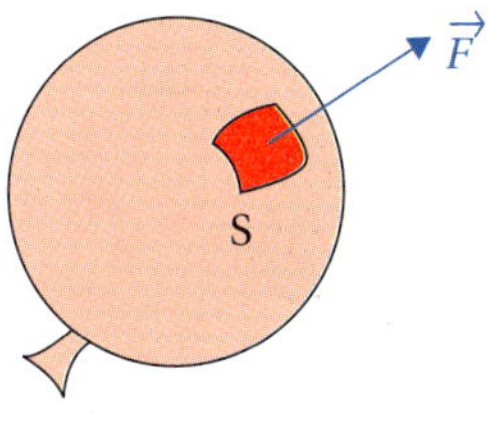

Mesure de la pression

• L'unité de mesure de la pression est le pascal, en hommage à Pascal, grand savant du XVIIe siècle.

Mais le pascal (Pa) est une petite unité :

$$1\ \text{Pa} = 1\ \text{N} \cdot \text{m}^{-2}.$$

En météorologie, on utilise plutôt un multiple du pascal, l'hectopascal (hPa), pour les mesures de la pression atmosphérique :

$$1\ \text{hPa} = 100\ \text{Pa}.$$

Anciennement, on utilisait le bar comme unité de mesure pour la pression :

$$1 \text{ bar} = 10^5 \text{ Pa}$$

ou encore l'atmosphère (atm) :

$$1 \text{ atm} = 1\,013 \text{ hPa.}$$

• Au XVIIe siècle, Galilée, Torricelli et Pascal mettent en évidence la pesanteur de l'air. En 1647 naît le premier instrument de mesure de la pression atmosphérique. L'Académie des Sciences le baptise baromètre.

Baromètre

En TP, on utilise le manomètre absolu qui mesure la pression réelle :

Manomètre absolu

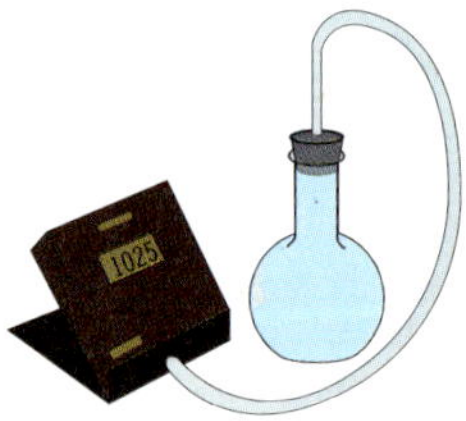

Pour mesurer la pression des pneus de voiture par exemple, on utilise le manomètre différentiel :

Manomètre différentiel

3 Température T

Expérience

Si on chauffe un ballon plein d'air avec les mains, le gaz enfermé se dilate.

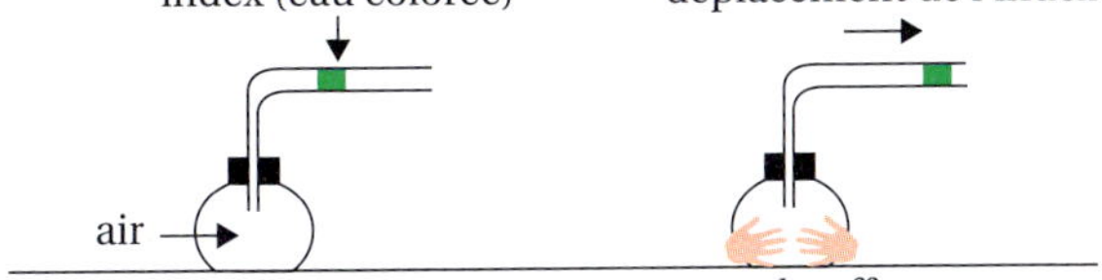

Interprétation microscopique

Lorsque la température augmente, l'agitation moléculaire du gaz augmente : les molécules du gaz s'agitent de plus en plus et occupent alors plus de place.

Cette agitation moléculaire est appelée **agitation thermique**.

Mesure de la température

Un thermomètre est constitué d'un capteur dont une des grandeurs physiques varie avec la température :

- pour le thermomètre à alcool ou à mercure, le liquide se dilate avec la température ;
- pour la sonde thermique, la résistance électrique du conducteur varie avec la température ;
- pour le thermomètre à rayonnement infrarouge, l'émission de rayonnement varie avec la température.

L'unité légale de température est le kelvin noté K.

En France, on utilise aussi le degré Celsius notée °C.

Il existe une correspondance pratique entre les échelles de températures :

$$T(\text{K}) = \theta(°\text{C}) + 273$$

T en kelvin
θ en degré Celsius (°C)

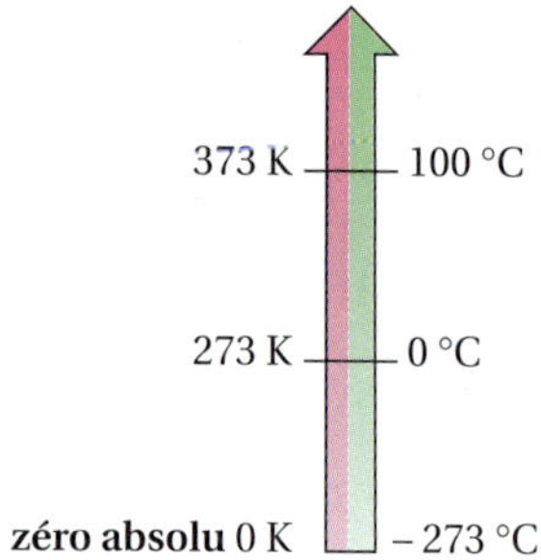

EXEMPLE : 25 °C correspondent à 273 + 25 = 298 K.

III Gaz parfaits, gaz réels

1 Caractéristiques du gaz parfait

Le gaz parfait est un **modèle simplifié** des gaz qui repose sur deux hypothèses :

- les atomes ou molécules du gaz sont assimilés à des masses ponctuelles ;
- les molécules sont **sans interaction** entre elles (la pression est due aux nombreux **chocs** des molécules sur les parois de l'enceinte).

2 Loi de Boyle-Mariotte

Cette loi fut découverte à quelques années d'intervalle par l'Irlandais Robert Boyle (en 1662) et par le Français Edme Mariotte (en 1676). Elle relie la pression et le volume d'un gaz parfait maintenu à température constante.

À température et quantité de matière constantes, le produit $P\,V$ est constant pour un gaz donné :

$$P\,V = \text{constante.}$$

- Cette loi peut aussi s'écrire pour deux états noté 1 et 2 : $P_1V_1 = P_2V_2$.
- D'autres études ont montré que le produit $P\,V$ est indépendant de la nature du gaz.
- Cette loi traduit le fait que lorsque la pression d'un gaz augmente alors son volume diminue : la pression est inversement proportionnel au volume de gaz.

3 Température absolue

Expérience

Chauffons un ballon d'air et relevons les variations de la pression en fonction de l'élévation de température. Le volume et la quantité de matière sont alors constants.

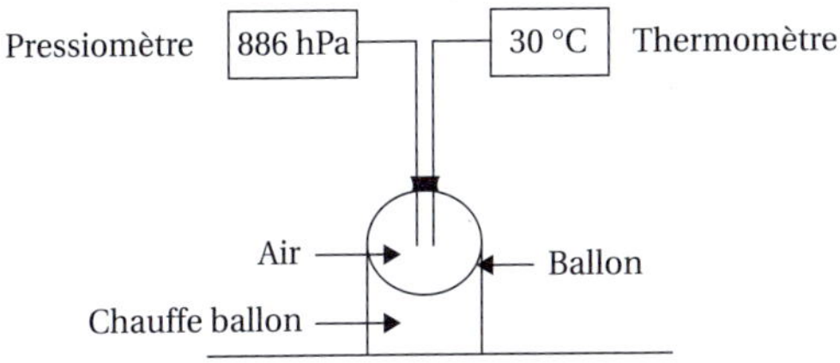

Résultats expérimentaux :

θ(°C)	24,1	30	33	36	38,2	42,5	45	49	50,5	57	62	72,4	79,2
***P* (hPa)**	868	886	894	902	906	926	932	941	943	959	980	1013	1028

Courbe $P = f(\theta)$

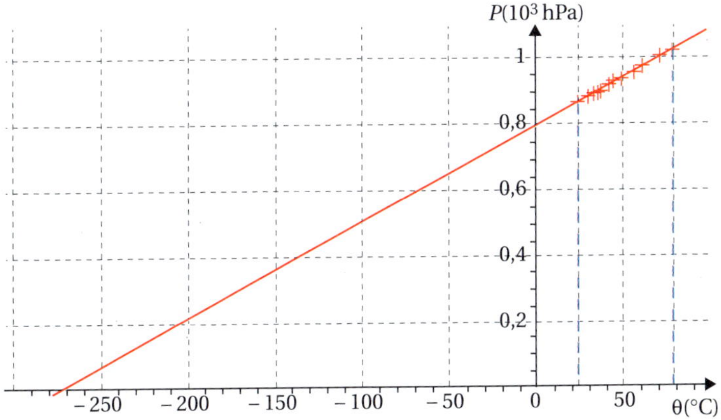

Observation et interprétation

On remarque que lorsque la température augmente la pression augmente : l'**agitation thermique favorise les chocs intermoléculaires**.

Les points obtenus sont alignés. On peut écrire $P = a\theta + b$, où a est le coefficient directeur de la droite et b l'ordonnée à l'origine.

Lorsque la pression est nulle ($P = 0$ hPa), la température est égale à –273 °C, c'est-à-dire $0 = a\theta + b$ soit $0 = a(-273) + b$.

On en déduit :

$$P = a(273 + \theta) = aT.$$

$\theta = -273$ °C est la température limite dite **absolue**. Elle correspond à un état hypothétique, car une pression nulle induit l'immobilité des molécules gazeuses, ce qui est contraire aux propriétés des gaz.

On retrouve l'origine de l'échelle des températures absolues (en kelvin) telle que :

$\boldsymbol{T = \theta + 273}$	T en kelvin (K) est toujours positive θ en degré Celsius (°C)

4 Équation d'état du gaz parfait

Les variables d'état, pression P, volume V, température T et quantité de matière n, d'un gaz parfait en équilibre et au repos sont liées par une relation appelée **équation d'état des gaz parfaits** :

$\boldsymbol{PV = n\mathrm{R}T}$	P en pascal (Pa) V en mètre cube (m^3) T en kelvin (K) n en mole (mol) R est la constante des gaz parfaits (R = 8,31 S.I.)

- On retrouve la loi de Boyle-Mariotte pour n et T fixées.
- Les grandeurs P et V étant positives, on retrouve aussi le fait que T est, elle aussi, une grandeur toujours positive.

5 Volume molaire

Nous avons vu dans le cours de chimie au chapitre 7 que dans les mêmes conditions de température et de pression, une mole de gaz occupe le même volume quelle que soit sa nature (**loi d'Avogadro-Ampère**).

Le volume molaire V_m étant égal au quotient $\frac{V}{n}$ on peut, à l'aide de l'équation d'état des gaz parfaits, l'exprimer en fonction des variables d'état du gaz :

$$V_m = \frac{V}{n}.$$

Or $P\,V = n\,R\,T$ soit $\frac{V}{n} = R\,\frac{T}{P}$.

On en déduit l'expression du volume molaire d'un gaz :

$$\boldsymbol{V_m = R\,\frac{T}{P}}$$

➲ On peut donc déterminer le volume d'un gaz dans n'importe quelles conditions.
Par exemple, à 20 °C et à la pression de 1 bar :
$P = 1$ bar $= 10^5$ Pa ; $T = \theta + 273 = 20 + 273 = 293$ K.

$$V_m = \frac{(8{,}31 \times 293)}{10^5}$$

$V_m = 24 \times 10^{-3}\ m^3 \cdot mol^{-1}$ soit $24\ L \cdot mol^{-1}$.

6 Du gaz parfait au gaz réels

■ Le gaz parfait n'existe pas ! C'est un modèle.
Les expériences faites sur l'air (et sur d'autres gaz ou mélanges) montrent qu'il se comporte comme un gaz parfait aux faibles pressions.

Aux faibles pressions (*P* inférieure à quelques atmosphères), les variables d'état de l'air sont liées par l'équation d'état des gaz parfaits.

Ce comportement des gaz aux faibles pressions peut s'expliquer en considérant qu'à température constante, plus le volume occupé par une quantité de matière de gaz donnée augmente, plus la pression de ce gaz diminue. Il s'ensuit deux conséquences :
– aux faibles pressions, les distances entre les molécules du gaz devenant très grandes, les interactions entre ces molécules deviennent quasi négligeables.

– Le volume de chaque molécule (volume propre des molécules) devient négligeable devant le volume occupé par le gaz. Les molécules peuvent alors être considérées comme quasi ponctuelles.

Il s'agit précisément des hypothèses faites pour construire le modèle du gaz parfait.

Étude quantitative de la loi de Boyle-Mariotte

ÉNONCÉ

À l'aide du dispositif ci-dessous, on emprisonne un volume d'air V_0 correspondant à la moitié du volume de la seringue. On fait ensuite varier lentement ce volume et on dresse le tableau (V, p).

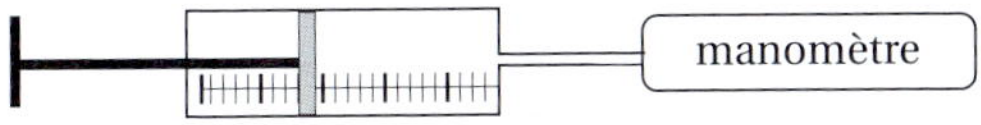

Volume (mL)	30	25	20	15	35	40	45	50
Pression (bar)	0,97	1,17	1,45	1,91	0,82	0,72	0,64	0,58

1. Quelles sont les variables d'état maintenues constantes lors de cette expérience ?

2. Tracer la courbe de la fonction f telle que $P = f\left(\frac{1}{V}\right)$.

3. D'après l'allure de la courbe, déterminer une relation entre la pression du gaz et son volume (on indiquera les unités de chaque terme).

4. Quel est le nom de cette loi ?

CORRIGÉ

1. Dans cette expérience la quantité d'air n ne varie pas (l'air est emprisonné) et la température T reste fixe.

2. Calculons la variable $\frac{1}{V}$

Volume (mL)	30	25	20	15	35	40	45	50
Pression (bar)	0,97	1,17	1,45	1,91	0,82	0,72	0,64	0,58
$\frac{1}{V}$	0,033	0,040	0,050	0,067	0,029	0,025	0,022	0,020

Courbe $P = f\left(\frac{1}{V}\right)$

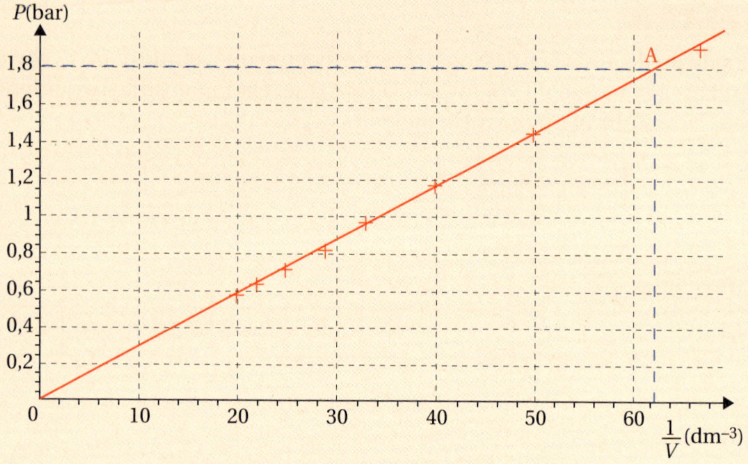

3. On constate que la courbe $P = f\left(\frac{1}{V}\right)$ est une droite passant par l'origine on peut donc écrire $P = k \times \frac{1}{V}$ avec k coefficient directeur de la droite.

Calculons la valeur de k en prenant un point sur la droite, par exemple le point A(0,060 mL^{-1} ; 1,8 bar).

$k = \frac{1,8}{0,060} = 30$ bar · mL.

On peut donc écrire $P = \frac{30}{V}$ soit :

$PV = 30$ bar · mL avec P en bar et V en mL.

4. On reconnaît ici la loi de Boyle-Mariotte : $PV =$ constante.
La constante à cette température et pour cette quantité de matière vaut 30 bar · mL.

➲ Dans tous les exercices, on supposera que les gaz sont parfaits.
On prendra pour constante des gaz parfaits R = 8,31 S.I.

Vérifier ses connaissances

1 « Force de l'air »

On remplit un verre de 120 mL d'eau jusqu'à ras-bord, on pose une feuille dessus, et on retourne le verre. On constate que l'eau ne tombe pas : l'air exerce bien une force sur la feuille qui soutient l'eau.

Mise en évidence de la pression exercée par l'air

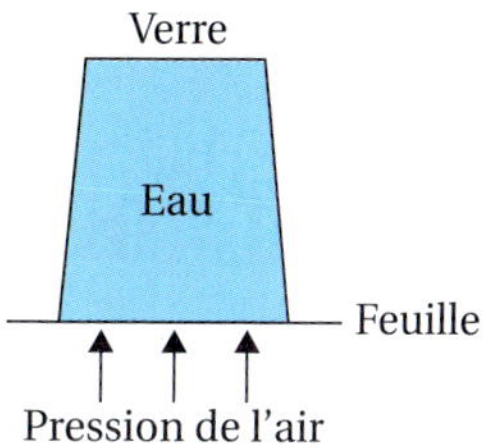

1. Quelle est la nature de la force $\overrightarrow{F_1}$ exercée par l'eau sur la feuille ? Calculer son intensité.

2. Sachant que l'ouverture du verre a un diamètre de 6,0 cm et que la pression atmosphérique vaut 1 013hPa, déterminer l'intensité de la force pressante $\overrightarrow{F_2}$ exercée par l'air sur la feuille.

3. Dessiner ces deux forces sans vous soucier de l'échelle de représentation.

4. En déduire le fait que l'eau ne tombe pas.

Données :

Intensité de pesanteur : $g = 9{,}8\ \text{Nkg}^{-1}$

Masse volumique de l'eau : $1{,}00\ \text{g} \cdot \text{cm}^{-3}$

Surface d'un disque : $S = \pi R^2$.

2 Étalonnage d'une thermistance

Les thermistances sont des composants électroniques dont la résistance varie avec la température.

On a relevé les mesures de la résistance R_{th} d'une thermistance en fonction de la température θ.

θ (°C)	0	8	15	20	31	42	51	71	78
R_{th} (Ω)	1 280	960	715	605	392	246	171	105	85

1. Quel appareil de mesure permet d'évaluer la valeur de R_{th} ?

2. Tracer R_{th} en fonction de θ.

3. Cette thermistance est intégrée dans une sonde qui est plongée dans un bain-marie. L'appareil de mesure indique un résistance de 580 Ω. Quelle est la température du bain-marie ?

S'entraîner

3 Application de la loi de Boyle-Mariotte

Un litre d'un gaz se trouve emprisonné dans le corps d'une seringue ; la pression est de 1,0 bar et la température est de 25 °C en début d'expérience. On fait varier le volume d'air en bougeant le piston.

1. Rappeler les quatre variables d'état d'un gaz.

2. Quelles sont, ici, celles qui sont fixes et celles susceptibles de varier.

3. Rappeler la loi de Boyle-Mariotte.

4. À quelle condition sur la pression le volume de gaz emprisonné dans le récipient sera-t-il doublé ?

5. On tire le piston et la pression est alors de 1 050 hpa. Déterminer le volume occupé par l'air dans la seringue.

* 4 Applications de la loi des gaz parfaits

1. Calculer le volume occupé par 2,50 g de méthane CH_4 à 37 °C sous une pression de 181 049 Pa.

2. 1,358 L d'un gaz pris à 930 hPa et à 15,5 °C possède une masse de 3,86 g. Quelle est la masse molaire de ce gaz ?

3. Un échantillon de gaz occupant sous la pression 1 803 hPa et à 343,91 K un volume de 1,968 L est dilaté à 0,70 atm et porté à 268,98 K. Quel est son volume final ?

Problème

* **5 Influence de la température sur la pression**

Un ballon de 100 mL est plongé dans de l'eau que l'on chauffe.

On mesure la pression et la température simultanément :

Température (°C)	25	35	45	55	65	75	85	95
Pression (mbar)	1027	1054	1088	1122	1151	1191	1223	1255

1. Quelles sont les variables d'état maintenues constantes lors de cette expérience ?

2. Tracer la courbe représentant la fonction f telle que $P = f(T)$, T étant la température exprimée en Kelvin.

3. D'après l'allure de la courbe, déterminer une relation entre la pression du gaz et sa température en respectant les unités du système international.

4. Déduire de la loi des gaz parfaits la quantité de matière d'air présente dans le ballon.

1 **1.** L'eau contenue dans le verre exerce une force $\overrightarrow{F_1}$ sur la feuille qui est tout simplement le poids de l'eau.

Son intensité est $F_1 = m \times g$.

A.N. : $m = 120$ g (car il y a 120 ml d'eau dans le verre)

$g = 9{,}8 \text{ N} \cdot \text{kg}$

$F_1 = 0{,}120 \times 9{,}8 = 1{,}2 \text{ N}.$

2. Intensité F_2 de la force pressante exercée par l'air sur la feuille :

$P = \dfrac{F_2}{S}$ donc $F_2 = P\,S = P\pi R^2$.

A.N. : $R = 3 \text{ cm} = 3 \times 10^{-2} \text{ m}$

$P = 1\,013 \text{ hPa} = 1\,013 \times 10^2 \text{ Pa}$

$F_2 = 1\,013 \times 10^2 \times \pi \times (3 \times 10^{-2})^2 = 2{,}8 \times 10^2 \text{ N}.$

3.

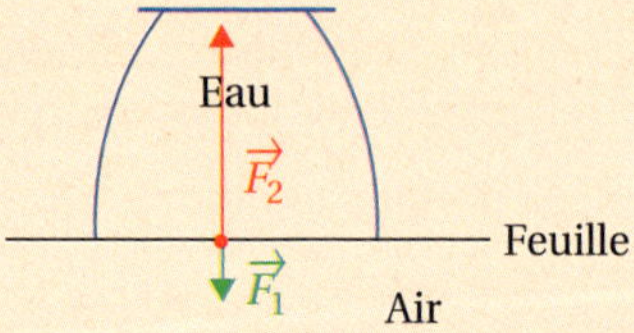

4. On remarque que l'intensité F_1 de la force exercée par l'air sur la feuille est 200 fois plus importante que l'intensité F_2 de la force exercée par l'eau sur la feuille.

La feuille reste donc plaquée contre le verre.

2 **1.** Pour mesurer une résistance électrique, on utilise un multimètre en position ohmmètre.

2.

Courbe $R_{th} = f(\theta)$

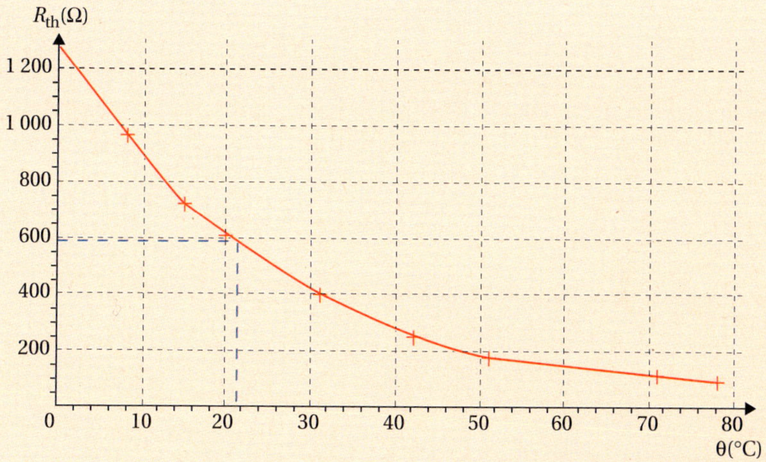

3. En reportant sur la courbe la valeur 580 Ω, on trouve une température $\theta = 21{,}5$ °C

3 **1.** Les quatre variables d'état d'un gaz sont :
- la pression P ;
- la température T ;
- le volume V ;
- la quantité de matière de gaz n.

2. Lors de cette expérience, la quantité de matière et la température restent fixes. Ici, c'est la pression qui varie en fonction du volume.

3. À température et quantité de matière constantes, le produit $P \times V$ est constant pour un gaz donné.

4. En appliquant la loi de Boyle-Mariotte on peut écrire :

$$P_1 V_1 = P_2 V_2.$$

On cherche à déterminer P_2 :

$$P_2 = \frac{P_1 V_1}{V_2}.$$

Or $V_2 = 2V_1$ soit $\frac{V_1}{V_2} = \frac{1}{2}$.

On a alors $P_2 = \frac{1}{2} P_1$.

Lorsqu'on double le volume d'un gaz supposé parfait alors sa pression est divisée par 2.

A.N. : $P_1 = 1$ bar
$P_2 = 0{,}5$ bar.

5. Résolvons ce problème sous forme d'un tableau avec l'état initial et l'état final :

	État initial	**État final**
Pression	$P_1 = 1{,}0 \text{ bar} = 1{,}0 \times 10^5 \text{ Pa}$	$P_2 = 2\,050 \text{ hPa}$
Volume	$V_1 = 1 \text{ L} = 10^{-3} \text{ m}^3$	$V_2 = ?$

En appliquant la loi de Boyle-Mariotte on peut écrire :

$$P_1 V_1 = P_2 V_2.$$

Soit $V_2 = \frac{P_1 V_1}{P_2}$.

Attention, toutes les grandeurs doivent être exprimées dans les unité du système international : la pression en pascal et le volume en mètre cube.

A.N. : $\begin{cases} P_1 = 1 \text{ bar} = 1{,}0 \times 10^5 \text{ Pa} \\ P_2 = 2\,050 \text{ hPa} = 2\,050 \times 10^5 \text{ Pa} \\ V_1 = 10^{-3} \text{ m}^3 \end{cases}$

$$V_2 = \frac{1{,}0 \times 10^5 \times 10^{-3}}{2\,050 \times 10^2} = 0{,}5 \times 10^{-3} \text{ m}^3$$

$V_2 = 0{,}5$ L.

4 **1.** D'après la loi des gaz parfait :

$PV = n\mathrm{R}T.$

soit $V = \dfrac{n\mathrm{R}T}{P}.$

Or, $n = \dfrac{m}{M}$ d'où $V = \dfrac{n\mathrm{R}T}{P}.$

A.N. : $m = 2{,}50$ g

$\mathrm{R} = 8{,}31$

$T = 273 + 37 = 310$ K

$P = 181\,049$ Pa

$M = M(\mathrm{CH_4}) = M(\mathrm{C}) + 4M(\mathrm{H})$

$= 12{,}0 + 4 \times 1{,}0$

$= 16{,}0\ \mathrm{g \cdot mol^{-1}}$

$V = \dfrac{2{,}50 \times 8{,}31 \times 310}{16 \times 181\,049}$

$V = 2{,}22 \times 10^{-3}\ \mathrm{m^3}$

$V = 2{,}22$ L.

2. $\mathrm{M} = \dfrac{m}{n}$

On sait de plus que d'après la loi des gaz parfaits : $n = \dfrac{PV}{\mathrm{R}T}.$

D'où $M = \dfrac{m\mathrm{R}T}{PV}$

A.N. : $m = 3{,}86$ g

$\mathrm{R} = 8{,}31$

$T = 273 + 15{,}5$

$P = 930\ \mathrm{hPa} = 930 \times 10^2$ Pa

$V = 1{,}358\ \mathrm{L} = 1{,}358 \times 10^{-3}\ \mathrm{m^3}$

$M = \dfrac{3{,}86 \times 8{,}31 \times (273 + 15{,}5)}{930 \times 10^3 \times 1{,}358 \times 10^{-3}}$

$M = 73{,}0\ \mathrm{g \cdot mol^{-1}}.$

3.

État 1

$P_1 = 1\,803\ \text{hPa} = 1\,803 \times 10^2\ \text{Pa}$

$V_1 = 1{,}968\ \text{L} = 1{,}968 \times 10^{-3}\ \text{m}^3$

$n_1 = ?$

$T_1 = 343{,}91\ \text{K}$

État 2

$P_2 = 0{,}70\ \text{atm} = (0{,}70 \times 1\,013)\text{hPa} = 7{,}1 \times 10^4\ \text{Pa}$

$V_2 = ?$

$n_2 = ?$

$T_2 = 268{,}98\ \text{K}$

Dans cette expérience, la quantité de matière reste constante (le gaz est enfermé donc $n_1 = n_2$).

D'après la loi des gaz parfaits, $PV = n\text{R}T$ soit $n = \dfrac{PV}{\text{R}T}$.

Donc si $n_1 = n_2$ alors $\dfrac{P_1 V_1}{\text{R}T_1} = \dfrac{P_2 V_2}{\text{R}T_2}$.

En simplifiant par R, on obtient $\dfrac{P_1 V_1}{T_1} = \dfrac{P_2 V_2}{T_2}$.

D'où :

$$V_2 = \frac{P_1 V_1 T_2}{P_2 T_1}.$$

A.N. : $V_2 = \dfrac{1{,}803 \times 10^2 \times 1{,}968 \times 10^{-3} \times 268{,}98}{(343{,}91 \times 7{,}1 \times 10^4)}$

$V_2 = 3{,}9 \times 10^{-3}\ \text{m}^3$

$V_2 = 3{,}9\ \text{L}.$

5 **1.** Lors de cette expérience, le volume V et la quantité de matière n d'air restent fixes.

2. Ajoutons une ligne au tableau avec T en kelvin : on rappelle que $T = \theta + 273$.

Température (°C)	25	35	45	55	65	75	85	95
Pression (mbar)	1 027	1 054	1 088	1 122	1 151	1 191	1 223	1 255
Température (K)	298	308	318	328	338	348	358	368

Courbe $P = f(T)$

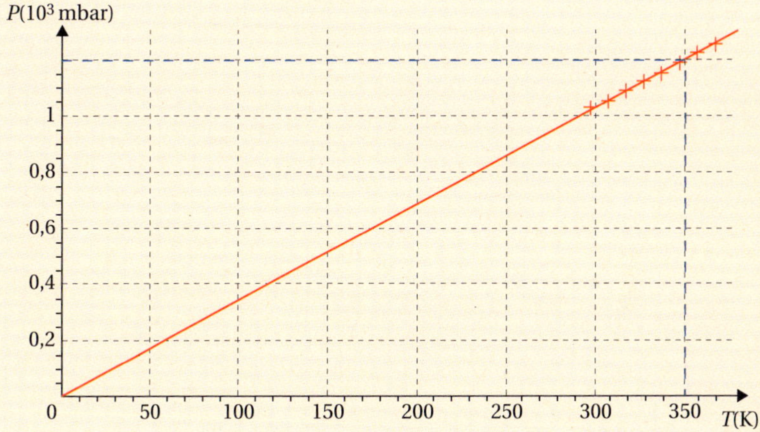

3. Cette courbe est une droite passant par l'origine :
on peut donc écrire $P = kT$ avec k coefficient directeur de la droite.
Calculons la valeur de k en prenant un point sur la droite.

Soit le point A(350 K ; 1,2 bar). 1,2 bar = $1{,}2 \times 10^5$ Pa donc :

$$k = \frac{1{,}2 \times 10^5}{350} = 343 \text{ Pa} \cdot \text{K}^{-1}.$$

On peut donc écrire :

$$P = 343\ T. \qquad (1)$$

4. D'après la loi des gaz parfaits : $PV = n\text{R}T$ soit $P = \dfrac{n\text{R}T}{V}$. (2)

En identifiant (1) et (2) on en déduit que $343 = \dfrac{n\text{R}}{V}$.

On a alors $n = \dfrac{343 \times V}{\text{R}}$.

A.N. : R = 8,31

$V = 100 \text{ ml} = 100 \times 10^{-6} \text{ m}^3$

$$n = \frac{343 \times 100 \times 10^{-6}}{8{,}31}$$

$n = 4{,}13 \times 10^{-3}$ mol.

ANNEXES

Classification périodique des éléments chimiques

Numéo atomique — Z
SYMBOLE — **B**
nom
M — Masse molaire ($g \cdot mol^{-1}$)

période	I	II	III	IV	V	VI	VII	VIII	IX
1	1 **H** hydrogène 1,0								
2	3 **Li** lithium 6,9	4 **Be** bérylium 9,0							
3	11 **Na** sodium 23,0	12 **Mg** magnésium 24,3							
4	19 **K** potassium 39,1	20 **Ca** calcium 40,1	21 **Sc** scandium 45	22 **Ti** titane 47,9	23 **V** vanadium 50,9	24 **Cr** chrome 52,0	25 **Mn** manganèse 54,9	26 **Fe** fer 55,8	27 **Co** cobalt 58,9
5	37 **Rb** rubidium 85,5	38 **Sr** strontium 87,6	39 **Y** yitrium 88,9	40 **Zr** zirconium 91,2	41 **Nb** niobium 92,9	42 **Mo** molybdène 95,9	43 **Tc** technétium [*]	44 **Ru** ruthénium 101,1	45 **Rh** rhodium 102,9
6	55 **Cs** césium 132,9	56 **Ba** baryum 137,3	57-71 lanthanides	72 **Hf** hafnium 178,5	73 **Ta** tantale 180,9	74 **W** tungstène 183,9	75 **Re** rhénium 186,2	76 **Os** osmium 190,2	77 **Ir** idirium 192,2
7	87 **Fr** francium [*]	88 **Ra** radium [*]	89-103 actinides	104 **Rf** rutherfordium [*]	105 **Db** dubnium [*]	106 **Sg** seaborgium [*]	107 **Bh** bohrium [*]	108 **Hs** hassium [*]	109 **Mt** meitnerium [*]

Lanthanides	57 **La** lanthane 138,9	58 **Ce** cérium 140,1	59 **Pr** praséodyme 140,9	60 **Nd** néodyme 144,2	61 **Pm** prométhium [*]	62 **Sm** samarium 150,4	63 **Eu** europium 152,0
Actinides	89 **Ac** actinium 227 [*]	90 **Th** thorium 232,0 [*]	91 **Pa** protactinium 231,0 [*]	92 **U** uranium 238 [*]	93 **Np** neptonium [*]	94 **Pu** plutonium [*]	95 **Am** américum [*]

[*] pas d'isotope stable

X	XI	XII	XIII	XIV	XV	XVI	XVII	XVIII	période
								2 **He** hélium 4,0	1
			5 **B** bore 10,8	6 **C** carbone 12,0	7 **N** azote 14,0	8 **O** oxygène 16,0	9 **F** fluor 19,0	10 **Ne** néon 20,2	2
			13 **Al** aluminium 27,0	14 **Si** silicium 28,1	15 **P** phosphore 31,0	16 **S** soufre 32,1	17 **Cl** chlore 35,5	18 **Ar** argon 39,9	3
28 **Ni** nickel 58,7	29 **Cu** cuivre 63,5	30 **Zn** zinc 65,4	31 **Ga** gallium 69,7	32 **Ge** germanium 72,6	33 **As** arsenic 74,9	34 **Se** sélénium 79,0	35 **Br** brome 79,9	36 **Kr** krypton 83,8	4
46 **Pd** palladium 106,4	47 **Ag** argent 107,9	48 **Cd** cadmium 112,4	49 **In** indium 114,8	50 **Sn** étain 118,7	51 **Sb** antimoine 121,7	52 **Te** tellure 127,6	53 **I** iode 126,9	54 **Xe** xénon 131,3	5
78 **Pt** platine 195,1	79 **Au** or 197,0	80 **Hg** mercure 200,6	81 **Tl** thallium 204,4	82 **Pb** plomb 207,2	83 **Bi** bismuth 209,0	84 **Po** polonium [*]	85 **At** astate [*]	86 **Rn** radon [*]	6
110 **Ds** darmstadtium [*]	111 **Rg** roentgenium [*]	112 **Uub** ununbium [*]	113 **Uut** ununtrium [*]	114 **Uuq** ununquadium [*]	115 **UUp** ununpentium [*]				7

64 **Gd** gadolinium 157,3	65 **Tb** terbium 158,9	66 **Dy** dyprosium 162,5	67 **Ho** holmium 164,9	68 **Er** erbium 167,3	69 **Tm** thulium 168,9	70 **Yb** ytterbium 173,0	71 **Lu** lutétium 175,0

96 **Cm** curium [*]	97 **Bk** berkélium [*]	98 **Cf** californium [*]	99 **Es** einsteinium [*]	100 **Fm** fermium [*]	101 **Md** mendélevium [*]	102 **No** nobélium [*]	103 **Lr** lawrencium [*]

Verrerie courante de laboratoire

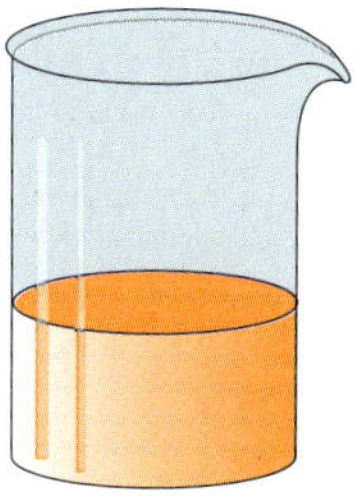
Bécher

Erlenmeyer

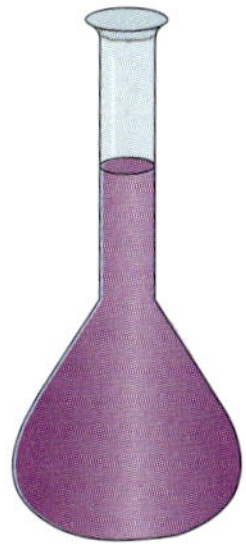
Fiole jaugée

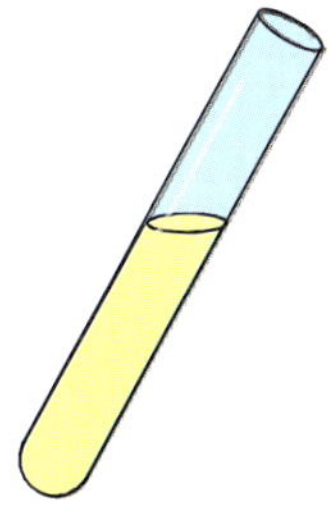
Tube à essai

Burette

Pipette

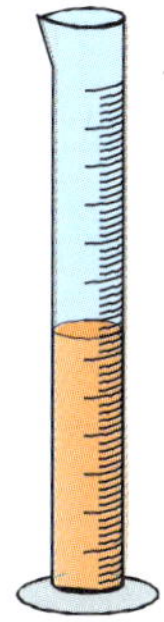
Éprouvette

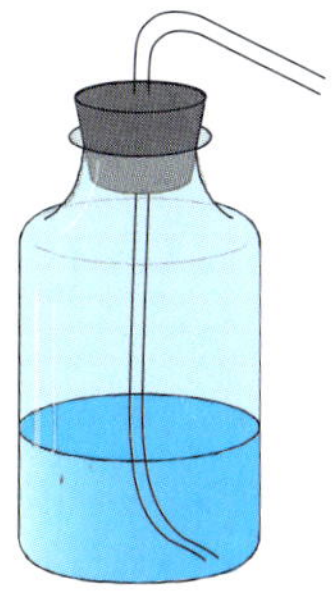
Pissette

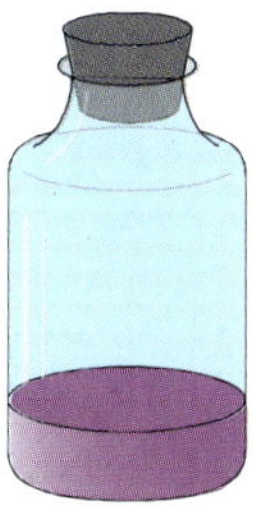
Flacon

Ballon

Verre à pied

Cristallisoir

Achevé d'imprimer en France par Loire Offset plus à Saint-Etienne
Dépôt légal n° 74930 - Juin 2006